Information et intelligence artificielle

Information & stratégie

regroupe des ouvrages pratiques et de réflexion destinés à l'entreprise et à ses professionnels, aux enseignants et aux étudiants concernés par la gestion de l'information et toutes les problématiques stratégiques qui y sont liées.

La collection s'adresse tant aux responsables marketing, communication, business analysts, RH, documentalistes, ingénieurs, chercheurs, bibliothécaires ou journalistes qu'aux étudiants et enseignants de ces filières. Elle fournit des outils et analyses de qualité, au contenu complet bien que concis, avec des exemples concrets et des illustrations. Des encadrés thématiques et une structure bien découpée permettent, au choix, une lecture fragmentée ou continue des ouvrages, toujours opérationnelle.

« Information & Stratégie » porte le label de l'**ADBS**, l'Association des professionnels de l'information et de la documentation, la plus importante association professionnelle de France dans le domaine des métiers de l'information. Créée en 1963, l'ADBS compte près de 3000 membres actifs.

La collection est dirigée par **Stéphane Cottin**, chargé de mission pour le développement des systèmes d'information et la valorisation des ressources documentaires auprès du cabinet du Secrétaire général du Gouvernement, et **Ghislaine Chartron**, professeur au Conservatoire national des arts et métiers de Paris (CNAM) et directrice d'un institut de formation des professionnels de l'information (INTD). Tous deux lui apportent leur expertise dans les domaines de l'information et de la documentation.

DÉJA PARUS :

Laurence Balicco, Evelyne Broudoux, Ghislaine Chartron, Viviane Clavier et Isabelle Pailliart (dir.)
L'éthique en contexte info-communicationnel numérique. Déontologie, régulation, algorithme, espace public
Actes du colloque « Document numérique et société », Échirolles, 2018

Evelyne Broudoux, Éditorialisation et autorité.
Dispositifs info-communicationnels numériques

Evelyne Broudoux, Ghislaine Chartron et Benoît Epron (dir.)
Information et IA. Opportunités et risques
Actes du colloque « Document numérique et société », Genève, 2024

Alain Broustail
Bien utiliser la technologie blockchain en entreprise

Franck Bulinge
Maîtriser l'information stratégique. Méthodes et techniques d'analyse (2e éd.)

Lisette Calderan, Pascale Laurent, Hélène Lowinger et Jacques Millet (coord.)
Publier, éditer, éditorialiser. Nouveaux enjeux de la production numérique

Gonzague Chastenet de Géry
Le knowledge management. Un levier de transformation à intégrer

Pascal Junghans
Les dirigeants face à l'information. Traitement, appropriation, décision

Annaïg Mahé, Ingrid Mayeur, Elsa Poupardin et Camille Prime-Claverie (coord.)
Communication scientifique et science ouverte. Opportunités, tensions et paradoxes
Actes du colloque « Document numérique et société », Liège, 2022

Véronique Mesguich
Rechercher l'information stratégique sur le web. Sourcing, veille et analyse à l'heure de l'IA (3e éd.)

Sébastien Rouquette (dir.)
Site internet : audit et stratégie

Jean-Michel Salaün, Benoît Habert (dir.)
Architecture de l'information. Méthodes, outils, enjeux

Frédéric Simonet
WordPress, Joomla, Drupal. Comprendre avant de s'engager : guide pratique des trois CMS les plus utilisés

Brigitte Simonnot, Evelyne Broudoux et Ghislaine Chartron (dir.)
Humains et données. Création, médiation, décision, narration
Actes du colloque « Document numérique et société », Nancy, 2020

André Tricot, Gilles Sahut, Julie Lemarié
Le document : communication et mémoire

Information & stratégie

Sous la direction de
Evelyne Broudoux
Ghislaine Chartron
Benoît Epron

Information et intelligence artificielle

Opportunités et risques

adbs

deboeck SUPÉRIEUR

Pour toute information sur notre fonds et les nouveautés dans votre domaine de spécialisation, consultez notre site web : **www.deboecksuperieur.com**

Couverture et maquette intérieure : cerise.be
Mise en page : SCM, Toulouse

1re édition

Bibliothèque nationale, Paris : mars 2025
Bibliothèque royale de Belgique, Bruxelles : 2025/13647/011
ISSN 2295-3825
ISBN 978-2-8073-6987-0

SOMMAIRE

PARTIE 2
Documentation, édition, intelligence économique

PARTIE 3
Enseignement et éducation

INTRODUCTION

Evelyne BROUDOUX[1], Ghislaine CHARTRON[1], Benoit EPRON[2]
(1) DICEN-IDF (EA7339), CNAM-Paris ;
(2) Haute École de Gestion – Genève
evelyne.broudoux@lecnam.net, ghislaine.chartron@lecnam.net, benoit.epron@hesge.ch

Les usages de l'intelligence artificielle (IA) représentent un enjeu sociétal majeur, à la fois parce que l'IA est susceptible d'être utilisée pour remplacer des tâches répétitives mais aussi pour orienter des décisions dans les services et dans de multiples domaines d'activités, comme ceux industriels et militaires. Sous le vocable IA, est entendu actuellement un ensemble de processus calculatoires automatisés, prenant son origine dans la conception des réseaux neuronaux (Lelu & Rosenblatt, 1986) et qui a atteint un nouveau palier avec les modèles d'apprentissage profond basés sur les grands modèles de langage (LLM) (LINC-CNIL, 2023).

L'IA générative fondée sur ces modèles a fait son entrée dans la sphère communicationnelle, avec les interactions langagières opérées par les robots conversationnels, capables de répondre aux questions les plus précises. Ceci entraîne des bouleversements dans l'accès à l'information, qui elle-même change de nature, potentiellement créée par des algorithmes ; l'autorialité et ses droits associés sont donc questionnés (Broudoux, 2022). Rappelons que ces modèles ne peuvent fonctionner qu'en mode « données massives » dont nous avions déjà exploré les enjeux lors d'une précédente édition de la conférence Document et Société (Chartron & Broudoux, 2015). Reposant sur l'apprentissage profond, à partir de jeux de données structurées ou non, comportant images, vidéos, corpus textuels, etc., les méthodes utilisées exigent un principe d'explicabilité (Vuarin & Steyer, 2023), sous peine de reproduction de biais et de stéréotypes.

Les pratiques et les modèles des secteurs de l'information et de la documentation sont directement questionnés par les potentialités ouvertes par le développement logiciel de l'IA. Les fonctions de production, de traitement, d'analyse ou de communication de l'information sont réinventées pour prendre en compte les possibilités offertes par ce type de technologies. Après une première phase de découverte, les différents acteurs de l'information-communication sont très vite passés à une phase d'appropriation opérationnelle de ces outils-logiciels dans leurs processus métiers (Chartron, Raulin, 2022), (Tarride, S., Boillet, M., Moufflet, 2023), (Mignot, L., Schultz, É., 2022), (De Corbière *et al.*, 2023).

La vitesse d'appropriation de ce nouvel environnement info-communicationnel nous a incités à organiser la conférence Document et Société de septembre 2024 sur cette thématique, dans un objectif d'exploration de la mise en pratique de cette génération d'outils pour différents secteurs d'activité. Nous avons donc cherché à analyser et expliciter les évolutions des pratiques, les nouveaux agencements humain-IA ainsi que les régulations qui sont à l'œuvre dans différents secteurs : axes de la presse et des médias, de la documentation, de l'édition, de l'intelligence économique et enfin de l'enseignement et de l'éducation.

Comment se construisent des formes de co-design situées avec ces briques d'IA qui s'insèrent dans la majorité des activités humaines ainsi que dans la majorité des métiers (Condé, Ferguson, 2023) ?

En conférence introductive, Boubker Sbihi a présenté les fondamentaux de l'IA et les promesses que l'adoption des technologies afférentes pourrait apporter en termes d'amélioration pour l'éducation, l'enseignement et le développement des pays d'Afrique, et en particulier le Maroc.

Les communications présentées dans l'axe presse-médias se distribuent sur une échelle allant de l'appropriation aux tentatives de régulation des pratiques.

L'adoption de l'IA par les professionnels journalistes est dépendante de son stade d'intégration dans la presse, lui-même dépendant de plusieurs facteurs, comme le cadre économique et politique régissant les journaux en Côte d'Ivoire (Waliyu Karimu). Au niveau européen, deux articles analysent l'encadrement des usages. Un nombre croissant d'organisations médiatiques et professionnelles proposent des règles qui sont passées en revue au travers de 36 recommandations et lignes directrices publiées en Europe de l'Ouest et du Nord (Laurence Dierickz). Plus précisément est présentée une enquête sur les médias de service public (Suisse, Allemagne, France, Finlande) qui se dotent de codes et de lignes directrices éthiques, visant à intégrer des valeurs journalistiques fondamentales telles que la responsabilité, la diversité et la transparence dans le déploiement d'outils pilotés par l'IA (Laura Pranteddu *et al.*).

La presse s'adapte et fait cependant face à de nouvelles méthodes de transformation du texte et de l'image par l'IA. Denis Teyssou fait le point sur l'évolution des *deepfakes* dans l'information d'actualité en dressant un état des lieux des différentes manipulations induites par ces hypertrucages. Les promesses de l'IA générative sont également placées devant les limites propres à l'aspiration massive des données qui engendre une dégradation informationnelle avec la baisse de la qualité des contenus disponibles ; l'affaiblissement des droits d'auteurs ne garantissant plus l'originalité et l'authenticité des productions (Alexandre Bretel).

Les médias tentent de s'approprier les plateformes de réseautage social en adoptant les formats courts en se conformant aux exigences algorithmiques (Karen Nuvoli).

Du côté des professionnels de la documentation, Claire Scopsi observe les réactions des recherchistes-iconographes face à l'émergence des intelligences artificielles génératrices d'images. Ghislaine Chartron s'intéresse au développement des IA génératives dans le domaine des plateformes de contenu juridique en étudiant les services GenIA-L (Lefebvre-Dalloz) et Predictice (startup française).

Une étude comparative de veille met en perspective les avantages et les risques des prises de décision aidées par les récentes innovations de l'intelligence artificielle générative (Maiga Jaloud). Anna Nesvijeskaia et Stefan Berechet, dans le cadre d'un projet d'Intelligence économique intégrant des LLM, et au service de l'innovation d'entreprises, pointe la complexité extrême d'évaluation de tels dispositifs.

En matière de droit, Elsa Burdin met à jour un paradoxe avec l'analyse statistique qui dégage les occurrences les plus nombreuses de données juridiques existantes et la juridiction qui s'appuie parfois sur des notions et des principes restant en dehors de la sphère de recherche et d'analyse de l'IA.

Dans le domaine universitaire, Ma Zhuoran examine les enjeux liés à l'utilisation des outils d'intelligence artificielle dans la production académique des étudiants, en analysant comment ceux-ci se servent de ces outils et évaluent leur efficacité, à l'Université Grenoble Alpes. Stéphanie Marty propose les résultats d'une enquête et d'une expérimentation pédagogique visant à évaluer et à intégrer l'usage des outils d'IA dans la production académique étudiante, à l'Université Paul Valéry-Montpellier. Dans une étude comparative entre la France et la Roumanie, une mise en perspective est réalisée entre l'accueil enthousiaste des étudiants et la réserve des enseignants face aux outils d'IA générative (Camelia Cusnir *et al.*). Quel rôle les bibliothécaires de l'enseignement supérieur envisagent-ils en tant que médiateurs de ces technologies auprès des étudiants ? C'est la question à laquelle tentent de répondre Susan Kovacs et Valentine Favel-Kapolan.

Enfin, Ingrid Mayeur clôt la conférence en proposant une contribution qui vise à préciser les enjeux des intelligences artificielles génératives associées aux médias éducatifs, en qualifiant d'abord la médiation des savoirs opérée par les IA génératives, pour s'intéresser ensuite à la manière dont les institutions entendent cadrer les usages des étudiants, avec une focale sur la Charte élaborée par l'Université de Liège.

À la suite de la 6e conférence Document numérique et Société qui avait pour thématique le Big Data et l'Open Data, organisée avec l'École des sciences de l'Information à Rabat, et de la 7e conférence qui traitait des Humains et des Données, organisée avec le laboratoire CREM à Nancy, cette nouvelle conférence avait pour objectif d'éclairer les premières appropriations de l'IA dans les secteurs de l'information, de la presse et des médias, des bibliothèques et de l'édition, de la documentation et de la veille, et dans l'enseignement.

La conférence Document Numérique & Société (doc-soc) est une conférence qui se déroule tous les deux ans depuis 2006 et réunit des chercheuse.rs intéressé.es par l'évolution de la place du document dans notre société, en apportant des éclairages sur les dimensions économiques et sociétales des documents et des données numériques.

Quelques repères bibliographiques

- Broudoux (E.), *Éditorialisation et autorité. Dispositifs info-communicationnels numériques.* De Boeck Supérieur, Information et Stratégie, 224, 978-2-8073-4084-8., 2022. <hal-03942725>.
- Chartron (G.), Broudoux (E.), *Big Data – Open Data : Quelles valeurs ? Quels enjeux ?* Actes du colloque « Document numérique et société », Rabat. De Boeck Supérieur. 2015. https://doi-org/10.3917/dbu.chron.2015.01
- Chartron (G.), Raulin (A.), L'intelligence artificielle dans le secteur de l'information et de la documentation : défis, impacts et perspectives. *I2D – Information, données & documents*, 2022, 1, 8-12. https://doi-org.proxybib-pp.cnam.fr/10.3917/i2d.221.0008
- Compilatio, Sphinx, *Résultats d'enquête : enseignants et étudiants confrontent leurs regards sur l'IA*, 07/11/2023, https://www.compilatio.net/blog/communique-presse-enquete-ia-2023
- Condé, Ferguson, rapport d'enquête usages et impacts de l'IA sur le travail, au prisme des décideurs, 2023, https://travail-emploi.gouv.fr/IMG/pdf/enquete_laboria.pdf
- De Corbière (F.), Elie-Dit-Cosaque (C.) & Leclercq-Vandelannoitte (A.), Intelligence artificielle et recherche en management des systèmes d'information : menace ou opportunité ? *Systèmes d'information & management*, 2023, 28, 3-9. https://doi-org.proxybib-pp.cnam.fr/10.54695/sim.28.1.0003
- De La Higuera (C.), Iyer (J.), *L'IA pour les enseignants, un manuel ouvert*, https://www.ai4t.eu/book/ia-pour-les-enseignants--un-manuel-ouvert-1/about-this-book?path=index
- Dierickx (L.), Information automatisée et nouveaux acteurs des processus journalistiques. Sur Le Journalisme, *About Journalism, Sobre Jornalismo*, 2019, *8*(2), 154-167. https://doi.org/10.25200/SLJ.v8.n2.2019.408
- Epron (B.), Vitali-Rosati (M.), *L'édition à l'ère numérique.* La Découverte, « Repères », 2018, ISBN : 9782707199355. DOI : 10.3917/dec.epron.2018.01. URL : https://www.cairn.info/l-edition-a-l-ere-numerique--9782707199355.htm
- Hilt (K.), What Does the Future Hold for the Law Librarian in the Advent of Artificial Intelligence? / Que réserve l'avenir pour le bibliothécaire de droit avec la venue de l'intelligence artificielle ?, *Canadian Journal of Information and Library Science 41*(3), 2017, 211-227. https://www.muse.jhu.edu/article/686190
- Hussain (A.), "Use of artificial intelligence in the library services: prospects and challenges", *Library Hi Tech News*, Vol. 40, No. 2, pp. 15-17. 2023. https://doi.org/10.1108/LHTN-11-2022-0125
- Lelu (A.), Rosenblatt (D.), Représentation et parcours d'un espace documentaire. Analyse des données, réseaux neuronaux et banques d'images. *Les Cahiers de l'Analyse des données*, 1986, *11*(4), 453-470.
- LINC-CNIL, [Dossier IA générative] – *ChatGPT : un beau parleur bien entraîné*, avril 2023, https://linc.cnil.fr/dossier-ia-generative-chatgpt-un-beau-parleur-bien-entraine
- Mignot (L.), Schultz (E.), Les innovations d'intelligence artificielle en radiologie à l'épreuve des régulations du système de santé. *Réseaux*, 2022, 65-97. https://doi-org.proxybib-pp.cnam.fr/10.3917/res.232.0065

- Tarride (S.), Boillet (M.), Moufflet (J.F.), Kermorvant (C.), SIMARA: A Database for Key-Value Information Extraction from Full-Page Handwritten Documents. In: Fink, G.A., Jain, R., Kise, K., Zanibbi, R. (eds) Document Analysis and Recognition – ICDAR 2023. ICDAR 2023. Lecture Notes in Computer Science, vol. 14189. Springer, Cham. https://doi.org/10.1007/978-3-031-41682-8_26
- Unesco, *Guidance for generative AI in education and research*, 44 p., 2023. https://www.unesco.org/en/articles/guidance-generative-ai-education-and-research
- Vuarin (L.), Steyer (V.), Le principe d'explicabilité de l'IA et son application dans les organisations. *Réseaux*, 2023, 240, 179-210. https://doi-org/10.3917/res.240.0179

COMITÉ SCIENTIFIQUE

Cette 9e conférence a reçu le soutien du Laboratoire Dicen-Idf/ CNAM et de la Haute École de Gestion de Genève.

RESPONSABLES DE LA CONFÉRENCE

Evelyne Broudoux, CNAM, Dicen-IDF
Ghislaine Chartron, CNAM, Dicen-IDF
Benoît Epron, HEG Genève, HES-SO

CONFÉRENCE INVITÉE

L'INTELLIGENCE ARTIFICIELLE AU SERVICE DU DÉVELOPPEMENT DES PAYS D'AFRIQUE DU NORD : LE CAS DU MAROC

Boubker SBIHI, Rachid GOUARTI, Fatima MOURCHID, Amine SENNOUNI et Salma HAJJI

Équipe TICAR, Laboratoire LyRICA, École des sciences de l'information, Rabat, Maroc

bsbihi@esi.ac.ma, rgouarti@esi.ac.ma, fmourchid@esi.ac.ma, Asennouni@esi.ac.ma et Salma.hajji@esi.ac.ma

Résumé

À l'instar de l'apparition de l'Internet, du Web 2.0, du Cloud Computing et du Big Data, l'intelligence artificielle a touché la quasi-totalité des domaines de la vie courante assistant les gens dans leur vie personnelle et professionnelle. En effet, elle a proposé un nombre important de services diversifiés et a contribué à automatiser la gestion de très grandes quantités de données et à développer par conséquent, une large gamme de plateformes décisionnelles ou consultatives pour résoudre une multitude de problématiques avec des coûts raisonnables. Par ailleurs, les pays en voie de développement comme ceux de l'Afrique du Nord, notamment le Maroc, souffrent de plusieurs défis qui influencent leur développement tels que les défis relatifs à l'enseignement, à la santé, à la justice ou encore le développement humain. L'intelligence artificielle, en tant que technologie récente et d'actualité, propose une panoplie d'outils qui pourraient aider à analyser, à concevoir et à proposer des stratégies visant à surmonter les enjeux spécifiques de chaque domaine. Elle peut permettre également de mettre en œuvre des solutions innovantes et efficaces pour améliorer les services proposés.

L'objectif de cet article est de proposer une stratégie fondée sur les technologies de l'intelligence artificielle pour pallier un nombre important de problèmes dans le secteur de l'éducation. Il est à noter que chaque domaine possède ses propres spécificités nécessitant une stratégie opérationnelle qui lui est propre et mesurée en temps réel. Cette stratégie pourra être évaluée et ajustée en permanence pour atteindre les objectifs visés.

Mots-clés : IA, défis, éducation, développement, stratégie, Maroc.

INTRODUCTION

Les pays d'Afrique du Nord souffrent d'un nombre important de défis au niveau de domaines importants pour le développement tels que l'éducation, la santé ou encore l'accès à la justice, les inégalités de genre, le développement humain. En effet, l'accès à une scolarité de qualité demeure inégal et inéquitable entre les écoles du secteur public et du secteur privé, et selon les disparités géographiques entre l'urbain et le rural, ce qui engendre un taux important d'abandon scolaire surtout pour les élèves issus des familles pauvres dans les zones enclavées et éloignées. Le domaine de la santé enregistre également un manque important d'infrastructures spécialisées et d'un personnel qualifié, ce qui complique l'accès aux soins de santé donnant lieu à des inégalités persistantes. De même, le système judiciaire est souvent confronté à des problèmes liés à la complexité des procédures et de très longues durées de traitement des dossiers, ce qui se traduit par une perte de confiance des citoyens et impacte la vie sociale. Ces facteurs combinés ralentissent le développement socio-économique et augmentent la vulnérabilité d'une bonne partie de la population.

Au Maroc, et selon l'Agence Nationale de Lutte contre l'Analphabétisme (ANLCA), « *dix millions des 36,47 millions d'habitants, soit près d'un tiers de la population, sont analphabètes, incapables de maîtriser les compétences de base telles que la lecture, l'écriture, et le calcul* » (ANLCA 2023)[1]. Malgré les efforts des différents gouvernements depuis des années, le taux d'analphabétisme a seulement diminué de 47,70 % en 2004 à 22,66 % en 2022 comme le montre la figure 1 (HCP 2023)[2].

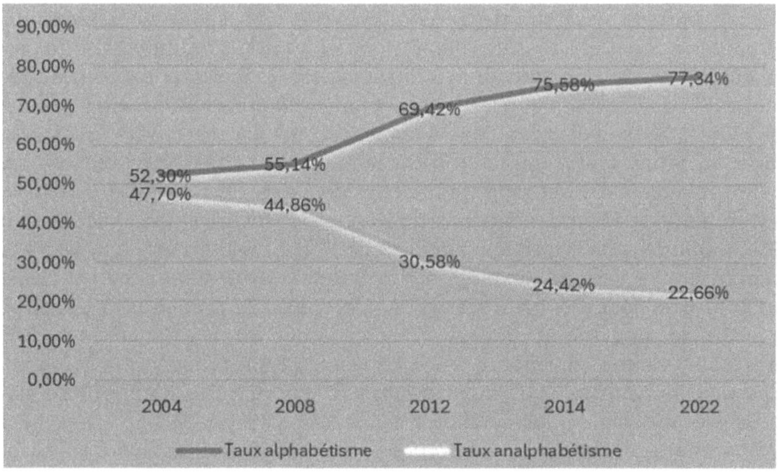

Figure 1 : Évolution du taux d'alphabétisation au Maroc entre 2004 et 2022 selon ANLCA

1. ANLCA 2023, https://fr.statista.com, consulté le 10/08/2024.
2. HCP (2023). La Femme marocaine en chiffres 2023, consulté le 15/08/2024. https://www.hcp.ma/region-agadir/docs/docs/La%20femme%20marocaine%20en%20chiffres,%202023.pdf, consulté le 01/08/2024.

Le phénomène d'analphabétisme au Maroc touche particulièrement les jeunes et les adultes issus des milieux défavorisés, notamment en milieu rural.

Par ailleurs, l'émergence des TIC a connu une augmentation exponentielle puisque le taux des internautes est passé de 11,61 % de la population en 2004 à 84,1 % en 2020 et 88,1 % de la population totale au début de 2023[3] comme le montre la figure 2.

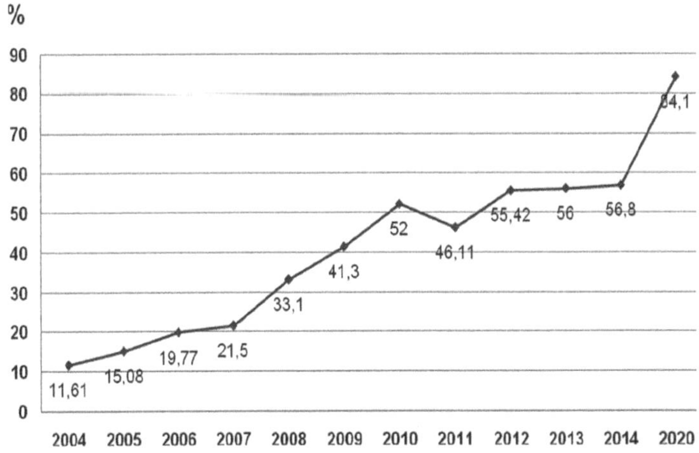

Figure 2 : Évolution du taux des internautes au Maroc entre 2004 et 2020 selon ITU[4]

Il est à noter que des efforts considérables ont été déployés par les différents gouvernements durant des décennies pour réduire cette fracture par des stratégies et programmes d'alphabétisation faisant passer le taux d'alphabétisation de 52,3 % en 2004 à 73,34 % en 2022. L'Agence nationale de lutte contre l'analphabétisme ANLCA vient d'adopter une nouvelle stratégie nationale 2023-2035 basée sur quatre axes principaux, à savoir le ciblage, la convergence, la qualité et la bonne gouvernance. Elle vise à diversifier l'offre d'apprentissage, renforcer le ciblage et garantir l'accès équitable à l'apprentissage à l'aide de la création de l'Institut de formation aux métiers de l'alphabétisation, l'IFMA, avec des programmes spéciaux pour les immigrants dans le but de garantir leur autonomisation individuelle et sociale. L'intégration des TIC se présente comme une opportunité proposant des plateformes d'apprentissage en ligne et des outils pédagogiques novateurs qui peuvent être intégrés dans les programmes de formation pour les populations rurales et marginalisées dans des endroits éloignés. Notons bien que l'apprentissage en ligne s'est développé lors de la pandémie de Covid-19, ce qui pourrait réduire ainsi la fracture numérique.

Dans ce qui suit, nous présenterons l'IA à travers sa définition, ses avantages et ses limites avant d'illustrer les défis du Maroc suivi des solutions potentielles que pourrait apporter l'IA. Puis, nous présenterons une stratégie basée sur l'IA pour résoudre des problèmes de l'éducation et terminerons par des perspectives.

3. Rapport digital 2023 Maroc tendances numériques, 2023, https://datareportal.com/reports/digital-2023-morocco, consulté le 13/08/2024.
4. ITU 2023, Free statistics, Union internationale des télécommunications, consulté le 11/08/2024.

1. L'INTELLIGENCE ARTIFICIELLE

L'intelligence artificielle est une science qui permet à une machine de remplacer l'homme dans certaines tâches et situations. Selon la Grande Encyclopédie Larousse. « *L'intelligence artificielle (IA) est un ensemble de théories et de techniques visant à réaliser des machines capables de simuler l'intelligence humaine* ». Selon John McCarthy le créateur du terme IA, c'est « *La science et l'ingénierie de la fabrication de machines intelligentes, en particulier de programmes informatiques intelligents. Elle est liée à la tâche similaire qui consiste à utiliser des ordinateurs pour comprendre l'intelligence humaine, mais l'IA ne doit pas se limiter aux méthodes qui sont biologiquement observables.* »[5]
L'intelligence artificielle est un sous-domaine de l'informatique, des mathématiques ainsi que de certaines sciences cognitives qui a pour objectif de substituer le raisonnement humain par des calculs automatisés réalisés par les machines dans le but d'automatiser diverses tâches.

Figure 3 : Simulation de l'intelligence humaine par l'intelligence artificielle

L'utilisation de la technologie artificielle peut être intégrée dans plusieurs domaines. Elle peut être mixée avec d'autres technologies telles que la robotique pour permettre la fabrication des véhicules autonomes simulant ainsi l'intelligence humaine. Elle peut aussi être utilisée pour l'automatisation de certaines tâches répétitives dans le domaine de la comptabilité et la finance telles que la gestion des devis, les bons de commande, les factures avec une analyse prédicative des transactions. Elle peut aussi automatiser les entretiens de recrutement en scannant les CV et extraire les données importantes puis réaliser une analyse vidéo en utilisant des algorithmes d'évaluation mixant les réponses des candidats et les expressions faciales afin de déterminer leur adéquation au poste et à la culture de l'entreprise.
L'intelligence artificielle générative (IA générative) est une sous-catégorie de l'intelligence artificielle qui se concentre sur la création de contenus de tout type (texte, image, audio et vidéo) à partir de descriptions textuelles. Elle permet d'écrire et de générer du texte, de répondre à des questions complexes en se basant sur des modèles préalablement entraînés sur de grandes quantités de données.
L'intelligence artificielle présente plusieurs avantages comme elle présente plusieurs limites. Elle permet d'automatiser certaines tâches répétitives et fastidieuses, elle est disponible en continu et

5. IBM 2023, https://www.ibm.com/fr-fr/topics/artificial-intelligence, consulté le 05/08/2024.

permet le traitement de grande quantité de données mais représente des limites telles que sa dépendance aux données, la confidentialité et surtout l'éthique. La figure 4 illustre les avantages et les limites de l'IA.

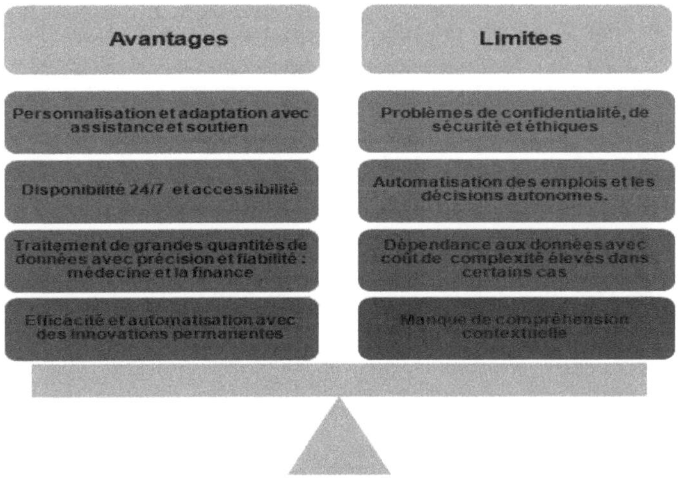

Figure 4 : Avantages et limites de l'intelligence artificielle[6]

Les limites de l'IA sont nombreuses, telles que le risque de violation de la vie privée à travers la surveillance en temps réel par des caméras, menaçant la liberté individuelle, la production de biais selon les données introduites, l'impossibilité de comprendre ou d'expliquer certaines décisions ou de les redresser et enfin le risque de perte de plusieurs emplois due à l'automatisation des tâches répétitives et complexes. Pour dépasser les défis posés par l'IA, l'Unesco a proposé des recommandations à travers le premier standard mondial sur l'éthique de l'IA adopté par l'ensemble de ses 193 États membres en novembre 2021[7] (cf. tableau 1).

Thème	Recommandations
Droits de l'homme et dignité	Respect des droits humains individuels et collectifs, et la dignité humaine et l'état de droit sans discrimination ni violation les droits individuels.
Inclusion et non-discrimination	Être pour tous et ne doit pas renforcer les inégalités sociales contre des personnes marginalisées et vulnérables.
Transparence et responsabilité	Transparente, compréhensible pour les utilisateurs, et les développeurs doivent être tenus responsables de leurs créations.

➤

6. Crystal R 2024, Analyse des avantages et des inconvénients de l'intelligence artificielle, https://www.ibm.com/fr-fr/think/insights/artificial-intelligence-advantages-disadvantages, consulté le 07/08/2024.
7. Unesco 2021, « Recommandation sur l'éthique de l'intelligence artificielle », 2021, https://www.unesco.org/fr/articles/recommandation-sur-lethique-de-lintelligence-artificielle, consulté le 03/08/2024.

Thème	Recommandations
Confidentialité et protection des données	Protéger les individus et leurs données en respectant les règles de la collecte, du stockage et l'utilisation des données personnelles.
Éducation et sensibilisation	Former le public sur l'IA pour que tout le monde comprenne l'IA et les questions autour de la technologie
Surveillance et régulation	Élaborer des cadres légaux pour réguler l'IA et s'assurer que son utilisation respecte les lois et l'éthique.

Tableau 1 : Recommandation sur l'éthique de l'intelligence artificielle par l'Unesco

L'intégration des nouveaux rôles attribués à l'intelligence artificielle impose une stratégie conforme aux recommandations de l'Unesco.

2. LES DÉFIS DU MAROC

Depuis plusieurs années déjà, l'intelligence artificielle a marqué un nombre important de domaines au niveau mondial : la santé, l'éducation, la justice, etc. Sur certains aspects, elle a facilité les tâches répétitives et complexes mais a posé aussi certains défis.

Thème	Classement	Recommandations
Éducation	154e sur 218 pays dans l'Insider Monkey Global Education Index pour 2024 (Insider Monkey, 2024)	Lacunes en qualité d'enseignement, Accès limité à l'éducation dans les zones rurales, Disparités entre les sexes
Santé	91e mondial dans les soins de santé 2022 (Numbeo, 2022)	Accès limité aux soins de santé, Infrastructures médicales insuffisantes, Financement limité du secteur
Accès à la justice	92e sur 142 pays en 2023 (World Justice Project, **Morocco**, **2023**)	Manque de ressources dans les tribunaux Lenteur des procédures Complexité bureaucratique, Accès limité pour les groupes vulnérables (femmes, minorités, ruraux)
Inégalités de genre	136e sur 146 pays, Global Gender Gap Report 2023 (Global Gender Gap Report 2023)	Inégalités dans l'accès à l'éducation, La santé, l'emploi, et la participation politique des femmes

Thème	Classement	Recommandations
Développement humain	120e sur 191 pays (Rapport sur le développement humain 2024), (PNUD, 2024)	Inégalités socio-économiques, écarts de développement entre zones rurales et urbaines, pauvreté

Tableau 2 : Constat et classement du Maroc dans les rapports internationaux
(Insider Monkey, 2024), (Numbeo, 2022), (World Justice Project, **Morocco**, **2023**), (Global Gender Gap Report 2023), (PNUD, 2024)

L'intelligence artificielle a été largement utilisée au Maroc surtout l'outil ChatGPT d'open IA (cf. figure 5).

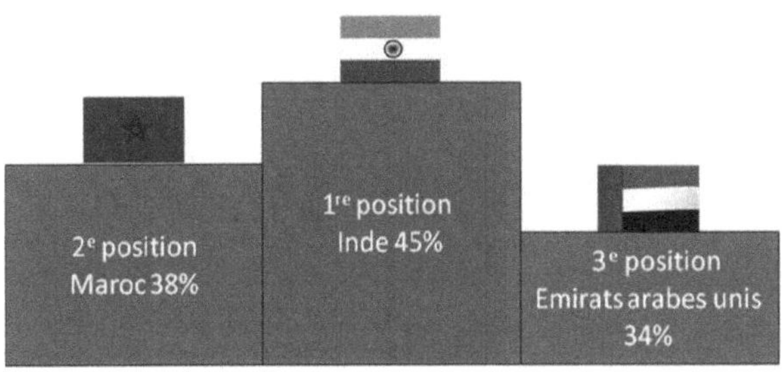

Figure 5 : Classement du Maroc dans l'utilisation de ChatGPT[8]

En effet, le Maroc est le deuxième pays au monde qui utilise le plus ChatGPT selon la récente enquête menée par le Boston Consulting Group (BCG) CCI Global Customur en 2023. La figure 6 donne encore davantage de détails sur les résultats de cette enquête.

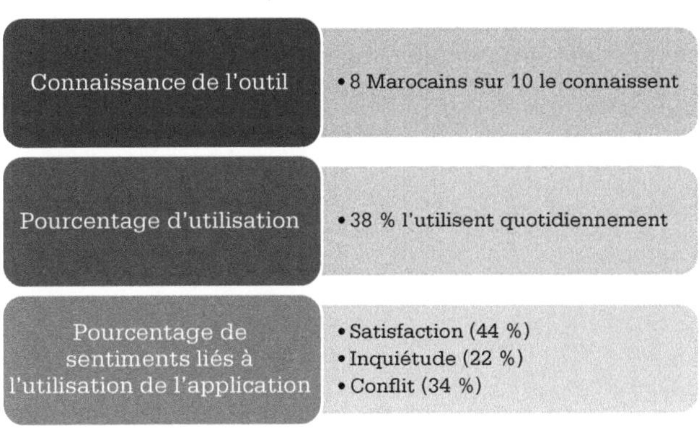

Figure 6 : Détails de l'enquête BCG[9]

8. Boston Consulting Group's CCI Global Consumer Sentiment Survey 2023.
9. SNRT NEWS. Utilisation de ChatGPT : Le Maroc en tête de liste, https://snrtnews.com/fr/article/utilisation-de-chatgpt-le-maroc-en-tete-de-liste-102174, Date de consultation 02/08/2024.

3. L'IA AU SERVICE DES DÉFIS DE L'ENSEIGNEMENT

Grâce à ses avantages multiples, l'IA a été une opportunité pour les pays africains en développement et plus spécialement le Maroc. Les limites de l'enseignement actuel sont nombreuses. On peut pointer la qualité de l'enseignement au sein des écoles étatiques et le manque de formation continue des enseignants. De plus, certaines écoles sont trop éloignées, ce qui conduit à un nombre important d'abandons, avec une disparité au niveau du genre (cf. figure 7).

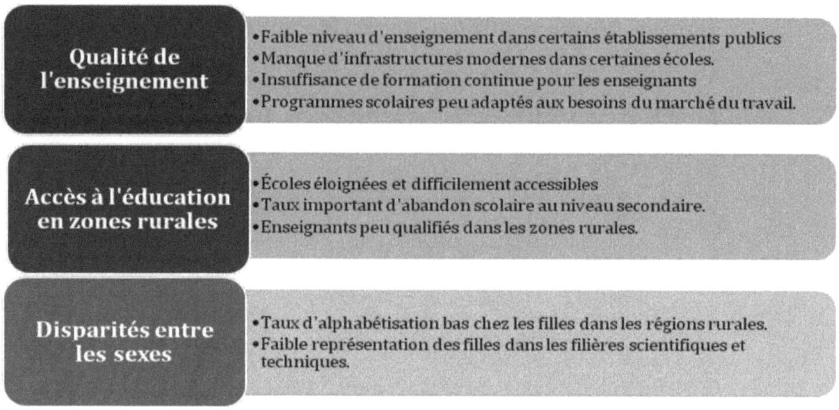

Figure 7 : Limites de l'enseignement au Maroc[10]

4. VERS UNE STRATÉGIE BASÉE SUR L'IA POUR L'ENSEIGNEMENT

L'IA présente une opportunité pour les pays du nord de l'Afrique et plus spécialement le Maroc. En effet, grâce à ses services diversifiés et de qualité, elle peut être utilisée pour la prédiction et l'optimisation des ressources avec une réduction du temps et des efforts pour les tâches répétitives et complexes. Elle peut être utilisée pour aider à surmonter les problèmes de l'apprentissage.

10. Goumrhar, H., & Akodad, S. (2024). Éducation et Inégalités scolaires au Maroc : Analyses & perspectives. Revue Réflexions Économiques, (3), 165-176.

Le tableau 3 présente un résumé de défis avec des propositions potentielles.

Problème	Solution proposée par l'IA	Impact potentiel
Faible qualité de l'enseignement	Analyse de données pour ajuster les programmes d'enseignement basés sur les besoins du marché du travail et les performances des élèves	Enseignement personnalisé selon les besoins des élèves, avec l'amélioration des méthodes pédagogiques plus adaptées aux réalités économiques et sociales locales
Accès limité aux ressources en zones rurales	Systèmes IA accessibles *via* Smartphones dans le rural avec des classes virtuelles et enseignants IA pour les révisions	Réduction des inégalités d'accès à l'éducation avec l'accès aux ressources pédagogiques à distance pour les élèves éloignés des centres urbains
Taux élevé d'abandon scolaire	Suivi prédictif pour identifier les élèves à risque d'abandon et proposer des interventions personnalisées	Réduction du taux d'abandon grâce au soutien scolaire et suivi psychologique

Tableau 3 : Défis et propositions pour l'enseignement au Maroc

L'intelligence artificielle peut offrir des solutions innovantes pour améliorer l'accès, la qualité, et la personnalisation de l'enseignement au Maroc, en particulier pour les zones rurales et pour les groupes vulnérables ou avec des besoins spécifiques.

Mais l'utilisation de l'IA devrait être conforme aux recommandations de l'Unesco sur l'éthique. La stratégie d'intégration de l'IA dans l'éducation proposée doit suivre les étapes suivantes : la première consiste à effectuer une analyse des besoins qui permettra la définition des objectifs. Puis il faut évaluer les technologies mobilisables, concevoir la stratégie qui sera suivie, former des enseignants. Les trois dernières étapes concernent l'expérimentation pilote, le suivi et l'évaluation avec la réalisation d'une évaluation continue comme illustré dans la figure 8.

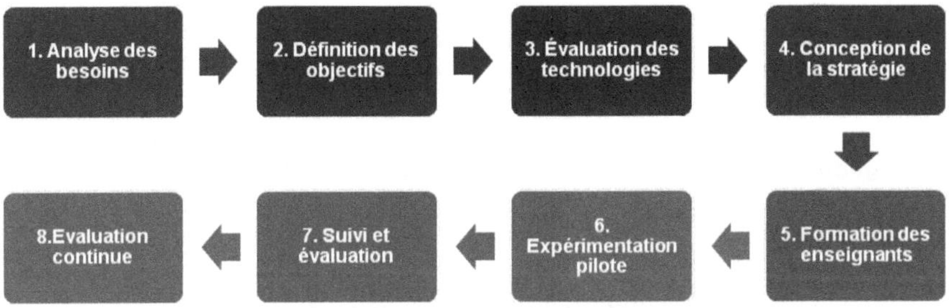

Figure 8 : Les étapes de la stratégie basée sur l'IA pour l'enseignement au Maroc

Ce processus se compose de plusieurs étapes clés qui passent par une expérimentation pilote, suivie d'une évaluation continue pour ajuster et améliorer le programme. Il permet l'alignement avec les objectifs, l'optimisation des ressources, le renforcement des compétences et enfin une amélioration continue.

CONCLUSION ET PERSPECTIVES

L'IA devrait être utilisée au service de l'éducation et de la recherche scientifique. Son intégration doit être rigoureusement examinée avec une dimension éthique centrée sur l'apprenant. La transformation digitale du XXIe siècle a mis à la disposition des internautes des sources technologiques qui peuvent être utiles au développement économique, social et éducatif telles que la robotique, l'intelligence artificielle, l'apprentissage automatique et l'IA générative. Cette contribution technologique est d'autant plus pertinente que le Maroc souffre toujours de la prévalence de l'analphabétisme bien que des efforts soient déployés en continu pour la lutte et la réduction de l'analphabétisme *via* des instituts et des programmes ambitieux.

L'IA peut être une opportunité dans le quotidien de chacun mais il faut rester vigilant lors de son utilisation et respecter les règles éthiques énoncées par le pays et l'Unesco.

Dans la perspective d'une approche centrée sur l'apprenant, les outils d'IA devraient être conçus pour amplifier les capacités intellectuelles et les compétences sociales, il est cependant nécessaire de :

- Développer des lois strictes à l'international pour encadrer les usages ;
- Évaluer les résultats obtenus par les différentes IA et rendre les décisions prises par l'IA plus transparentes et responsabilisées ;
- Concevoir des algorithmes pertinents pour coder les données et préserver la confidentialité des données privées.

Bibliographie

- ANLCA (2018), *L'alphabétisation : Une priorité nationale, une responsabilité partagée*. Disponible sur : https://anlca.ma/wp-content/uploads/2018/09/2-plaquette-Alpha-VF.pdf (consulté le 22/08/2024).
- Boston Consulting Group's CCI (2023). *Global Consumer Sentiment Survey* 2023. Disponible sur https://www.bcg.com/publications/2024/consumers-know-more-about-ai-than-businesses-think, (consulté le 1er/08/2024).
- Chrystal, R. (2024). *Analyse des avantages et des inconvénients de l'intelligence artificielle*. Disponible sur https://www.ibm.com/fr-fr/think/insights/artificial-intelligence-advantages-disadvantages (consulté le 07/08/2024).
- Collin, S., Marceau, E. (2021). L'intelligence artificielle en éducation : enjeux de justice. *Formation-profession*, *29*(2), 1.
- Goumrhar, H., Akodad, S. (2024). Éducation et Inégalités scolaires au Maroc : Analyses & perspectives. *Revue Réflexions Économiques*, (3), 165-176.

- HCP (2023). *La Femme marocaine en chiffres* 2023. Disponible sur : https://www.hcp.ma/region-agadir/docs/docs/La%20femme%20marocaine%20en%20chiffres,%202023.pdf (consulté le 1er/08/2024).
- IBM (2023). https://www.ibm.com/fr-fr/topics/artificial-intelligence, (consulté le 05/08/2024).
- Insider Monkey (2024). *Global Education Index* 2024. Disponible sur : https://www.insidermonkey.com/blog/insider-monkey-global-education-index-1302991/ (consulté le 09/11/2024).
- Murphy Kelly, S. (2023). *Microsoft is bringing ChatGPT technology to Word, Excel and Outlook*. Atlanta, CNN. Disponible sur : https://www.cnn.com/2023/03/16/tech/openai-gpt-microsoft-365 (consulté le 22/08/2024).
- Numbeo (2022). *Soins de santé : Classements par pays 2022*. Disponible sur : https://fr.numbeo.com/soins-de-sant%C3%A9/classements-par-pays?title=2022-mid (consulté le 09/11/2024).
- Portnoff, A. Y. & Soupizet, J. F. (2018). Intelligence artificielle : opportunités et risques. *Futuribles*, n° 426(5), 5-26.
- PNUD, Programme des Nations Unies pour le développement (2024). *Rapport mondial sur le développement humain 2023-2024 : Aperçu*. Disponible sur : https://hdr.undp.org/system/files/documents/global-report-document/hdr2023-24snapshotfr.pdf (consulté le 09/11/2024).
- Rapport digital 2023 Maroc *tendances numérique* (2023). Disponible sur : https://datareportal.com/reports/digital-2023-morocco (consulté le 13/08/2024).
- Romero, M., Aloui, H., Heiser, L., Galindo, L. & Lepage, A. (2021). *Un bref parcours sur les ressources, pratiques et acteurs en IA et éducation*. Disponible sur : https://hal.science/hal-03190014/document. (consulté le 22/08/2024).
- SNRT News. Utilisation de ChatGPT : *Le Maroc en tête de liste*, https://snrtnews.com/fr/article/utilisation-de-chatgpt-le-maroc-en-tete-de-liste-102174; (consulté le 02/08/2024).
- Unesco (2021). *Recommandation sur l'éthique de l'intelligence artificielle*. Disponible sur : https://www.unesco.org/fr/articles/recommandation-sur-lethique-de-lintelligence-artificielle (consulté le 22/08/2024).
- Unesco (2024). *Maroc : Rapport d'évaluation de l'état de préparation à l'intelligence artificielle*. Disponible sur : https://unesdoc.unesco.org/ark:/48223/pf0000389744 (consulté le 22/08/2024).
- World Economic Forum (2023). *Global Gender Gap Report* 2023. Disponible sur : https://www3.weforum.org/docs/WEF_GGGR_2023.pdf (consulté le 9 novembre 2024).
- World Justice Project (2023), Morocco : *État de droit*. Disponible sur : https://worldjusticeproject.org/sites/default/files/documents/Morocco_French_0.pdf (consulté le 09/11/2024).

PARTIE 1

PRESSE ET MÉDIAS

Sommaire

INTELLIGENCE ARTIFICIELLE ET JOURNALISME : DES RÈGLES POUR GARANTIR LA QUALITÉ DE L'INFORMATION

Laurence DIERICKX[1,2], Carl-Gustav LINDÉN[2]

(1) Université Libre de Bruxelles (Belgique);
(2) University of Bergen (Norvège)

laurence.dierickx@ulb.be

Résumé

L'essor des technologies d'intelligence artificielle générative a amené un nombre croissant d'organisations médiatiques et professionnelles à proposer des règles pour encadrer des usages responsables de ces technologies, compte tenu de leurs risques sur la qualité et la diversité de l'information. Cette recherche analyse 36 recommandations et lignes directrices publiées en Europe de l'Ouest et du Nord dans la perspective des principes fondamentaux à la croisée de l'éthique de l'IA et du journalisme.

Mots-clés : journalisme, IA, IA génératives, éthique, transparence.

INTRODUCTION

Avant l'essor des intelligences artificielles (IA) génératives à la fin 2022, les technologies de l'IA se concentraient essentiellement sur des systèmes automatisant la production et la distribution d'informations. Sur le versant de la production automatisée, il s'agissait principalement de génération automatique de contenus journalistiques dans une logique *data-to-text*. L'exigence de disposer de données de qualité dans un format structuré explique des domaines d'application limités aux résultats sportifs, financiers ou électoraux. En ce qui concerne la distribution d'informations, les expériences se concentraient sur des systèmes de recommandation et de personnalisation basés sur les préférences et paramètres individuels des utilisateurs.

Les entreprises et conseils de presse européens s'étaient assez peu emparés de la question de l'autorégulation professionnelle (Porlezza, 2024), en dehors d'une petite poignée d'organisations ayant élaboré des recommandations pour encadrer des usages responsables. Celles-ci tenaient compte des spécificités inhérentes à chaque type de système d'automatisation. La qualité des contenus dépendant fortement de la qualité des données alimentant les systèmes de production automatisée, cela renvoyait à des problématiques couramment abordées en science des données (Dierickx *et al.*, 2024a). Il s'agissait aussi de rester transparent envers les audiences, en les informant du caractère non humain de l'auteur (Dörr et Hollnbuchner, 2017 ; Haapanen, 2020).

L'essor des IA génératives, peu de temps après le lancement de ChatGPT le 30 novembre 2022, a relancé le débat éthique, compte tenu des nombreuses faces sombres de ces technologies : données d'entraînement protégées par le droit d'auteur et comportant des biais idéologiques, opacité des processus, absence de sources dans les contenus générés et fabrication de contenus ne correspondant pas à la réalité (Dwivedi *et al.*, 2023 ; Ji *et al.*, 2023). Dans le même temps, les milieux professionnels y ont vu une opportunité pour davantage intégrer l'IA dans les processus et routines professionnels, en raison d'un accès abordable et d'une maîtrise de l'outil ne nécessitant plus aucune compétence en programmation (Jones *et al.*, 2023).

Cette double perspective a donné lieu à l'adoption de règles visant à encadrer les usages de l'IA de manière éthique et responsable. Cette recherche examine les cas d'usage et les traits communs des lignes directrices élaborées par les organisations médiatiques et professionnelles d'Europe de l'Ouest et du Nord. Elle interroge également les principes fondamentaux mis en avant dans ces différents textes, au regard des principes déontologiques qui prévalent généralement dans le journalisme.

1. MÉTHODE

Cette recherche s'appuie sur une analyse d'un corpus de textes rendus publics dans le secteur des médias en Europe de l'Ouest et du Nord, compte tenu de leurs caractéristiques communes en termes de diversité d'organisations médiatiques et de présence d'organes d'autorégulation professionnelle. Les codes de déontologie journalistiques des pays de ces deux zones géographiques mettent l'accent sur le respect de la vérité, en consacrant les principes d'exactitude, d'équité, d'indépendance, de protection de la vie privée et de protection des sources d'information (Ward, 2019). Malgré leurs différences, ces pays partagent des similarités en matière de démocratie représentative et de développement économique. Ces traits communs se situent principalement entre un modèle libéral et un modèle démocratique corporatiste (Hallin et Mancini, 2004). Parmi leurs caractéristiques communes, on retrouve un haut niveau de professionnalisme journalistique, l'intervention des autorités, notamment dans les médias de service public, ainsi que des organes d'autorégulation qui défendent des principes d'exactitude, d'indépendance, de respect des faits, de protection de la vie privée et de protection des sources.

La méthode de collecte du corpus s'appuie sur une double stratégie de recherche : *via* les moteurs de recherche Google et Ecosia en utilisant une équation de recherche générale en anglais, français, néerlandais, allemand et norvégien – (IA OR « intelligence artificielle ») AND (journalisme OR médias OR presse) AND (charte OR principes OR éthique) AND (pays) – et une veille active sur le réseau social X, laquelle incluait des requêtes utilisant les termes de l'équation de recherche. Cette recherche intensive a permis d'identifier 47 textes. Les critères d'exclusion comportaient la date (publications avant novembre 2022), les textes internationaux et les textes provenant d'organisations établies en dehors de la zone géographique. Trente-six textes d'organisations basées dans dix pays ont été retenus *(voir Annexe 1)*.

Le corpus est composé de textes provenant de médias (15), de radiodiffuseurs publics (6), d'agences de presse (4), de conseils de presse (4), de groupes de presse (3), d'organisations professionnelles aux caractéristiques syndicales (3) et d'une organisation de journalistes. Bien que les résultats de l'analyse ne montrent aucune influence particulière du type de texte, il intéressant de noter que le corpus compte 14 « Principes », énonçant des principes fondamentaux et incluant les textes présentés comme « Charte » en français ; 14 « Directives », relatives à des recommandations et conseils pratiques et incluant les textes présentés comme « Guidelines » en anglais ; 6 « Positions », axées sur l'engagement et une mise en perspective ; et 2 codes de déontologie professionnelle émanant de conseils de presse.

Les textes du corpus ont été publiés en langue française (13), anglaise (9), allemande (4), norvégienne (4), néerlandaise (3), suédoise (1), danoise (1) et finlandaise (1). L'analyse qualitative des données ayant été réalisée en anglais, les textes dans d'autres langues ont été traduits avec le logiciel Deepl, sous supervision humaine. Cette supervision s'est limitée à s'assurer de la correspondance globale du texte source avec le texte cible. L'analyse qualitative et quantitative a été réalisée avec l'aide du logiciel open-source Taguette (Rampin & Rampin, 2021), laquelle a consisté en un codage visant à faire correspondre des indicateurs spécifiques avec une ou plusieurs questions générales de recherche *(voir Annexe 2)*. La grille d'analyse finale s'articule autour de dix indicateurs desquels ont été dérivés 31 concepts (mots-clés) utilisés dans le codage. Elle s'appuie sur les principes de la déontologie journalistique, à la croisée des pratiques de l'informatique dans le journalisme (Broussard *et al.*, 2019 ; Dörr & Hollnbuchner, 2017 ; Diakopoulos & Koliska, 2017 ; Dierickx & Lindén, 2023 ; Opdhal *et al.*, 2023 ; Porlezza & Ferri, 2022 ; Ward, 2018), et les fondements de l'éthique de l'IA (Dignum, 2017 ; Etzioni & Etzioni, 2017 ; Firmani *et al.*, 2019 ; Jacovi *et al.*, 2021 ; Floridi, 2023 ; Leiser, 2022 ; Stahl, 2023).

2. RÉSULTATS PRINCIPAUX

Les organisations du secteur médiatique font usage des IA, qu'elles soient génératives ou non, pour assister ou augmenter une variété de tâches, de la collecte à la distribution de l'information. Pour autant, ces organisations reconnaissent les risques liés à l'usage de systèmes en cela qu'ils ne sont pas exempts de biais (AJP, ANP, *Financial Times*, Mediahuis, RTS, Yle), qu'ils sont susceptibles de fournir des résultats contenant des erreurs et des contenus non factuels (ANP, STT), et qu'ils peuvent s'appuyer sur des données protégées par le droit d'auteur (mentionné dans la moitié des textes). Elles sont également conscientes du paradoxe des technologies de l'IA, pouvant être autant utilisées pour informer que pour désinformer (*Dagens Næringsliv*, *De Volksrant*, *Der Spiegel*, *Financial Times*, SVT).

La publication de recommandations ou autres types de lignes directrices participe à une stratégie de réduction de risques, dès lors que cela permet d'encourager des pratiques responsables. Toutefois, il ne s'agit pas de l'unique stratégie développée au sein des entreprises de presse. Par exemple, le magazine *Der Spiegel* (Allemagne) utilise des mécanismes de test et d'approbations pour s'assurer que les « hallucinations » de l'IA générative ne soient pas publiées. En raison des erreurs potentielles, l'agence de presse STT (Finlande) n'utilise pas l'IA pour l'exploration de données. En Finlande, le radiodiffuseur public Yle indique qu'une évaluation continue des risques nécessite une vigilance dans la surveillance et la correction des biais.

Une approche basée sur les risques s'inscrit dans la logique de la législation européenne sur l'IA (*AI Act*), qui promeut une approche centrée sur l'humain tout en favorisant le développement technologique (Novelli *et al.*, 2023). C'est également celle qu'a choisi d'adopter le conseil de presse français (CDJM) en considérant que certains usages sont plus dangereux que d'autres, et qu'ils nécessitent donc une approche différenciée. Les risques faibles n'ont pas d'impact sur l'information délivrée et les audiences ne doivent pas nécessairement être informées de ces usages. Les usages à risque modéré sont ceux qui ont un impact potentiel sur l'information, et nécessitent une distinction entre le travail humain et celui de la machine, ainsi qu'un contrôle éditorial. Enfin, les risques élevés se rapportent aux usages incompatibles avec le journalisme, tels que les contenus susceptibles d'induire les audiences en erreur, et sont donc à proscrire.

Dans leurs recommandations et autres lignes directrices, les organisations médiatiques font état de pratiques variées renvoyant principalement à des risques faibles, comme la correction orthographique et grammaticale (*Blick*, *Dagens Næringsliv*, *Le Figaro*, Nordic Journalism Network), la génération d'idées (*Aftonbladet*, ANP, *Dagens Næringsliv*, STT), la transcription audio (*Blick*, *Dagens Næringsliv*, *De Volksrant*, France Info, Nordic Journalism Network). Les usages présentant des risques modérés couvrent la génération de titres (*Aftonbladet*, ANP, *Dagens Næringsliv*, STT), la traduction de textes (*Blick*, *Dagens Næringsliv*, *De Volksrant*, *Le Figaro*, *Le Monde*, Mediafin, Roularta), ainsi que la synthèse de textes ou de données (*Dagens Næringsliv*, Roularta, *Le Figaro*). Les risques élevés renvoient à l'optimisation et la génération de contenus (Keystone-ATS, Mediafin).

Les organisations médiatiques insistent également sur la nécessité de maintenir une responsabilité et un contrôle éditorial humains dans l'utilisation de l'IA. Elles soulignent que les journalistes et les éditeurs en chef doivent assumer la responsabilité des contenus diffusés, que ce soit avec ou sans technologies de l'IA. Il s'agit également d'une question de confiance allant de pair avec celle de la crédibilité des médias d'information (BBC, Der Spiegel, Financial Times, Keystone-ATS, Mediahuis, Roularta, RTS). Dans l'ensemble,

la question de l'autonomie des technologies basées sur l'IA est abordée avec précaution, stipulant que celles-ci ne doivent pas se substituer au jugement humain. Par exemple, *Aftonbladet* mentionne que les rares contenus générés par l'IA seront explicitement signalés, *Le Monde* insiste sur un contrôle éditorial strict. D'autres, comme *Dagens Næringsliv* et *De Volksrant*, utilisent l'IA comme un outil auxiliaire, mais pas pour remplacer le travail journalistique.
L'analyse quantitative avait pour objectif d'établir les principes les plus fréquemment cités dans le corpus de texte. La prévalence humaine est le principe affirmé par l'ensemble des textes (100 %). Il est suivi par la transparence (88,89 %), le respect du droit d'auteur (55,56 %), le respect de la vie privée (44,44 %), la précision (25 %), l'équité ou *fairness* (25 %), la sécurité (13,89 %), l'explicabilité (8,33 %) et la durabilité (2,78 %). Le principe de précision est considéré comme un corollaire d'une information de qualité et de fiabilité (*Der Spiegel*, Keystone-ATS, Roularta), tandis que le principe d'équité se rapporte notamment à l'impartialité, l'indépendance et le caractère non discriminatoire de l'information (ANP, Blick, Ringier). Le radiodiffuseur finlandais Yle se distingue dans l'attention portée à l'impact environnemental des technologies de l'IA, devant être considéré avant chaque utilisation.
L'ensemble des textes s'accorde donc sur la nécessité d'une validation humaine et d'un strict contrôle éditorial. Cette prévalence de l'humain s'applique également en matière de production de contenus, dès lors qu'il est communément admis que les technologies de l'IA ne peuvent se substituer aux journalistes et photographes. Cela ne ferme pas la porte aux collaborations humain-machine (14 textes) ou à l'expérimentation (10 textes), lesquelles doivent être rigoureusement contrôlées et validées.
La transparence, le deuxième principe, peut se manifester de différentes manières. Par exemple, il est recommandé de signaler quand un texte est généré par une IA (27 textes), mais cela n'est pas toujours exigé si l'IA est utilisée comme assistant. Les conseils de presse suisse et français soulignent également l'importance de cette transparence : tout contenu réalisé avec une IA doit être identifié comme tel. Le CDJM français recommande que les journalistes mentionnent toutes les sources de données et les outils utilisés, mais des contraintes de temps, la complexité des outils et le volume d'informations rendent cette exigence compliquée.
La transparence ne fait pas partie des codes de déontologie journalistiques des dix pays du corpus, à l'exception de la Belgique et du Royaume-Uni, où les conseils de presse ont adapté leurs codes en 2023. Dans son article 12, le Raad voor de Journalistiek flamand stipule que le journaliste doit être transparent sur son approche et sa manière de travailler, et il souligne la responsabilité humaine des choix éditoriaux. De même, au Royaume-Uni, le code d'Impress exige un étiquetage clair des contenus générés ou issus de recommandations. Les audiences doivent également être informées à propos de la récolte de leurs données personnelles et de leur utilisation. Le principe d'exactitude (*accuracy*) a été précisé et étendu aux technologies de l'IA, soulignant la nécessité d'exercer une surveillance éditoriale humaine.

3. DISCUSSION ET CONCLUSION

Au-delà des nuances pouvant être observées dans les différents textes du corpus, ceux-ci convergent vers des principes communs qui privilégient une approche centrée sur l'humain, indistinctement du type d'organisation médiatique. Deux textes se démarquent toutefois. Il s'agit des recommandations publiées par les organisations professionnelles allemande et belge, la DJV et l'AJP, en cela qu'elles s'écartent des questions purement liées aux usages journalistiques, en introduisant des considérations syndicales qui brouillent le message général. Il convient également de s'interroger quant à la pertinence d'une multiplication de textes qui, à long terme, pourrait engendrer des pratiques contradictoires entre les différentes organisations médiatiques. Dans ce contexte, une adaptation des codes de déontologie nationaux, prenant en compte les enjeux spécifiques des technologies de l'IA, semble être la piste la plus pragmatique pour concilier règles internes et principes communs.

Malgré les faiblesses en termes de précision, de fiabilité, d'équilibre, d'intégrité et d'imputabilité, les systèmes d'IA génératives ne sont pas rejetés, le mot d'ordre étant celui de l'expérimentation mais avec prudence. En ce sens, les recommandations et autres lignes directrices peuvent être comprises comme participant à une stratégie de réduction des risques, compte tenu de l'impact potentiel des technologies de l'IA sur la qualité et la diversité de l'information (Dierickx *et al.*, 2024b). Sans aucune exception, l'ensemble des textes examinés s'accorde sur la nécessité d'une supervision humaine pour garantir que les résultats produits par ces technologies soient conformes aux normes journalistiques et éditoriales.

L'importance accordée au principe de transparence ne doit pas faire oublier qu'il ne peut être considéré comme suffisant pour garantir l'exactitude et la fiabilité des systèmes basés sur l'IA. Traditionnellement associé aux principes de crédibilité, de responsabilité et d'honnêteté dans le journalisme (Philips, 2010), le principe de transparence se heurte à l'opacité des technologies. De plus, comme le soulignent les travaux en éthique de l'IA, transparence n'est pas explicabilité. Ce dernier concept va bien au-delà de la simple divulgation en impliquant une explication des mécanismes internes des systèmes d'IA et de leurs processus de décision (Burkart & Huber, 2021).

Dans le corpus analysé, l'explicabilité est un principe souvent négligé – on le retrouve dans les textes des radiodiffuseurs publics britanniques et suédois BBC et SVT, ainsi que dans celui de l'agence de presse allemande DPA –, alors qu'il est considéré comme fondamental pour établir une relation de confiance entre le système et ses utilisateurs finaux (Ferrario & Loi, 2022). Et tout comme la transparence, l'explicabilité ne garantit pas une plus grande exactitude et fiabilité des résultats. Par ailleurs, la protection des sources et la protection de la vie privée sont ici considérées sous l'angle de la sécurité, dès lors qu'aucune confidentialité ne peut être garantie lorsque des informations sensibles sont introduites dans des systèmes d'IA.

Reconnaissant le potentiel des technologies de l'IA pour améliorer les processus journalistiques, la responsabilité éditoriale reste avant tout humaine. Ceci implique la nécessité de repenser les pratiques éthiques entourant l'utilisation des systèmes d'IA, en mettant l'accent sur une formation continue qui sensibilise non seulement aux possibilités et limites de ces technologies, mais aussi à l'importance de développer une culture des données (Deuze & Beckett, 2022 ; Lopezosa *et al.*, 2023). Cette perspective est encouragée dans seulement un quart du corpus. Toutefois, une meilleure connaissance du domaine de l'IA ne peut être considérée comme suffisante pour évaluer les systèmes de manière critique, comme le préconise l'organisation professionnelle allemande, dès lors que cela nécessite des compétences et une expertise qui ne relèvent plus du domaine du journalisme.

Aussi, dans ce corpus, les grands absents sont les professionnels du secteur de l'informatique, alors qu'ils participent activement aux processus éditoriaux en concevant des systèmes utilisés par les acteurs journalistiques (Haapanen, 2020). En 2019, les recommandations de la BBC allaient dans ce sens, mais elles s'adressaient aux seuls développeurs de systèmes d'IA, leur rappelant la primauté des valeurs du service public. La nécessité d'une approche collaborative et inclusive peine encore à convaincre, alors que journalistes et entreprises de presse sont pourtant prompts à expérimenter les technologies de l'IA. Il s'agit pourtant d'une condition *sine qua non* pour développer des systèmes qui s'adaptent aux besoins et usages des professionnels de l'information, tout en intégrant leurs valeurs (Gutierrez Lopez *et al.*, 2023). Bien que tous les médias ne soient pas concernés par de telles collaborations, il s'agit d'une dimension essentielle qui mériterait davantage de considération.

Bibliographie

- Broussard (M.), Diakopoulos (N.), Guzman (A. L.), Abebe (R.), Dupagne (M.) et Chuan (C. H.), "Artificial intelligence and journalism", dans *Journalism & Mass Communication Quarterly*, t. XCVI, n° 3, 2019, pp. 673-695.
- Burkart (N.) et Huber (M. F.), "A survey on the explainability of supervised machine learning", dans *Journal of Artificial Intelligence Research*, t. LXX, 2021, pp. 245-317.
- Deuze (M.) et Beckett (C.), "Imagination, algorithms and news: Developing AI literacy for journalism", dans *Digital Journalism*, t. X, 2022, pp. 1913-1918.
- Diakopoulos (N.) et Koliska (M.), "Algorithmic transparency in the news media", dans *Digital Journalism*, t. V, n° 7, 2017, pp. 809-828.
- Dierickx (L.), Opdahl (A. L.), Khan (S. A.), Lindén (C.-G.) et Guerrero Rojas (D. C.), "A data-centric approach for ethical and trustworthy AI in journalism", dans *Ethics and Information Technology*, t. XXVI, n° 4, 2024a.
- Dierickx (L.) et Lindén (C. G.), "Fine-tuning languages: epistemological foundations for ethical AI in journalism", dans *10th IEEE Swiss Conference on Data Science* (SDS), IEEE, 2023, pp. 42-49.
- Dierickx (L.), Van Dalen (A.), Opdahl (A.L.) et Lindén (C.G.), Striking the Balance in Using LLMs for Fact-Checking, dans *Proceedings from 6th Symposium on Multidisciplinary International Symposium on Disinformation in Open Online Media* (MISDOOM), Lecture Notes in Computer Science, Springer, 2024b.

– Dignum (V.), "Responsible artificial intelligence: Designing AI for human values", dans *ITU Journal, ICT Discoveries*, t. I, 2017, pp. 1-8.
– Dörr (K. N.) et Hollnbuchner (K.), Ethical challenges of algorithmic journalism, dans *Digital Journalism*, t. V, n° 54, 2017, pp. 404-419.
– Dwivedi (Y. K.), Kshetri (N.), Hughes (L.) *et al.* (2023), "So what if ChatGPT wrote it? Multidisciplinary perspectives on opportunities, challenges and implications of generative conversational AI for research, practice and policy", dans *International Journal of Information Management*, t. 71, 2023.
– Etzioni (A.) et Etzioni (O.), "Incorporating ethics into artificial intelligence", dans *The Journal of Ethics*, t. 21, n° 4, 2017, pp. 403-418.
– Firmani (D.), Tanca (L.) et Torlone (R.), "Ethical dimensions for data quality", dans *Journal of Data and Information Quality*, t. XXI, n° 1, 2019, pp. 1-5.
– Ferrario (A.) et Loi (M.), "How explainability contributes to trust in AI", dans *Proceedings of the 2022 ACM Conference on Fairness, Accountability, and Transparency, Facct 2022*, 2022, pp. 1457-1466.
– Floridi (L.), *The ethics of artificial intelligence: Principles, challenges, and opportunities*, Oxford (Royaume-Uni), Oxford University Press, 2023.
– Gutierrez Lopez (M.), Porlezza (C.), Cooper (G.) *et al.*, "A question of design: Strategies for embedding AI-driven tools into journalistic work routines", dans *Digital Journalism*, t. XI, n° 3, 2023, pp. 484-503.
– Haapanen (L.), *"Media councils and self-regulation in the emerging era of news automation"*, Council for Mass Media in Finland, 2020.
– Hallin (D.C.) et Mancini (P.), *Comparing media systems: Three models of media and politics*, Cambridge (Royaume-Uni), Cambridge University Press, 2004.
– Jacovi (A.), Marasović (A.), Miller (T.) et Goldberg (Y.), Formalizing trust in artificial intelligence: Prerequisites, causes and goals of human trust in AI, dans *Proceedings of the 2021 ACM Conference on Fairness, Accountability, and Transparency, Facct 21*, 2021, pp. 624-635.
– Ji (Z.), Lee (N.), Frieske (R.) *et al.*, "Survey of hallucination in natural language generation", dans *ACM Computing Surveys*, t. LV, n° 12, 2023, pp. 1-38.
– Jones (B.), Luger (E.) et Jones (R.), *Generative AI & journalism: A rapid risk-based review*, Edinburgh Research Explorer, University of Edinburgh, 2023.
– Leiser (M. R.), Bias, journalistic endeavours, and the risks of artificial intelligence, dans Pihlajarinne (T.) et Alén-Savikko (A.) (éd.), *Artificial intelligence and the media: Reconsidering rights and responsibilities*, Cheltenham, Edward Elgar Publishing, 2022, pp. 8-32.
– Lopezosa (C.), Codina (L.), Pont-Sorribes (C.) et Vállez (M.), "Use of generative artificial intelligence in the training of journalists: challenges, uses and training proposal", dans *Profesional de la información/Information Professional*, t. XXXII, n° 4, 2023.
– Novelli (C.), Casolari (F.), Rotolo (A.), Taddeo (M.) et Floridi L., "Taking AI risks seriously: A new assessment model for the AI Act", dans *AI & Society*, 2023, pp. 1-5.
– Opdahl (A. L.), Tessem (B.), Dang-Nguyen (D. T.), Motta (E.), Setty (V.), Throndsen (E.),... et Trattner (C.), "Trustworthy journalism through AI", dans *Data & Knowledge Engineering*, t. 146, 2023.
– Phillips (A.), "Transparency and the new ethics of journalism", dans *Journalism Practice*, t. IV, n° 3, 2010, pp. 373-382.

- Porlezza (C.), "The datafication of digital journalism: A history of everlasting challenges between ethical issues and regulation", dans *Journalism*, t. XXV, n. 5, pp. 1167-1185.
- Porlezza (C.) et Ferri (G.), "The missing piece: Ethics and the Ontological Boundaries of Automated Journalism", dans *ISOJ Journal*, t. XII, n° 1, 2022, pp. 71-98.
- Rampin (R.) et Rampin (V.), "Taguette: open-source qualitative data analysis", dans *Journal of Open Source Software*, t. VI, n° 68, 2021.
- Stahl (B. C.), "Embedding responsibility in intelligent systems: from AI ethics to responsible AI ecosystems", dans *Scientific Reports*, t. XIII, n° 1, 2023.
- Ward (S. J.), "Reconstructing journalism ethics: Disrupt, invent, collaborate", dans *Media & Jornalismo*, t. XVIII, n. 32, 2018, pp. 9-17.
- Ward (S. J. A.), *Journalism ethics*, dans Wahl-Jorgensen (K.) et Hanitzsch (T.) (éd.), *The handbook of journalism studies*, New York, Routledge, 2009, p. 295-309.

ANNEXE 1. COMPOSITION DU CORPUS

Pays	Organisation	Type d'organisation	Type de texte
Allemagne	Deutsche Journalisten-Verband (DJV)	Organisation professionnelle	Position
Allemagne	Deutsche Presse-Agentur (DPA)	Agence de presse	Lignes directrices
Allemagne	Der Spiegel	Média	Principes
Belgique	Raad voor de Journalistiek (RDVJ)	Conseil de presse	Code d'éthique
Belgique	Mediahuis	Groupe de presse	Lignes directrices
Belgique	Association des journalistes professionnels (AJP)	Organisation professionnelle	Principes
Belgique	Mediafin	Média	Principes
Belgique	Roularta	Média	Principes
Danemark	TV2	Radiodiffuseur public	Position
Finlande	STT	Agence de presse	Lignes directrices
Finlande	YLE	Radiodiffuseur public	Principes
France	Conseil de déontologie journalistique et de médiation	Conseil de presse	Principes

Pays	Organisation	Type d'organisation	Type de texte
France	Groupe Les Échos-Le Parisien	Groupe de presse	Principes
France	Usbek & Rica	Média	Lignes directrices
France	France Info	Radiodiffuseur public	Position
France	Le Figaro	Média	Principes
France	Le Monde	Média	Principes
Norvège	Redaktørforeningens	Organisation professionnelle	Position
Norvège	Dagens Næringsliv	Média	Lignes directrices
Norvège	Dagbladet	Média	Lignes directrices
Norvège	VG	Média	Lignes directrices
Pays-Bas	De Volksrant	Média	Lignes directrices
Pays-Bas	Algemeen Nederlands Persbureau (ANP)	Agence de presse	Principes
Royaume-Uni	Financial Times	Média	Position
Royaume-Uni	The Guardian	Média	Lignes directrices
Royaume-Uni	Impress	Conseil de presse	Code d'éthique
Royaume-Uni	BBC	Radiodiffuseur public	Principes
Suède	Aftonbladet	Média	Principes
Suède	Sveriges Television (SVT)	Radiodiffuseur public	Lignes directrices
Suède	Nordic Journalism Network	Organisation de journalistes	Lignes directrices
Suisse	Ringier	Groupe de presse	Lignes directrices
Suisse	Heidi.news	Média	Principes
Suisse	Keystone-ATS	Agence de presse	Position
Suisse	Radio Télévision Suisse (RTS)	Radiodiffuseur public	Principes
Suisse	Conseil suisse de la presse	Conseil de presse	Lignes directrices
Suisse	Blick	Média	Lignes directrices

ANNEXE 2. GRILLE D'ÉVALUATION POUR L'ANALYSE QUALITATIVE DES DONNÉES

Indicateur	Critères d'évaluation
Durabilité	Le texte aborde-t-il les questions relatives à la maintenance des systèmes et des données ? Considère-t-il l'impact environnemental des technologies de l'IA ?
Droits d'auteur	Le texte examine-t-il la question du respect des droits d'auteur concernant les données utilisées pour l'entraînement des systèmes d'IA ? Aborde-t-il spécifiquement la question du plagiat dans les contenus générés par l'IA ? Aborde-t-il la question des méthodes de détection ?
Transparence et explicabilité	Le texte encourage-t-il l'explicabilité des décisions prises par les IA, favorisant ainsi la compréhension humaine des processus décisionnels ? Le texte garantit-il une transparence envers les audiences à propos des processus, méthodes et contenus générés par l'IA ?
IA littératie et formation	Le texte encourage-t-il la formation initiale ou continue des journalistes à l'IA et à la culture des données ? Quelles mesures sont mises en place pour favoriser cette formation ?
Inclusivité	Le texte vise-t-il également les « nouveaux acteurs » du journalisme ? Encourage-t-il la collaboration entre secteurs professionnels ?
Impartialité (*fairness*)	Le texte tient-il compte des principes d'équité et d'impartialité dans la production de l'information ? Aborde-t-il les questions de l'équilibre et la diversité de l'information ?
Mitigation des risques	Le texte aborde-t-il les risques liés aux biais et aux hallucinations artificielles, relatives à des contenus générés qui ne correspondent pas à la réalité ? Propose-t-il des mesures d'atténuation pour y remédier ?
Précision	Le texte aborde-t-il le principe de respect de la vérité ? Tient-il compte de la dimension éthique de la qualité des données ?
Sécurité et respect de la vie privée	Le texte considère-t-il la sécurité des systèmes ? Intègre-t-il le respect de la vie privée, en prenant en compte également des obligations légales associées à cette protection ?
Responsabilité	Le texte clarifie-t-il de manière adéquate les responsabilités, y compris celles liées aux décisions éditoriales et à l'implication humaine ?

DOCUMENT MULTIMÉDIA : DU *DEEPFAKE* AU TRUCAGE HYPERRÉEL DANS L'INFORMATION D'ACTUALITÉ

Denis TEYSSOU
Medialab AFP, Université de Paris Nanterre

Résumé

Cet article fait le point sur l'évolution des *deepfakes* dans l'information d'actualité en dressant un état des lieux des différentes manipulations induites par ces hypertrucages. L'intelligence artificielle générative nous conduit à un tournant épistémique, en remettant en cause les techniques classiques de vérification par similarité d'image, au fil des progrès technologiques. Une analyse empirique d'un jeu de données[1] sur les *deepfakes* montre que la manipulation de la voix émerge désormais comme la technique la plus répandue, prenant le pas sur la permutation de visage.

Mots-clés : deepfake, intelligence artificielle générative, hyperréalité, infox, désinformation.

INTRODUCTION

De nombreuses prédictions alarmistes nous présentent tour à tour les *deepfakes* comme l'avènement d'une « dystopie cauchemardesque » (Buzzfeed, 2018) ou d'une « infocalypse » (Schick, 2020 ; The Conversation, 2021). Plus récemment, ces trucages dopés à l'intelligence artificielle ont été décrits dans la presse comme ayant le pouvoir de « bouleverser les élections dans le monde (et) personne ne peut les arrêter » (Washington Post, 2024).

1. Cette recherche est partiellement financée par le projet européen vera.ai.

Le mot anglo-saxon *deepfake* (traduit comme hypertrucage au Canada[2] et infox vidéo, voire vidéotox en France[3]) désigne une vidéo générée et manipulée à l'aide de diverses techniques audiovisuelles basées sur l'intelligence artificielle (IA), relevant de l'apprentissage profond (*deep learning*).

Dans le cadre de cet article, nous nous limiterons aux *deepfakes* circulant dans l'espace public informationnel et plus précisément aux informations d'actualité. Dans un premier temps, nous essaierons de répondre à la problématique de savoir ce qu'est un *deepfake* (Q1), en dressant un état de l'art pour mieux cerner cet objet pour le moins ambigu et empreint de déterminisme technologique.

Puis, nous nous interrogerons sur leur évolution potentielle avec l'apparition disruptive de l'IA générative qui permet de créer à l'aide d'un « *prompt* » (une simple instruction écrite) les éléments visuels et sonores constitutifs d'un *deepfake*. En quoi l'IA générative favorise-t-elle la création de ces hypertrucages ? (Q2)

Enfin, nous examinerons, à partir d'une analyse d'un jeu de données de *fact-checking*, les usages actuels en matière d'information d'actualité et de communication politique et leurs risques épistémiques potentiels. (Q3)

1. MÉTHODOLOGIE

Sur le plan méthodologique, en Sciences de l'Information et de la Communication, nous combinons une analyse sémiotique de ces hypertrucages et une fouille de données à partir d'un corpus d'articles de vérification (*fact-checking)*. Ce jeu de données est constitué à partir d'une requête sur les mots « *deepfake* » et « *deep fake* » dans le moteur de recherche Google Fact Check Explorer[4] qui indexe tous les articles de vérification utilisant le système d'annotations ClaimReview[5]. Le corpus multilingue récolté a été comparé avec la base de données factcheckinsights.org, un projet du Reporter's lab de l'Université américaine Duke, basée à Durham (Caroline du Nord, USA). Cette base de plus de 240 000 articles de vérification, publiés par 180 organisations de fact-checking dans 71 pays, nous a permis de vérifier la cohérence des données et le nombre limité de *deepfakes* démystifiés par les organisations de *fact-checking*.

Notre jeu de données dont la collecte a été arrêtée le 29 avril 2024 comporte 136 articles portant la mention « *deepfake* », dont 51 concernent l'Inde, 29 les États-Unis et 9 l'Ukraine. Ces articles sont diffusés en 15 langues (dont 80 pour l'anglais et 23 pour l'hindi). L'article le plus ancien date de 2021. Seuls, 104 articles portent sur des vidéos truquées où l'on peut confirmer, avec les outils actuellement disponibles, l'utilisation de l'IA. Une vingtaine d'articles portent en revanche sur la détection des hypertrucages, sur des vidéos réelles, qualifiées à tort de « *deepfakes* », ou sur quelques

2. Office québécois de la langue française : https://vitrinelinguistique.oqlf.gouv.qc.ca/fiche-gdt/fiche/26552557/hypertrucage

3. Ministère de la Culture : https://www.culture.gouv.fr/Thematiques/langue-francaise-et-langues-de-france/Agir-pour-les-langues/Moderniser-et-enrichir-la-langue-francaise/Nos-publications/Les-mots-pour-le-dire-en-francais-fake-news-clickbait-hoax

4. https://toolbox.google.com/factcheck

5. https://www.claimreviewproject.com/ Ce format d'annotation vise à mieux indexer les articles de vérification et optimiser leur découvrabilité par les moteurs de recherche.

vidéos « indéterminées » faute d'avoir pu retrouver le fichier numérique pour en vérifier la teneur. Ce qui précède souligne la difficulté à déterminer la nature du trucage d'une vidéo, et particulièrement si celui-ci relève ou pas de l'IA. Cela pointe aussi un phénomène multidimensionnel déjà relevé pour l'expression « fake news » (Egelhofer et Lecheler, 2019) à savoir que le label « *deepfake* » peut aussi servir d'instrument pour délégitimer un adversaire ou des médias d'actualité.

Les infox étant souvent démystifiées par plusieurs organisations de vérification, nous avons ensuite filtré le corpus pour éliminer les doublons. Puis, nous avons annoté la base des 75 *deepfakes* résultants avec la langue[6], la traduction en anglais de chaque affirmation vérifiée[7], la personne ciblée et son pays, le lien de la vidéo (s'il existe toujours ou a été convenablement archivé) et la plateforme. Le nom du fichier de la vidéo récupérée et le type de manipulation, déterminé à l'aide de plusieurs outils logiciels de détection spécifiques, viennent compléter notre jeu de données. Plusieurs facteurs sont susceptibles de limiter notre approche. D'une part, les organisations de vérification n'utilisent pas toutes le format ClaimReview, même si les plus importantes le font. D'autre part, les fact-checkeurs peuvent labelliser autrement ces hypertrucages en parlant de contenus générés par l'IA et en évitant d'employer le qualificatif controversé de *deepfakes* (Tual, 2024).

2. QU'EST-CE QU'UN *DEEPFAKE* ?

Le mot « *deepfake* » provient en anglais de la contraction entre « deep learning » (désignant diverses techniques informatiques d'apprentissage profond, où de multiples réseaux de neurones artificiels apprennent à partir des données massives) et « *fake* » (évoquant la fabrication artificielle d'un faux trompeur). Il désigne « des vidéos trafiquées par l'intelligence artificielle ouvrant de nouvelles perspectives multisensorielles pour manipuler la perception de la réalité » (Woolley, 2020). Leur origine sulfureuse a consisté dès 2017, sur un canal éponyme du site social américain Reddit, à diffuser une méthode logicielle permettant d'insérer à leur insu le visage de femmes, notamment d'actrices célèbres, dans des vidéos pornographiques. Cette pratique misogyne a également dérivé vers la pornographie de vengeance (*revenge porn*, ciblant potentiellement n'importe quelle femme). La technique de reconfiguration faciale (*face swapping*) a ensuite été utilisée de manière plus ludique pour permuter des visages d'acteurs célèbres, particulièrement dans les bandes-annonces de films diffusées sur les plateformes de partage de vidéos. Des spécialistes des effets spéciaux comme le Belge Chris Umé s'en sont également emparés pour automatiser les trucages, sur le canal TikTok @deeptomcruise ou sur le site metaphysic.ai.

En matière de communication politique, dès avril 2018, le documentariste oscarisé Jordan Peele publiait la vidéo précitée de Barack Obama (Buzzfeed, 2018) pour alerter sur les dangers de ces mani-

6. En utilisant Whisper de Open.ai pour déterminer la langue en fonction du besoin ou Google translate.
7. *Via* Google translate, Deepl, Gemini ou ChatGPT.

pulations audiovisuelles. Puis, un cabinet de communication œuvrant pour le compte du Parti socialiste flamand (sp.a ; Belgique) a publié un mois plus tard une vidéo montrant un faux Donald Trump exhortant les Belges à sortir de l'accord de Paris sur le climat. Dans le premier cas, avec près de 10 millions de vues sur YouTube, il s'agissait d'un avertissement parodique destiné à attirer l'attention sur le potentiel disruptif des hypertrucages. Dans le second, c'était un coup de communication politique destiné à surprendre leur électorat et à le mobiliser sur les enjeux climatiques. Sans pour autant relativiser leur potentiel disruptif, la plupart de ces vidéos manipulées circulant sur les espaces semi-publics (Habermas, 2023) des réseaux socionumériques sont des clips de fiction remixés, des satires ou des parodies.
Toutefois, leurs usages à des fins manipulatoires progressent en politique, singulièrement lors de campagnes électorales. Ce fut le cas pour la présidentielle américaine de 2024 avec l'épisode du « robocall » du président américain Joe Biden. D'autres cas ciblant les dirigeants ukrainiens ont été relevés aussi, lors de la guerre que livre la Russie à l'Ukraine (Twomey, 2023). Les *deepfakes* sont loin d'être homogènes. Ils mobilisent en effet de nombreuses formes de manipulation. Parmi les principaux procédés utilisés figurent la permutation de visages (*face swapping*), et la reconstitution faciale (*face reenactement*) reproduisant toutes sortes de mimiques sur un visage cible. Les autres techniques sont : la synchronisation labiale (*lip-syncing*) visant à adapter les mouvements de la bouche d'une personne avec les paroles qu'on veut lui faire dire, et la synthèse vocale de la voix par l'IA (*text-to-speech* ou TTS). La création d'avatars numériques (en photo ou image animée) et le mixage automatisé de vidéos précédentes d'une personnalité ciblée par une campagne de désinformation viennent compléter la panoplie des effets spéciaux rendus possibles ou automatisés par ces technologies. Pour couronner le tout, les hypertrucages les plus réalistes sont souvent retravaillés à l'aide de logiciels de post-édition vidéo, intégrant l'IA. Les imperfections de ces *deepfakes* hybrides sont alors gommées au montage.

2.1. Détection de la falsification de l'image et de la voix

Pour démystifier les fausses vidéos ou fausses images, les fact-checkeurs procèdent généralement à un examen visuel minutieux afin de déceler des imperfections dans l'image, notamment au niveau du visage ou des mains. Cette méthode empirique n'est pas sans rappeler celle analytique du médecin et critique d'art italien Giovanni Morelli, se basant sur les mains et les oreilles, pour l'attribution des œuvres picturales de la Renaissance italienne (Anderson, 1987). En effet, les images créées par l'intelligence artificielle produisent encore assez fréquemment des visages évanescents, souvent déshumanisés, sans traits visibles, des yeux asymétriques ou des anomalies au niveau des mains. C'est le cas entre autres d'une image synthétique montrant un Donald Trump repentant, agenouillé et priant dans une église (Thomas, 2024), avec des mains jointes où l'on peut observer… six doigts[8]. Si cet examen visuel est habituellement concluant pour démystifier le faux, il n'est pas sans risque à cause de la qualité dégradée des vidéos qui circulent sur le web. Certaines anomalies sont parfois provoquées par le niveau de compression des images ou d'autres altérations sans lien avec l'IA. Ainsi, la vidéo de la princesse de Galles, Kate Middleton, annonçant être atteinte d'un cancer le 22 mars 2024, a été qualifiée à tort de *deepfake* sur les réseaux sociaux parce que sa bague disparaissait sur certains plans. L'organisation de *fact-checking* britannique FullFact a démontré que cette anomalie n'apparaît pas dans la vidéo d'origine, de meilleure résolution (Green, 2024).

Outre l'examen visuel, la principale technique utilisée par les professionnels de la vérification consiste à utiliser la recherche par similarité d'images. Que ce soit pour des photographies ou des images clés de la vidéo, il s'agit de déceler si celles-ci ont déjà été indexées sur le web et proviennent en réalité de vidéos antérieures sorties de leur contexte. Jusqu'à présent, bon nombre de *deepfakes* ont pu être démasqués par cette méthode, en retrouvant sur les principaux moteurs de recherche d'image inversée (Google, Bing, Yandex, Baidu, Tineye)., des vidéos antérieures (originales ou copies) utilisées pour fabriquer l'infox.

Plus récemment, la falsification de la voix a émergé comme une technique prépondérante de manipulation dans le champ informationnel. Plusieurs cas ont eu un retentissement international. Ce fut d'abord début février 2024 l'affaire du « *robocall* » de Joe Biden (Seitz-Wald et Memoli, 2024) faisant croire que le président américain incitait ses électeurs à faire l'impasse sur la primaire démocrate de l'État du *New Hampshire*. Puis, l'aveu virtuel et truqué du secrétaire général du Conseil de sécurité et de défense ukrainien, Oleksiï Danilov, reconnaissant une soi-disant implication de l'Ukraine dans l'attentat contre une salle de concert à Moscou le 22 mars 2024 (Nass, 2024).

Les approches de détection sont basées sur des algorithmes d'intelligence artificielle entraînés spécifiquement pour reconnaître des manipulations au niveau de l'image ou au niveau de la piste son.

En 2020, Facebook, avec le concours de Microsoft et Amazon, a organisé un concours de détection, doté d'un million de dollars de prix et réunissant plus de 2 000 équipes au niveau mondial. Au bout de trois mois de compétition, le modèle gagnant, développé par l'ingénieur Selim Seferbekov, était capable de détecter avec une précision de 65 % les *deepfakes* du jeu de test ne faisant pas partie des données d'entraînement. Un tel score est « insuffisant pour être utile » soulignait le MIT Technology Review (Heaven, 2020). Ce dernier pointait alors un des problèmes récurrents pour les algorithmes basés sur l'IA, à savoir la généralisation de leur efficacité sur de nouvelles données inconnues (non prise en compte lors de leur apprentissage). Outre les non-détections, une autre difficulté assez peu mise en avant par les chercheurs et développeurs en informatique est le risque de faux positifs, c'est-à-dire de détecter en tant que *deepfake* de vraies vidéos. Avec le danger d'induire potentiellement en erreur les journalistes vérificateurs et de ternir leur réputation.

8. Image produite par l'IA générative et re-postée par Trump lui-même sur son réseau social Social Truth.

Depuis le concours de 2020, bon nombre de laboratoires de recherche ou des start-ups se sont lancés dans la détection des *deepfakes*. Par exemple, le Deepfake-O-Meter[9] de l'université américaine de Buffalo agrège pas moins de sept méthodes pour l'image, six pour la vidéo et cinq pour l'audio. Elles proviennent d'équipes de recherche américaines, japonaises, chinoises, françaises, italiennes et coréennes. Parmi les start-ups actives dans la détection des hypertrucages figurent quelques pionniers comme Sensity.ai et Deepware.ai ainsi que de nouveaux arrivants : Reality Defender, TrueMedia.org ou Get Real Labs aux États-Unis, Itisaar.ai en Inde, Loccus.ai en Espagne (acquise depuis par l'américain Hiya.com). Le projet européen VeraAI (VERification Assistée par l'IA[10]) propose également des méthodes de détection des manipulations créées avec l'IA, intégrées dans l'extension de navigateur InVID-WeVerify[11].

2.2. Le tournant de l'IA générative

Le web et les réseaux socionumériques sont déjà marqués par une dilution de l'auctorialité et des sources d'information. L'IA générative vient désormais défier les méthodes traditionnelles de vérification basées notamment sur la recherche d'antécédents, d'une « copie originale », à comparer avec le contenu suspect d'avoir été falsifié. Cet oxymore de « copie originale » (Fehrmann *et al.*, 2010) vise à prendre en compte la multiplicité des copies de documents numériques circulant sur le web. Il fait référence à « la dissolution de la distinction entre original et copie à l'ère numérique » et « au fait qu'une copie constitue souvent l'original », faute de mieux. La méthode efficace de recherche inversée d'image, utilisée jusqu'à présent, risque de devenir inopérante à terme, faute de pouvoir retrouver l'antériorité des contenus synthétiques générés par l'IA. C'est sans doute là que réside le principal risque épistémique posé par l'IA générative, car la vérification n'en deviendra que plus difficile et plus chronophage. Nous entrons dans une ère de trucages hyperréalistes. Jean Baudrillard avait naguère défini le concept d'hyperréel comme « la génération par les modèles d'un réel sans origine ni réalité » (Baudrillard, 1981). Umberto Eco, quant à lui, faisait de l'hyperréalité « le faux absolu » (Eco, 1985, 1986). Diffusés notamment sur les réseaux sociaux, les *deepfakes* générés par l'IA sont créés par des modèles neuronaux et n'auront plus d'origine traçable d'ici quelques mois ou années. C'est déjà le cas des images synthétiques dont l'usage s'est rapidement démocratisé et des clonages de voix par l'IA. La génération de vidéo arrive : OpenAI travaille déjà sur son prototype Sora[12], un générateur de vidéo à partir d'un prompt dont les premiers résultats sont publiés sur le web. Ses concurrents chinois Aitubo (dont le prototype est également baptisé Sora[13]) et Klingai[14] sont déjà sur les rangs. C'est précisément cette absence d'origine traçable qui pose problème. Dans ses nombreux écrits sur le faux, Umberto Eco a maintes fois insisté sur la méthode

9. https://zinc.cse.buffalo.edu/ubmdfl/deep-o-meter/landing_page consulté le 15 juin 2024.
10. L'auteur est responsable de l'innovation de ce projet européen.
11. Disponible sur le *Chrome store* et dont l'auteur est le fondateur : https://u.afp.com/plugin
12. https://openai.com/index/sora/ consulté le 15 juin 2024.
13. https://sora.aitubo.ai/ consulté le 15 juin 2024.
14. https://klingai.co/ consulté le 15 juin 2024.

comparative entre « un original "vrai" avec lequel le faux devrait être confronté » (Eco, 2018, 2022). En l'absence d'original ou de copie antérieure, en présence d'une « falsification ex nihilo », comment vérifier ces fichiers numériques ?
Les dernières avancées technologiques dans ce domaine conjuguent de l'apprentissage par ordinateur avec de l'analyse forensique du traitement du signal de la vidéo, de l'audio ou de l'image. Il s'agit notamment de déceler des traces non visibles laissées dans le signal par les générateurs. Un peu à la manière d'une analyse picturale, où une radiographie avec des rayons X permet de voir les repentis et les changements opérés sur la toile. Les traces ainsi repérées par des « classifieurs »[15] spécifiquement entraînés peuvent apporter des indices, voire des preuves aux journalistes vérificateurs, afin de confirmer leurs hypothèses quant à la fausseté du contenu.

3. USAGES DES *DEEPFAKES*

Quels sont les usages des *deepfakes* dans l'espace public, dans un cadre d'information d'actualité et plus particulièrement de communication politique ? L'analyse de notre corpus multilingue de *deepfakes* démystifiés par les organisations de *fact-checking* montre que les hypertrucages sont majoritairement diffusés aux États-Unis et en Inde. Ces deux pays totalisent 55 % des cas relevés dans notre jeu de données. Suivent, loin derrière, l'Ukraine, la France, la Russie, l'Australie et la Grande-Bretagne (figure 1).

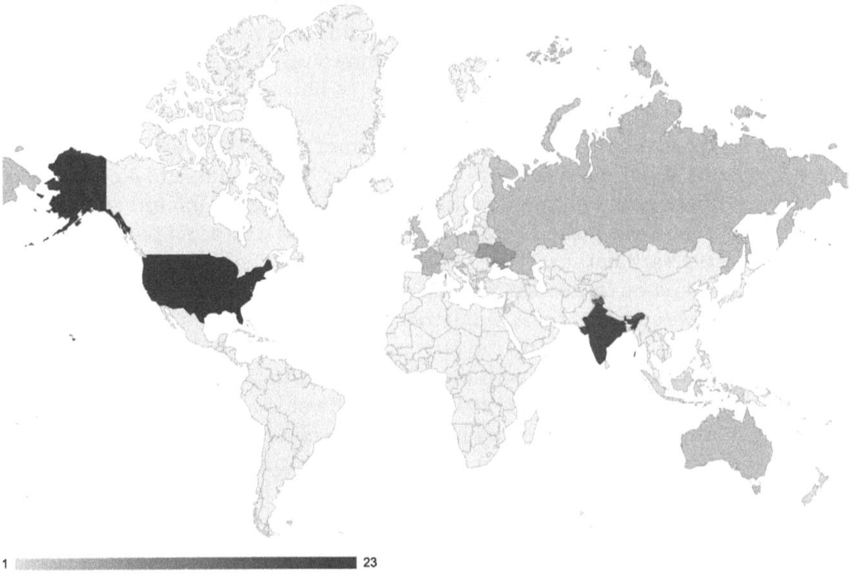

Figure 1 : Vue de la répartition du corpus de *deepfakes* démystifiés par pays

15. Modèle généré par l'IA permettant de classer des contenus à la suite d'un apprentissage machine.

La langue anglaise est de loin la plus utilisée dans le corpus (64,5 %). Les hypertrucages diffusés sur Facebook et X sont prépondérants. Ce résultat n'est guère étonnant étant donné que le réseau de vérificateurs de Facebook demeure la principale source de financement du *fact-checking* international et que les journalistes sont toujours très présents sur X. En troisième position, TikTok devance YouTube, Telegram et Instagram (figure 2).

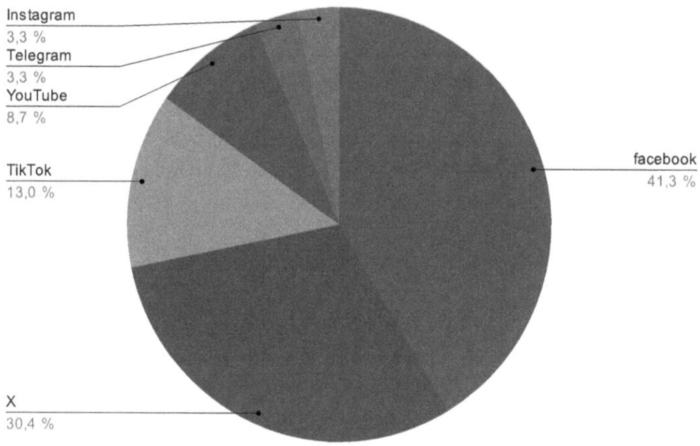

Figure 2 : Vue de la répartition des *deepfakes* démystifiés par plateforme

Les personnalités les plus visées par ces hypertrucages sont, dans l'ordre, l'industriel Elon Musk (avec neuf cas), le président ukrainien Volodymyr Zelensky (6) et le président américain Joe Biden (5). Suivent le président français Emmanuel Macron (4), le président russe Vladimir Poutine (3) et l'ex et nouveau président américain Donald Trump (3).

La présence des annotations en format ClaimReview dans le corpus nous a permis d'extraire l'affirmation d'origine formulée lors de la diffusion de chaque *deepfake*. Cette affirmation (*claim*) est la base sur laquelle porte le travail de vérification entrepris par les journalistes vérificateurs. Ces annotations sont généralement complétées de liens où la désinformation a été diffusée ou copiée sur des sites d'archives. Ces liens, également présents dans les articles de vérification, permettent de retrouver les vidéos et de les examiner. L'analyse croisée entre les affirmations initiales, le contenu de la vidéo telle qu'elle est apparue en ligne et les articles de vérification permet de dégager des hypothèses solides sur les intentions des créateurs de *deepfakes* et de proposer une catégorisation pertinente. Dans cette première analyse, nous avons choisi d'étiqueter chaque *deepfake* avec une intention primaire. Par exemple, les *deepfakes* impliquant Volodymyr Zelensky ont été systématiquement labellisés en propagande de guerre en raison de l'invasion de l'Ukraine par la Russie. Dans un autre contexte, certaines de ces vidéos truquées auraient pu être étiquetées en parodie, désinformation politique, propagande ou dénigrement d'une personnalité publique.

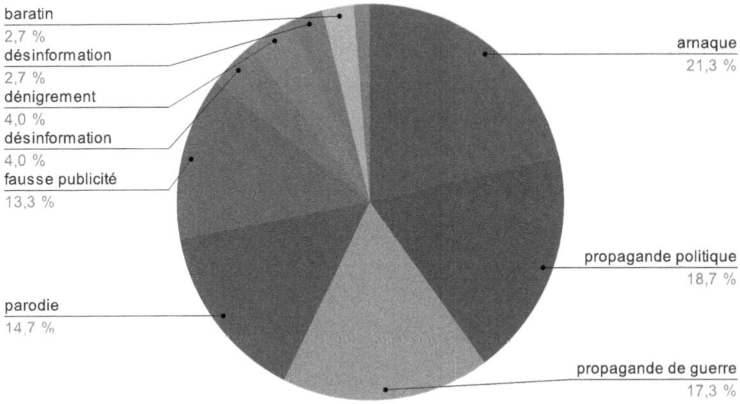

Figure 3 : Vue de la répartition des intentions primaires liées aux *deepfakes*

Dans notre corpus, la première intention qui émerge sont les arnaques (21,3 %) utilisant des *deepfakes* de personnalités politiques, des présentateurs de télévision et autres célébrités pour promouvoir des plateformes de crypto-monnaies, promettant généralement des plus-values mirobolantes. Ces *deepfakes* ont clairement une motivation économique et circulent notamment sur Facebook, où il est également courant de voir des annonces publicitaires, faisant la promotion du même genre de tentatives d'escroquerie.
La deuxième intention, celle de la propagande politique (18,7 %), circule majoritairement sur X (ex-Twitter). Elle concerne par exemple des vidéos de Joe Biden, visant à le ridiculiser et à démontrer son incapacité présumée à diriger les États-Unis, ou une fausse déclaration de la mère de l'opposant russe décédé Alexeï Navalny, critiquant sa belle-fille.
La troisième intention est la propagande de guerre, alimentée par les conflits en Ukraine et à Gaza (17,3 %). Parmi les exemples notables figure un *deepfake* sur un présentateur de France 24 annonçant que l'annulation d'une visite du président Macron à Kiev serait due à une tentative d'assassinat contre lui de la part des autorités ukrainiennes ; ou un autre de la Reine de Jordanie exprimant sa condamnation du Hamas après les attentats du 7 octobre 2023 et sa solidarité avec Israël. Suivent les parodies (14,7 %), comme une vidéo de Vladimir Poutine parlant de la démocratie américaine, et des fausses publicités pour des crypto-monnaies ou des applications mobiles (13,3 %) qui relèvent davantage du marketing embuscade (*ambush marketing*) que de la tentative d'escroquerie.

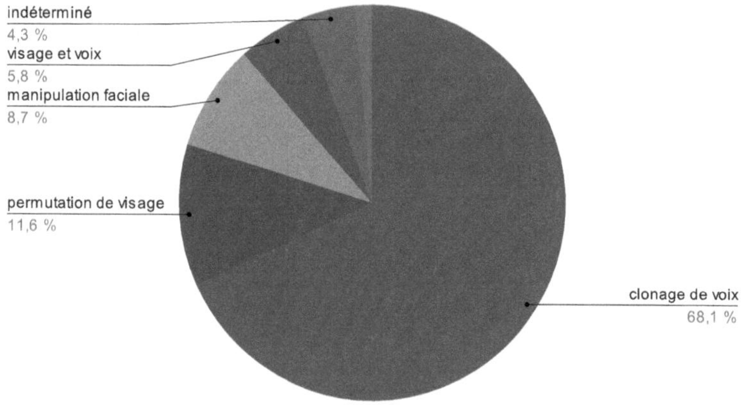

Figure 4 : Répartition des techniques de manipulation des deepfakes dans le corpus

Il ressort de la récupération des fichiers numériques de la plupart de ces vidéos que les clonages de voix par l'IA sont très majoritaires (68,1 % du corpus), loin devant les permutations de visage (11,6 %), la technique de manipulation à l'origine des *deepfakes* sur le réseau social américain Reddit en 2017. Suivent d'autres manipulations faciales (8,7 %). Ce résultat montre une évolution notable dans les usages des techniques de manipulation. Plusieurs outils de synthèse vocale, comme ElevenLabs pour citer un exemple, permettent en effet de créer assez facilement des voix artificielles imitant à la perfection (pour une oreille humaine) celle du personnage ciblé. Cette facilité d'usage combinée à la réutilisation de vidéos décontextualisées du passé rend le trucage audiovisuel multisensoriel, plus plausible et plus difficile à détecter.

CONCLUSION (INTERMÉDIAIRE)

Cette première étude de la circulation des deepfakes dans les espaces semi-publics nous a permis de mieux évaluer leurs thématiques, leurs usages et la menace cognitive qu'ils représentent dans le champ informationnel. Comme les infox, les *deepfakes* sont des objets dynamiques évolutifs reconfigurés par des faussaires au fil des opportunités et en fonction des différentes cibles visées. De la tentative d'escroquerie en sollicitant le soutien fictif, à leur insu, de célébrités, à la propagande de guerre, à Gaza ou en Ukraine, les hypertrucages deviennent hybrides et multisensoriels.
D'un point de vue sémiotique, on peut dire que les manipulations du visage (de la personnalité ciblée), omniprésentes dans l'histoire récente des *deepfakes*, apportent un faire-paraître, un premier élément de vraisemblance. Néanmoins, les résultats de notre étude démontrent une évolution notable : la voix clonée par intelligence artificielle est devenue un vecteur prédominant dans la diffusion du faux. La parole manipulée relève alors davantage d'un faire-croire. Non seulement la voix confirme l'impression initiale laissée par les images animées, en ciblant la même personnalité, mais elle émet un message contrefait plus crédible pour peu que le destinataire reconnaisse la voix. Cette technique de manipulation a déjà donné lieu à des escroqueries notoires (Tual, 2019a).

Si la qualité visuelle ou sonore des *deepfakes* s'améliore avec les progrès des techniques de l'IA, il convient toutefois de nuancer certains discours alarmistes véhiculés par les médias et certains ouvrages. Le volume de *deepfakes* vérifiés par les fact-checkeurs reste limité à ce jour.
Ces premiers résultats encore préliminaires devront être confirmés en prenant en compte d'autres démystifications de *deepfakes* effectuées par des chaînes de télévision ou d'autres organisations de *fact-checking* pour dépasser les limites de cette étude.

Bibliographie

- Anderson (J.). (1987). Giovanni Morelli et sa définition de la « scienza dell'arte », dans *Revue de l'Art*. 1987, n° 75, pp. 49-55.
- Baudrillard (J.), *Simulacres et Simulation*, Galilée, 1981.
- Buzzfeed Video, *You Won't Believe What Obama Says In This Video!* Canal Buzzfeed video sur YouTube, 2018. https://www.youtube.com/watch?v=cQ54GDm1eL0 consulté le 24 février 2024.
- Châtenet (L.), éditeur, Images, mensonges et algorithmes. La sémiotique au défi du Deep Fake. *Interfaces numériques*, 2022, Vol. 11 – n° 2.
- Eco (U.), *La guerre du faux*, Grasset & Fasquelle, 1985.
- Eco (U.), *Travels in Hyperreality*, Harcourt Inc, 1986.
- Eco (U.), *Sur les épaules des géants*, Grasset, 2018.
- Eco (U.), *Reconnaître le faux*, Grasset, 2022.
- Egelhofer (J.L.), Lecheler (S.), Fake news as a two-dimensional phenomenon: a framework and research agenda, *Annals of the International Communication Association*, 2019, 43:2, 97-116. DOI : 10.1080/23808985.2019.1602782.
- Fehrmann (G.) *et al.*, *Original Copy – Secondary Practices*, in *Media, Culture, and Mediality: New Insights into the Current State of Research*, Jäger, Ludwig, Linz, Erika and Schneider, Irmela (éditeurs), Bielefeld: transcript Verlag, 2010.
- Green (C.), *"Kate's wedding ring does not vanish in video explaining cancer diagnosis"*. FullFact, sur le site Fullfact.org. 26 mars 2024. Consulté le 25 mai 2024, https://fullfact.org/news/kate-cancer-video-ring-vanishes-false/
- Habermas (J.), *Ein neuer Strukturwandel der Öffentlichkeit und die deliberative Politik*, Suhrkamp, 2022.
- Heaven (W.D.), *"Facebook just released a database of 100,000 deepfakes to teach AI how to spot them"*. MIT Technology Review, sur le site de technologyreview.com, 12 juillet 2020, Consulté le 25 mai 2024. https://www.technologyreview.com/2020/06/12/1003475/facebooks-deepfake-detection-challenge-neural-network-ai/
- Naffi (N.), Davidson (A.L.), Berger (F.), *Infocalypse : la propagation des hypertrucages menace la société*. Site web de *The Conversation*, https://theconversation.com/infocalypse-la-propagation-des-hypertrucages-menace-la-societe-158335, consulté le 15 juin 2024.
- Nass (C.L.), « *Non, cette vidéo ne montre pas un responsable ukrainien confirmant l'implication de l'Ukraine dans l'attentat contre une salle de concert.* ». AFP Factuel, sur le site AFP Factuel, 26 mars 2024. Consulté le 25 mai 2024. https://factuel.afp.com/doc.afp.com.34M98Q8

– Schick (N.), *Deep Fakes, The coming infocalypse*, Twelve/Hachette Book Group. 2020.
– Seitz-Wald (A.) et Memoli (M.). "*Fake Joe Biden robocall tells New Hampshire democrats not to vote Tuesday*". NBC News sur le site NBC News. 22 janvier 2024. Consulté le 15 juin 2024. https://www.nbcnews.com/politics/2024-election/fake-joe-biden-robocall-tells-new-hampshire-democrats-not-vote-tuesday-rcna134984
– Verma (P.), Zakrzewski (C.), *AI deepfakes threaten to upend global elections. No one can stop them.* Washington Post. 23 avril 2024. https://www.washingtonpost.com/technology/2024/04/23/ai-deepfake-election-2024-us-india/, consulté le 15 juin 2024.
– Thomas (M.), (2024, 24 jan.), *Vidéo BBC Verify*, Compte BBC News sur Instagram. https://www.instagram.com/p/C2fvS6csrRf/ Consulté le 25 mai 2024.
– Tual (M.), *« Deepfake » : dupée par une voix synthétique, une entreprise se fait dérober 220 000 euros*, 6 septembre 2019. Le Monde sur le site Le Monde. https://www.lemonde.fr/pixels/article/2019/09/06/deepfake-dupee-par-une-voix-synthetique-une-entreprise-se-fait-derober-220-000-euros_5507365_4408996.html Consulté le 15 juin 2024.
– Tual (M.), *« Deepfake », un terme imparfait pour une réalité appelée à durer*. Le Monde, sur le site Le Monde, 6 mars 2024. https://www.lemonde.fr/idees/article/2024/03/06/deepfake-un-terme-imparfait-pour-une-realite-appelee-a-durer_6220414_3232.html. Consulté le 15 juin 2024.
– Twomey (J.) *et al.* Do deepfake videos undermine our epistemic trust? A thematic analysis of tweets that discuss deepfakes in the Russian invasion of Ukraine. 2023. *PLoS ONE* 18(10): e0291668. https://doi.org/10.1371/journal.pone.0291668, consulté le 24 février 2024.
– Whittaker *et al.* Mapping the deepfake landscape for innovation: A multidisciplinary systematic review and future research agenda, *Technovation* 125, 2023. https://www.sciencedirect.com/science/article/abs/pii/S0166497223000950, consulté le 24 février 2024.
– Woolley (S.), *the Reality Game, How the next wave of technology will break the truth and what we can do about it*, Londres, Endeavour, 2020.

USAGE DE L'IA GÉNÉRATIVE DANS UN CONTEXTE DE DÉGRADATION INFORMATIONNELLE

Alexandre BRETEL

Université Grenoble Alpes – Chaire éthique & IA

alexandre.bretel@normalesup.org

Résumé

L'utilisation de l'intelligence artificielle générative à grande échelle pourrait conduire à une baisse de qualité du contenu disponible, pour des raisons à la fois techniques propres à l'IA générative, mais aussi en raison de la pratique des internautes et des motivations publicitaires des moteurs de recherche. Des craintes peuvent également être exprimées concernant les évolutions du droit d'auteur et des méthodes éducatives. Des moyens de préservation de la qualité existent, comme le maintien d'un contenu original et authentique.

Mots-clés : intelligence artificielle générative, dégradation, éducation, éthique, droits d'auteur.

INTRODUCTION

La qualité des résultats des moteurs de recherche, que ce soit sur Google, Bing ou DuckDuckGo, continue de se dégrader. L'intelligence artificielle générative a facilité la production de spams à grande échelle, contribuant à noyer les moteurs de recherche sous une information de faible qualité (Bevendorff, Wiegmann, 2024). Cependant, il convient de noter la part propre à la pratique des moteurs de recherche dans cette dégradation avant l'utilisation de l'IA générative, et que celle-ci ne fait qu'amplifier. L'optimisation pour les moteurs de recherche (*SEO – Search Engine Optimization*) conduisant à privilégier les contenus commerciaux, avec des liens monétisables d'affiliation, et au contenu appauvri, car simplifié et répétitif. D'ici 2026, il est estimé, d'après l'agence Europol, que 90 % du contenu diffusé en ligne sera généré ou transformé par l'IA, avec également 90 % des utilisateurs qui utilisent Google, une entreprise à vocation commerciale et publicitaire, comme moteur de recherche. Quand bien même Google mène une *guerre* contre les spams, générés ou non par IA, son objectif n'est pas tant de les éliminer que de trouver un équilibre profitable, qui inclut d'une part d'éliminer une partie du contenu publicitaire agressif voire mensonger, et d'autre part de conserver ses revenus *via* la publicité, ce qui implique de ne pas tous les éliminer (Simon, 2024). La méthode pour évaluer l'avenir de la production de l'IA générative a consisté à analyser les articles traitant des différents aspects de la génération de contenu au moyen des larges modèles de langage (*LLMs – Large Language Models*).

Il s'agit d'une démarche de synthèse de résultats scientifiques publiés et de prospective. Après le constat d'une dégradation du contenu, une réflexion a été menée concernant une évolution possible du droit d'auteur. Les risques d'effondrement de modèles par récursivité et les objections éthiques face à l'utilisation des grands modèles de langage ont également été approfondis. Il s'ensuit une analyse sur le rôle des capacités linguistiques et de raisonnement dans la limitation des LLMs, puis une réflexion sur les risques de l'IA générative dans l'éducation, suivie d'une espérance concernant un usage raisonné de l'IA générative. Autrement dit, comment utiliser l'IA générative dans un contexte de dégradation informationnelle ? Il est à noter qu'une problématique similaire pourrait être posée pour la génération d'images ou de vidéos, dans la mesure où les visuels générés pourraient être de plus en plus présents dans les bases de données qui servent à leur entraînement, conduisant à un auto-entraînement sur des images de plus en plus éloignées des modèles originaux, ce qui pose des questions de responsabilité d'utilisation (Hutchinson *et al.*, 2020). Pour autant, il n'y a pas encore eu de retours en ce sens concernant une baisse de qualité des visuels générés.

1. UNE SPIRALE DE DÉGRADATION DU CONTENU

La spirale de dégradation du contenu publié en ligne risque de se poursuivre, avec un risque de ne plus pouvoir utiliser convenablement les moteurs de recherche, à la fois dans les domaines concernés par le SEO, mais pas seulement. Les impacts sont nombreux, que ce soit pour la collecte de données, la diffusion d'information ou l'entraînement de nouveaux modèles d'IA. Le fonctionnement même de l'IA générative conduit à la production de résultats « moyennés », c'est-à-dire suffisamment corrects pour constituer du contenu utilisable par la majorité des internautes, mais insuffisant pour une production de qualité de niveau académique, quand bien même la qualité orthographique et syntaxique mérite d'être soulignée. Il s'ensuit qu'une utilisation des IA génératives textuelles comme ChatGPT, Google Bard ou Bing Chat dans un contexte universitaire ne ferait qu'accroître la production d'un contenu standardisé et sans originalité. Encore pire, l'entraînement de ces IA génératives sur du contenu internet lui-même créé par ces mêmes IA génératives pourrait conduire à une réduction du contenu disponible pertinent, dont il est encore difficile de prédire une amélioration, une stabilisation ou une dégradation accélérée. Mais il est estimé qu'il ne reste que quelques années de contenu de qualité avant que les modèles ne soient obligés de se tourner vers des données d'entraînement de plus en plus de mauvaise qualité. Dans ce contexte, la démarche de veille informationnelle et de recherche documentaire pourrait s'en trouver perturbée. Il est donc recommandé d'adopter de bonnes pratiques heuristiques, comme veiller à privilégier les articles académiques, s'assurer qu'il n'y ait pas de lien d'affiliation dans les articles consultés (ou du moins, prendre conscience de leur présence le cas échéant), s'assurer de la diversité de ses sources, notamment en cas d'événement *sensationnel*, et rester vigilant quant à la qualité du contenu consulté (répétition, simplification et ton *accommodant*).

2. LA TENTATION D'UNE ÉVOLUTION DU DROIT D'AUTEUR

Afin de mieux protéger le contenu contre une utilisation abusive par l'IA générative, qui a une incidence sur la qualité du contenu disponible sur Internet, il pourrait être tenté de mener une évolution du droit d'auteur. Un des effets paradoxaux de la volonté de valoriser le rôle de l'IA, *via* par exemple la reconnaissance du statut d'auteur, conduirait paradoxalement à une dévalorisation du statut d'auteur à la fois pour les humains et les IA. Plus précisément, l'attribution de la propriété intellectuelle à des IA est liée à une vision *romancée* de la définition d'un auteur, avec la transposition d'une vision anthropocentrée vers un artefact technique. La capacité des IA à produire du contenu, qu'il soit écrit, visuel ou audio, donne l'illusion d'une agentivité, voire d'une authenticité, qui peut prêter à confusion quant à la capacité à produire et surtout à ressentir du sens. Sans compter qu'il existe une raison relationnelle au droit d'auteur. C'est-à-dire qu'une création avec un contenu original est protégée dans un objectif de reconnaissance de création, et éventuellement d'une rétribution. Il conviendrait alors de conserver la doctrine actuelle du droit d'auteur en ne protégeant que les créations humaines (Craig, Kerr, 2021). Pour autant, ne pas protéger le contenu généré grâce à l'IA pourrait causer son lot de conséquences problématiques. Plus précisément, un texte entièrement généré par l'IA pourrait être facilement copié, d'un point de vue juridique, ce qui risque d'accentuer une dégradation des performances, du fait d'un apprentissage récursif par les IA génératives sur le même jeu de données. De plus, la caractérisation même d'un contenu créé par l'IA ou par l'humain complique la tâche de protection du droit d'auteur en cas de distinction entre la création de contenu humain ou artificiel. Un contenu généré partiellement par l'IA doit-il être protégé complètement, partiellement, ou pas du tout ? Est-ce que le pourcentage de création compte dans le contenu généré, et si oui, dans quelle mesure ?

L'attribution des droits d'auteur à un humain utilisant l'IA générative présente la difficulté d'attribuer la création d'un contenu à une personne qui n'en est pas responsable, sauf pour l'entrée de la commande d'instruction, ou *prompt*. Le double sens du mot, qui signifie à la fois instruction et rapide, traduit bien les objections à l'attribution de droits d'auteur à l'humain qui en est à l'origine. C'est-à-dire que l'instruction donnée est également rapide, ce qui implique qu'il n'y a pas eu nécessairement un travail suffisant de la part de l'instructeur pour justifier une protection juridique. Il pourrait y avoir un débat concernant la longueur du *prompt*. Est-ce qu'un prompt d'une longueur suffisante pourrait justifier une protection juridique ? Par ailleurs, les progrès en matière d'IA générative pourraient rendre la compétence d'ingénieur du prompt, c'est-à-dire de spécialiste dans la création de *prompt*, de moins en moins pertinente, dans la mesure où la qualité du *prompt* sera de moins en moins nécessaire pour obtenir un contenu équivalent. Mais il pourrait être rétorqué que les progrès en matière d'IA générative ne jouent pas sur la pertinence du prompt par rapport au résultat en sortie, d'un point de vue juridique, et qu'il devrait donc être protégé en tant que tel. Mais qu'en est-il alors des prompts générés artificiellement ? La difficulté à répondre précisément à ces interrogations pourrait inviter à une redéfinition du cadre de protection du contenu, à moins d'assumer d'en subir les conséquences négatives.

3. LE RISQUE D'EFFONDREMENT DE MODÈLE PAR RÉCURSIVITÉ

Parmi les raisons provoquant cette baisse de qualité tendancielle de résultat se trouvent des mécanismes propres au fonctionnement des grands modèles de langage. Leur approche probabiliste ne comprend pas le langage de manière fonctionnelle, mais imitationnelle. Il est d'ailleurs à craindre une augmentation des désalignements, c'est-à-dire d'un manque d'alignement entre les objectifs des concepteurs concernant leur modèle et les résultats en sortie. À mesure que les modèles d'IA gagnent en capacité, ils seront utilisés comme éléments de systèmes d'IA plus larges dans l'apprentissage par renforcement. Des résultats erronés, voire des contrevérités, pourraient émerger et devenir plus communs, plus sévères et plus difficiles à détecter. Pire, les modèles pourraient développer des incitations à mentir. Si un évaluateur humain désapprouve le *mauvais* comportement d'un modèle, le modèle peut apprendre à mentir à propos de son comportement pour obtenir une meilleure récompense. Les modèles seraient donc optimisés contre les évaluateurs humains, ce qui rendrait la confiance portée dans les évaluateurs humains de moins en moins solide. Des solutions existent pour contourner ce problème, comme l'utilisation de méthodes non supervisées (Burns *et al.*, 2022).

Les agents conversationnels se nourrissant de sorties générées par IA peuvent produire des absurdités récursives pouvant dégrader fortement leur performance. Il existe un risque réel d'effondrement de modèle, c'est-à-dire d'un processus dégénératif d'apprentissage où les modèles commencent à omettre les événements improbables au cours du temps, au fur et à mesure que le modèle devient corrompu avec ses propres projections de la réalité. Ce processus de dégradation est difficile à éviter, avec comme principale mesure de conservation de la qualité du contenu l'interaction humaine, dont la préservation de l'originalité sera de plus en plus précieuse. Il existe deux causes principales pour l'effondrement de modèles, qui se suivent, à savoir l'erreur d'approximation statistique et l'erreur d'approximation fonctionnelle. L'erreur d'approximation statistique tire son origine du fait que le nombre d'échantillons est fini, avec une probabilité non nulle de perte d'information à chaque étape du rééchantillonnage. L'erreur d'approximation fonctionnelle découle du manque ou de l'excès d'expressivité des approximateurs de fonction. Il peut y avoir un effet en cascade où les erreurs individuelles peuvent se combiner pour provoquer une plus grande inexactitude. D'autres risques existent, qui sont parallèles à l'effondrement de modèle, comme l'*empoisonnement des données*, c'est-à-dire des attaques prévues pour dégrader les performances du modèle en incorporant dans son jeu de données des informations erronées, en les plaçant sur des sources internet peu fiables. Ces attaques peuvent être efficaces même avec de faibles échantillons de données corrompus. Dans la mesure où les larges modèles de langage sont friands de données, le risque d'intégrer des données corrompues sera persistant (Shumailov *et al.*, 2023).

4. LES OBJECTIONS ÉTHIQUES FACE À L'UTILISATION DES GRANDS MODÈLES DE LANGAGE

La métaphore de « perroquet stochastique » rend compte des limitations auxquelles sont confrontées les IA génératives dans leur modèle de représentation. Il s'agit d'une métaphore pour décrire la théorie selon laquelle les grands modèles de langage, bien que capables de générer un langage plausible, ne comprennent pas le sens du langage qu'ils traitent. Il existe donc un risque en pensant qu'un texte cohérent mais artificiel soit pourvu d'un sens propre. De plus, la dissémination de ce type de contenu est réalisée sans mécanisme de redevabilité approprié, c'est-à-dire qu'en cas de propagation de nouvelles fausses, il n'y a pas d'imputation de responsabilité qui est impliquée. Or, la redevabilité implique à la fois de pouvoir assumer la responsabilité de la véracité du contenu et d'en corroborer le sens. D'autres problématiques peuvent également être posées, comme le coût environnemental pour l'entraînement des larges modèles de langages, avec une interrogation sur l'efficacité des modèles nécessitant des données importantes par rapport à des alternatives plus parcimonieuses. D'autres problématiques peuvent également être énoncées contre les grands modèles de langage, comme le coût financier qu'ils exigent pour être développés, qui constitue une barrière à l'entrée pour de nombreuses équipes de recherche, bien que d'autres solutions existent. Il y a aussi une interrogation sur la langue utilisée pour l'entraînement, majoritairement l'anglais, qui conduit à une sous-représentation des autres langues, avec des problèmes de représentativité et d'efficience. Il s'ensuit un questionnement sur le coût d'opportunité du développement de cette technique, en se demandant si la poursuite d'alternatives ne serait pas plus avantageuse (Bender *et al.*, 2021). La communauté de recherche travaillant sur ces questionnements est également prise dans des impératifs professionnels et économiques, qui rendent un tournant vers des alternatives dépendantes des engagements pris et des discours promotionnels, avec un risque qu'un tournant ne soit pris qu'après que des dégâts difficilement réversibles aient été subis concernant Internet.

5. LE RÔLE DES CAPACITÉS LINGUISTIQUES ET DE RAISONNEMENT DANS LA LIMITATION DES LLMS

Une des raisons des limitations des grands modèles de langage réside dans leur mode de fonctionnement. Les méthodes formalistes des grands modèles de langage manquent de la profondeur d'une création intentionnelle. Il faut distinguer les capacités linguistiques formelles et fonctionnelles. Les capacités linguistiques formelles désignent la connaissance des règles linguistiques et de leurs régularités statistiques, tandis que les capacités linguistiques fonctionnelles caractérisent la compréhension et l'usage de la langue appliqué au monde réel. Cette distinction peut d'ailleurs être retrouvée dans le fonctionnement du cerveau humain, dont les neurosciences ont prouvé l'existence de différents mécanismes neuronaux concernant ces catégories. Les grands modèles de langage sont très bons pour les compétences formelles, mais leurs compétences fonctionnelles possèdent encore une marge importante de progression, et nécessitent un réglage fin, ou *fine-tuning*. Les grands modèles de langage auraient besoin d'une maîtrise double afin d'être réellement opérationnels. Une des raisons de l'attribution d'intelligence et d'intentionnalité aux grands modèles de langage pourrait trouver son origine dans l'approche adoptée par le test de Turing, et diffusée très largement auprès du grand public. Il est vrai également que jusqu'à récemment, nous n'avons pas été habitués à côtoyer des agents conversationnels qui faisaient preuve de compétences linguistiques formelles tout en manquant de compétences fonctionnelles. C'est ce qui explique que les grands modèles de langage peuvent être critiqués pour leur manque de consistance, de généralisation de connaissances sur le monde ou d'absence de sens commun sur les capacités de raisonnement. Les capacités linguistiques formelles des grands modèles de langage sont équivalentes au niveau humain, tandis que les compétences linguistiques fonctionnelles sont toujours parcellaires, avec des résultats dépendants de leurs entraînements dans des domaines spécifiques. L'utilisation de méthodes d'apprentissage par renforcement sous supervision humaine (*RLHF – Reinforcement Learning from human feedback*) où le modèle reçoit des commentaires humains sur la qualité de ses actions, ne permettant pas forcément d'incorporer les compétences fonctionnelles *via* l'apprentissage de compétences formelles. Autrement dit, l'apprentissage de la langue formelle, qui permet aux humains, qui partagent tous des capacités cognitives similaires, d'acquérir des compétences fonctionnelles pour interagir avec le monde, ne peut pas forcément être appliqué à des modèles qui n'ont pas les mêmes capacités cognitives (Mahowald *et al.*, 2023).

Dans les sorties fournies par d'anciens grands modèles de langage, certaines réponses montrent que l'amélioration des compétences linguistiques implique une tendance à émuler un mode de pensée intuitif proche du système 1, associé à des réponses rapides, mais empreintes de biais. À l'inverse, ChatGPT, qui est pourtant tiré de ces grands modèles de langage, fait preuve de meilleures réponses qui pourraient être associées au système 2, c'est-à-dire à des réponses qui, pour les humains, nécessitent un effort conscient et une intention délibérée, mais dont les conclusions sont plus exactes.

Les questions pièges posées à ChatGPT peuvent être plus facilement résolues, quand bien même il lui est empêché de mener une chaîne de raisonnement, ce qui montre également que son système 1 est meilleur par rapport aux versions précédentes. Il s'ensuit des capacités émergentes, non anticipées à l'origine, comme la génération de code, la résolution de problèmes mathématiques, l'apprentissage par l'exemple, l'engagement dans de l'introspection, la réalisation de raisonnements en plusieurs étapes ou encore la tromperie d'autres agents. Les grands modèles de langages peuvent actuellement, lorsqu'ils génèrent des mots dans une suite consécutive, relire leur fenêtre contextuelle, en incluant les tâches données par l'utilisateur et en tenant compte des mots qu'ils ont générés. Les grands modèles de langage peuvent alors employer leur fenêtre contextuelle comme une forme de mémoire externe pour entreprendre une chaîne de raisonnement, réexaminer les hypothèses de départ, estimer des solutions partielles ou tester des approches alternatives, ce qui pourrait être comparé à l'utilisation de brouillon par les humains pour résoudre des problèmes mathématiques ou pour mettre en forme des arguments (Hagendorff *et al.*, 2023).

6. LES RISQUES ASSOCIÉS À L'IA GÉNÉRATIVE DANS L'ÉDUCATION

La volonté de transmission invite à imaginer la sauvegarde d'archives épargnées par toute intervention de l'IA générative, ou encore la production de données nouvelles sans assistance artificielle. Les risques associés à l'utilisation d'IA générative dans l'éducation sont éloquents, et permettent d'illustrer avec un cas d'application les risques évalués précédemment. L'utilisation de ChatGPT pour répondre à des examens en ligne remet en question les méthodes traditionnelles d'évaluation (Susnjak, 2022). Le contenu généré est cohérent et de qualité, malgré les risques d'hallucination, mais cette pratique limite la mise en application d'une pensée critique de la part des étudiants qui utilisent cet outil comme un substitut à leur propre réflexion. La remise en cause de l'intégrité des examens en ligne invite à repenser les modes d'évaluation, avec comme solution envisagée une évaluation orale dont les questions ne sont pas connues à l'avance, mais qui présente l'inconvénient de ne pas évaluer l'expression écrite, qui peut s'avérer pourtant cruciale pour développer sa réflexion. L'adaptation des méthodes d'examens pour éviter l'usage de certains outils, et non pour permettre une meilleure évaluation des étudiants, pose des questions en termes d'efficacité de cette approche. Une autre solution consiste à intégrer directement ChatGPT dans les méthodes d'évaluation, ou du moins à l'autoriser, en faisant preuve d'une sorte de fatalisme ou d'un enthousiasme face aux avancées technologiques en cours (DNE, 2023). Le principal risque étant de voir des générations d'étudiants être habituées à générer du texte plutôt qu'à exprimer leur propre réflexion, ce qui conduirait à amoindrir la qualité des données présentes sur Internet, et donc à diminuer à terme la qualité des grands modèles de langages qui ont besoin de ces données pour leur entraînement.

L'utilisation de ChatGPT comme simple moyen pour générer des idées, qui seront ensuite réappropriées par les étudiants, permet d'amoindrir le risque d'un simple copier-coller, même s'il est à craindre que beaucoup d'élèves s'inspirent très fortement des suggestions qui leur sont générées. Quelle que soit l'intégration faite de ChatGPT ou d'autres outils de génération de texte, il serait judicieux qu'une partie de l'apprentissage et de l'évaluation en soit exempte (Herft, 2023). La création de données sans artifice fait sens au vu des limitations techniques existantes, bien qu'il faille rester ouvert à une modification des processus de production de connaissance en fonction des évolutions techniques et sociales. Des comportements émergents des modèles peuvent apparaître, c'est-à-dire qu'ils ne peuvent pas être anticipés en extrapolant leurs capacités. Par exemple, les capacités d'addition et de soustraction à plusieurs chiffres, de chaîne de raisonnement ou de véracité, peuvent être vues comme des comportements émergents. Certaines de ces capacités émergentes peuvent représenter des opportunités, mais également des risques, avec notamment davantage de possibilités pour des cyberattaques ou du contenu incorrect (Wei *et al.*, 2022). Des invariants subsistent néanmoins pour la création de contenu d'origine humaine, et qu'il convient de rappeler, concernant l'exigence de maintien des capacités de synthèse, de créativité et d'expression proprement humaine.

7. VERS UN USAGE RAISONNÉ DE L'IA GÉNÉRATIVE

La réutilisation de données passées ou l'entraînement sur du contenu synthétique risque de produire un effondrement des grands modèles de langage en termes de qualité produite. Il convient de souligner que, jusqu'à présent, c'est la pratique actuelle des moteurs de recherche qui semble conduire à une dégradation du contenu sur Internet, où l'IA générative amplifie cette tendance. Par ailleurs, d'autres particularités de l'IA générative conduisent à un changement de qualité du contenu, avec à la fois une meilleure syntaxe et une meilleure orthographe, mais aussi la diffusion d'un contenu répétitif et simplifié, aussi bien au niveau de la forme que du fond. Cependant, des solutions sont envisageables pour limiter ces conséquences délétères, voir même les neutraliser. Parmi les pistes de réflexion envisagées, il faudrait préserver l'expression de la créativité, afin de contrebalancer la tendance à la moyennisation des larges modèles de langages. La diffusion de contenu indésirable et de faible qualité doit également être minimisée, ne serait-ce que dans les données d'entraînement. Il convient également de déterminer correctement le potentiel et les limitations des IA génératives afin d'éviter un usage abusif ou dépendant. Les solutions proposées invitent à engager une véritable réflexion sur les modes de production de connaissance que nous souhaitons encourager (Wagner, 2020). Un usage parcimonieux de l'IA générative dans la génération de texte pour des raisons qualitatives fait écho à la nécessité d'un usage raisonné des ressources environnementales et de l'empreinte carbone dans la création de contenu (Ai Hleg, 2020). De la même manière qu'il existe un impératif écologique concernant le monde physique, il existerait un besoin impérieux de conserver les données exploitables sur Internet pour les transmettre aux générations futures.

Bibliographie

- Bender, E. M., Gebru, T., Mcmillan-Major, A. et Shmitchell, S. (2021), On the Dangers of Stochastic Parrots: Can Language Models Be Too Big ?, dans *Proceedings of the 2021 ACM Conference on Fairness, Accountability, and Transparency*, dans FAccT'21. New York, NY, USA: Association for Computing Machinery, p. 610-623,
- Bevendorff, J. et Wiegmann, M. (2024). Is Google Getting Worse? A Longitudinal Investigation of SEO Spam in Search Engines, dans *Advances in Information Retrieval*, 2024, Volume 14610, ISBN : 978-3-031-56062-0.
- Burns, C., Ye, H., Klein, D. et Steinhardt, J. (2022). *Discovering Latent Knowledge in Language Models Without Supervision*, dans *arXiv*. https://arxiv.org/abs/2212.03827
- Craig, C. J. et Kerr, I. R. (2021). The Death of the AI Author, dans *Ottawa Law Review 31*. https://rdo-olr.org/fr/the-death-of-the-ai-author/
- DNE – Direction Numérique Pour l'Éducation. (Édition 2023). *Intelligence artificielle et éducation : apports de la recherche et enjeux pour les politiques publiques.*
- Fedorenko, E. (2023). *Dissociating language and thought in large language models: a cognitive perspective*, dans *arXiv*. https://arxiv.org/abs/2301.06627
- Hagendorff, T., Fabi, S. et Kosinski, M. (2023). *Human-like intuitive behavior and reasoning biases emerged in large language models but disappeared in ChatGPT*, dans *Nat Comput Sci*, p. 1-6. https://arxiv.org/abs/2306.07622
- Herft, A. (2023). *Guide de l'enseignant L'usage de ChatGPT « ce qui marche le mieux »*. https://www.innovation-pedagogique.fr/article13780.html
- High-Level Expert Group On Artificial Intelligence (AI HLEG). (2020). Assessment List for Trustworthy Artificial Intelligence (ALTAI) for self-assessment. https://digital-strategy.ec.europa.eu/fr/node/806
- Hutchinson, B., Smart, A., Hanna, A., Denton, E., Greer, C., Kjartansson, O. (2020). *Towards Accountability for Machine Learning Datasets: Practices from Software Engineering and Infrastructure*, dans *arXiv*. https://arxiv.org/abs/2010.13561
- Mahowald, K., Ivanova, A. A., Blank, I. A., Kanwisher, N., Tenenbaum, J. B. et Shumailov, I., Shumaylov, Z., Zhao, Y., Gal, Y., Papernot, N. et Anderson, R. (2023). *The Curse of Recursion: Training on Generated Data Makes Models Forget*, dans *arXiv*. https://arxiv.org/abs/2305.17493
- Simon, M. (2024). « Les IA génératives sont-elles en train de tuer Internet ? », *Usbek & Rica*, sur le site *Usbek & Rica*, Consulté le 7 février 2024. https://usbeketrica.com/fr/article/les-ia-generatives-sont-elles-en-train-de-tuer-internet
- Susnjak (2022). *ChatGPT : The End of Online Exam Integrity?*, dans *arXiv*. https://arxiv.org/abs/2212.09292
- Wagner, B. (2020). Accountability by design in technology research, dans *Computer Law & Security Review*, Volume 37. https://doi.org/10.1016/j.clsr.2020.105398
- Wei, J. *et al.* (2022). *Emergent Abilities of Large Language Models*, dans arXiv. https://arxiv.org/abs/2206.07682

REMERCIEMENTS

Cet article est le fruit du travail scientifique qui est mené dans le cadre de la chaire « éthique & IA » soutenue par l'institut pluridisciplinaire en intelligence artificielle MIAI@Grenoble Alpes (ANR-19-P3IA-0003).

Les recherches menées par Kristen Thomasen et Maroussia Lévesque sur l'IA (dé)générative ont été une source d'inspiration précieuse pour cet article.

GREAT AI ETHICS EXPECTATIONS: GOVERNANCE IN EUROPEAN PUBLIC MEDIA – A COMPARATIVE STUDY OF SWITZERLAND, GERMANY, FINLAND, AND FRANCE

Laura PRANTEDDU, Colin PORLEZZA, Laura AMIGO, Petra MAZZONI

Università della Svizzera italiana (USI), Institute of Media and Journalism (IMeG)

laura.pranteddu@usi.ch, colin.porlezza@usi.ch, laura.amigo@usi.ch, petra.mazzoni@usi.ch

Abstract

The integration of artificial intelligence in the journalistic field has prompted a pivotal discourse on ethical governance within European Public Service Media (PSM). This growing reliance on generative AI technologies has not only revolutionized news production but has also necessitated the formulation and refinement of ethical guidelines aimed at governing AI usage. While these guidelines serve as foundational pillars designed to uphold journalistic integrity and ethical standards, their practical application within the design and operational frameworks remains a subject of considerable scrutiny. This study investigates the incorporation of AI technologies within PSM through a dual lens: the reflection of AI usage in ethical codes and guidelines, and the integration of core journalistic values such as responsibility, diversity, and transparency in the deployment of AI-driven tools.

Keywords: artificial intelligence, journalism, public service media, media, governance, ethics, Europe, guidelines, journalistic integrity.

INTRODUCTION

In the contemporary media landscape, the integration of Artificial Intelligence (AI) in news production, especially within Public Service Media PSM, represents a critical convergence of cutting-edge innovation with the enduring principles of ethics in journalism. This intersection brings both transformative opportunities and substantial ethical challenges for news organizations. This study examines the AI governance frameworks within four significant European PSM – Switzerland, Germany, Finland, and France – exploring how these organizations navigate the regulatory, ethical, and operational complexities introduced by AI technologies. The incorporation of AI in journalism extends beyond enhancing operational efficiency; it profoundly impacts transparency, accountability, and adherence to journalistic values and ethics. The advent of generative AI technologies such as ChatGPT marks a significant turning point, prompting organizations to swiftly align with rigorous ethical standards and to revise their regulatory frameworks. Recent developments have seen major news organizations like SRF, France TV, and RTS SWI stepping forward with detailed guidelines that address the ethical challenges posed by AI. These institutions have published comprehensive documents that not only reaffirm their commitment to the core values of public service but also offer practical guidance on implementing AI technologies responsibly. This article delves into the nuances of these self-regulatory frameworks adopted by various PSM entities. By examining the commonalities in their approaches – such as the emphasis on transparency and accountability – it discusses how these media outlets aim to fortify trust amongst audiences. Furthermore, it explores how the ethical imperatives encapsulated in these guidelines are operationalized within the news-making process, thereby safeguarding the fundamental tenets of public service journalism in the age of artificial intelligence.

1. LITERATURE REVIEW

AI can be envisioned as a combination of ideas and technologies, enabling computer systems to perform tasks that traditionally require human intelligence. This concept transcends technological components, encompassing an array of theoretical frameworks and practical applications (Brennen *et al.*, 2018).

In newsrooms, AI applications are implemented in many different areas ranging from news gathering, to news production, distribution, and personalization (Thurman, 2019). Research suggests that AI and algorithms are reshaping journalistic practices and processes, fundamentally altering how news is produced (Beckett & Yaseen, 2023) – even if it is still unclear how AI will eventually transform journalism. Machines are now able to make autonomous decisions. This shift has altered both journalistic roles and perceptions, affecting news work and how journalists perform their tasks in this new era (Schapals & Porlezza, 2020). Hence, as journalistic roles evolve, new ethical challenges arise in the design of the relationship between human judgment and automation.

However, ethical challenges did not get a lot of attention from journalists and news media organizations in the earlier days of adoption (Gunkel, 2020). While there has always been significant concern over the potential replacement of human journalists in newsrooms, ethical questions about the impact of AI technology on news work remained unanswered (Porlezza & Ferri, 2022). Only in the last couple of years, we could witness a growing awareness regarding ethical issues (Porlezza, 2023). These problems include transparency, accountability, privacy, diversity and bias (Helberger, 2021). However, ethical issues related to algorithmic systems are not limited to their implementation and use but include questions of opacity and potential biases already when it comes to the design of these systems. Embedding journalistic values into algorithmic systems requires a clear articulation of news values and the development of aligned models (Diakopoulos, 2020).

The integration of AI in PSM comes with additional challenges given that they are built on public values. PSM are obliged to provide content and services to groups that are not primarily attractive in commercial terms (Martin & Lowe, 2014). PSM are thus mandated to serve the public interest by providing universal access to information, education, and entertainment. As such, they are publicly funded organizations with the aim to support public values such as plurality, diversity, and universality, operating independently of commercial pressures. There needs to be a special responsibility regarding the delivery of "a diverse, qualitative, and inclusive media offer [...] so that the media, citizens, and the broader society optimally benefit from the freedom of expression" (Helberger *et al.*, 2020, p. 23).

The implementation of AI technology in PSM often focuses on how to save costs and increase efficiency. This approach clashes with questions on how to maintain editorial integrity and the ability to live up to the values of the public service, which "historically not only played a role as creators of public programs but also as promoters and facilitators of public value outside their institutional space" (van Dijck & Poell, 2015, p. 160). As algorithms have become central systems, particularly as news recommenders, their use in PSM should be kept under scrutiny. Tambini (2021) states therefore that PSM should be "on the vanguard of this form of civic innovation, learning how to apply these in the era of powerful media", by becoming pioneers in the application of citizenship-oriented notions of AI ethics.

There is no shortage in AI ethics codes (Jobin *et al.*, 2019), but AI guidelines for news media are a new phenomenon (Becker *et al.*, 2023). The same issue can be observed regarding AI governance frameworks (Porlezza, Pranteddu & Mazzoni, 2022). These frameworks often lack specificity in guiding newsrooms on how to handle AI, leading to potential biases and ethical dilemmas (Helberger & Diakopoulos, 2023). Furthermore, there is a gap in regulations concerning AI's role in news production and software coding practices within journalism.

This study adopts a comparative approach to examine AI governance frameworks in four public service media (PSM): Switzerland, Germany, Finland, and France. Defined as a set of formal documents, these governance frameworks guide media professionals'

decisions and actions (Duffy & Knight, 2018, p. 7). This analysis is thus guided by two research questions:
RQ1: How is the use of AI technologies reflected in codes of ethics or guidelines at the organizational level of PSM?
RQ2: How are key values such as responsibility, diversity, and transparency integrated into the deployment of AI-driven tools within PSM?

2. METHODOLOGY

Commissioned by the Swiss Federal Office of Communication OFCOM in 2022[1], the study was expanded in 2024 to include recent developments in generative AI, an area that has influenced the revision of ethical guidelines and the adoption of new AI applications in journalism. In June 2024, we reviewed newly issued documents from France Télévisions and Radio France, SRG-SSR, and SWI (an organizational unit of the Swiss PSM), which were not part of the initial analysis.

Country	PSM	1st Research (initial guidelines)	2nd Research (updated guidelines)
Finland	Yle	Guidelines in Finnish	Updated guidelines in English
Germany	BR	Guidelines in English	Updated guidelines translated into English
Switzerland	SSR-SRG	No publicly accessible guidelines	Guidelines publicly available
France	France Télévisions	No guidelines	Guidelines publicly available

Table 1: Comparison of PSM guidelines in the two research phases

The country selection was based on geographical proximity to Switzerland, differences in media market sizes, diverse media cultures, and varying stages of AI governance. Switzerland is a small, landlocked, multilingual nation with a limited market, limited resources, while the influence of neighboring markets in the electronic media market is significant. Germany and France were included as they neighbor Switzerland and present significantly larger media markets. Finland was chosen to offer a Scandinavian perspective, and because Yle is a pioneer in AI implementation. In addition, Germany, Finland, and Switzerland align with the Democratic Corporatist Model, noted for strong public broadcasting and high journalistic professionalism, while France belongs to the Polarized Pluralist Model (Hallin & Mancini, 2004).
We employed a mixed-methods approach: After a document analysis (Prior, 2003) targeting organizational AI ethics codes and guidelines, we conducted semi-structured problem-centered interviews

1. Available at: https://www.bakom.admin.ch/bakom/de/home/elektronische-medien/studien/einzelstudien.html

(Witzel, 2000) with responsible managers on key topics like the use of AI in routine journalistic operations, the interaction between journalists and AI technologies, and the ethical considerations of using AI in news production. The identification of interviewees began either through previous personal contacts or by browsing the PSM-websites to identify responsible actors.

In the end, we conducted a total of three interviews during the summer-fall of 2022 with key figures in the selected PSM.

- In Finland, we interviewed the Head of Customer Experience at YLE, responsible for overseeing AI initiatives across different platforms and pioneering the use of AI and automation throughout the news cycle.
- In Germany, the Head of the Automation + AI Lab and Co-lead of BR Data at Bayerischer Rundfunk, managing the data journalism team and focusing on data-driven journalistic products and AI research.
- In Switzerland, the Chief Data Officer at SRG-SSR is responsible for handling data governance and policy, initiating a dedicated AI team, and implementing the first AI-supported applications.
- We did not receive a response from France Télévisions, despite attempts to engage with their Data and Artificial Intelligence unit.

Each interview lasted about 45 minutes and was conducted in English or German, with all interviews later being translated into English to ensure consistency in data analysis. We performed an inductive thematic analysis (Braun & Clarke, 2014), which facilitated effective coding and categorization, revealing patterns and themes regarding AI governance. We looked at AI's role in information production, focusing on how automated systems are utilized for writing and video creation across various countries, and we analyzed the ethical AI guidelines.

3. RESULTS

In the two years since the original study, the PSM show a critical ethical reflection. With generative AI, ethical issues have been more strongly debated, which is reflected by the development of new or updated codes of ethics. The four PSM organizations have developed ethical guidelines aimed at ensuring that AI technologies are employed in a manner that upholds public service values, journalistic integrity, accuracy, and public trust – reflecting thus a broader industry trend to address ethical challenges.

A key element across all these guidelines is the emphasis on transparency and accountability. The organizations stipulate that AI-generated content must be clearly labeled, allowing audiences to distinguish between human-produced and AI-assisted news. Additionally, there is a strong focus on maintaining editorial oversight, ensuring that AI tools are used to assist journalists rather than replace them, particularly in areas requiring nuanced judgment, such as reporting on sensitive issues or verifying the credibility of sources. The guidelines emphasize the need for ongoing monitoring and assessment of AI systems to prevent biases and errors. They also stress the importance of data privacy and conscious data use, recognizing that AI tools often rely on vast amounts of data.

3.1. AI Integration at PSM

The deployment of AI is shaped by cultural factors. Finland's Yle adopts a structured approach to AI governance with strong internal communication and self-regulation. Germany emphasizes a case-by-case regulation, while Switzerland balances universality and transparency.

Yle's Approach to AI Integration

Communication among different teams is key to developing common projects: Individuals with a specific interest in technology, data, or AI are needed to explain to fellow journalists what AI is capable of doing.

> *"When you have a change of behavior or routines,* [...] *you need to build up trust.* [...] *you need people working on both teams. In this way, developers are trusted by the editorial people, and the other way around, they talk the same language. You don't need necessarily deep algorithm understanding. Instead, it is important to understand what options you have and what is best for you. What are the risks involved in the system?"*

Yle focuses more strongly on the design and machine learning side rather than the journalistic one.

BR: Case-by-Case Ethical Regulation

In Germany, ethical issues related to AI come down to the specific use case. An interviewee explained:

> *"When it comes to, for example, filter bubble issues, here we think it is better to regulate, but it is a very individual decision and not generalizable. It is possible to create ethical guidelines, as we did, but in many cases, it depends on the individual use case."*

SSR SRG: Balancing Universality and Transparency

In Switzerland, intellectual property plays a significant role, in particular when it comes to protecting AI-developed tools with licenses or patents:

> *"We safeguard our content with licenses.* [...] *AI does not have any inventing power; this is done by humans."*

Moreover, building trust in AI among the audience is a key goal: SRG SSR aims at making audiences aware of both the risks and benefits of AI, with particular attention to risks such as accuracy, discrimination, and legal issues:

> *"The three main risks identified by SRG SSR are accuracy (e.g., automated translations of text into speech), discrimination (e.g., maintaining a certain universality in production, distribution, or offer), and legal issues. For example, SRG SSR will not use avatars that replace journalists regularly, because users might lose trust in the PSM."*

3.2. Evolving AI Guidelines in PSM

RQ1 questioned: How is the use of AI technologies reflected in codes of ethics or guidelines at the level of PSM?

SRG SSR (Switzerland) has created a National Coordination Group for Artificial Intelligence to guide ethical practices, emphasizing human responsibility to ensure accountability for AI outcomes. Transparency is a key pillar, with policies requiring AI operations to be open and comprehensible. Continuous evaluation is also stressed, with regular updates to align AI protocols with ethical and technological advancements. However, as of 2024, no publicly accessible formal institutional mechanisms for checks and balances had been implemented.

Bayerischer Rundfunk (Germany) has taken a proactive role through its BR AI + Automation Lab, which integrates AI into both product and editorial functions. Its AI Ethics Guidelines, established in 2020, focus on responsibility, diversity, and transparency. A recent update reflects a more sophisticated approach to embedding these values in AI deployment.

Yle (Finland) has implemented ethics guidelines for AI-assisted systems, particularly machine learning (ML). These include provisions for ongoing evaluation to ensure ethical practices are maintained as technology evolves.

France Télévisions and Radio France (France) have introduced AI-related ethical documents. France Télévisions has updated its deontological charters to address generative AI, while Radio France's "Eight Commitments to Trusted Information" explicitly incorporates AI. These developments mark progress from the prior lack of formal AI-specific documents in French PSM.

RQ2 asked: How are key values such as responsibility, diversity, and transparency integrated into the deployment of AI-driven tools within PSM?

SRG SSR: The Swiss PSM integrates responsibility, diversity, and transparency into its AI practices, with strict human oversight ensuring ethical alignment and accountability for AI outcomes. Responsibility is emphasized through clear, actionable guidelines, including the *RTS Charter on the Use of Artificial Intelligence*, which mandates the mitigation of biases and the inclusion of Switzerland's multilingual and multicultural society. Transparency is also central, with the *SWI AI Guidelines 2024*, ensuring that AI processes are understandable and accessible to staff and the public. Data protection measures align with national and international laws to safeguard personal information. Additional developments include enhancing user experience through personalized content while maintaining editorial integrity, as well as detailed risk management strategies outlined in the *Handlungsanweisungen für den Umgang mit Künstlicher Intelligenz*, which address AI scalability and its impact on content production.

Bayerischer Rundfunk: The German PSM demonstrates a comprehensive approach to ethical AI through its AI + Automation Lab and its *AI Ethics Guidelines*. Responsibility is a core principle, with strict human oversight ensuring AI-driven tools uphold editorial standards. BR also integrates diversity by designing AI systems that reflect societal and cultural nuances, including accommodating regional dialects. Transparency is deepened through explicit labeling of AI-generated content and clear disclosure of methodologies. BR also emphasizes a learning culture by testing AI technologies in secured sandbox environments, fostering innovation while adhering to ethical principles. Strategic impact assessments and partnerships with academia and industry further enhance BR's capabilities and its communal approach to AI ethics.

Yle: The Finnish PSM prioritizes responsibility by maintaining human oversight and accountability for AI outcomes, ensuring alignment with ethical standards. Its guidelines highlight diversity by promoting AI systems that avoid biases and reflect societal inclusivity. Transparency is embedded through detailed internal ethical guidelines and adherence to GDPR standards for privacy and data protection. Recent updates include enhancing user experience through personalized content while preserving editorial integrity. Yle also integrates risk management strategies for addressing AI scalability and ethical challenges in content production, demonstrating a forward-thinking approach to AI deployment.

France Télévisions: The French PSM incorporates AI ethics through its *Deontological charter*, which emphasizes responsibility, diversity, and transparency. AI-generated content is clearly identified, with labels such as "image produced with the help of artificial intelligence" displayed during programming or prominently in credits. This approach ensures public awareness and trust in AI use, reflecting a strong commitment to ethical practices.

Radio France: Radio France's ethical commitment focuses on transparency, credibility, and pluralism. Its guidelines require clear identification of AI-generated content to ensure public trust and understanding. Journalists are tasked with fact-checking, using credible sources, and distinguishing between facts and opinions. Additionally, the document promotes balanced representation to reflect diverse viewpoints, integrating transparency and diversity into its AI deployment strategy.

Overall, the organizations collectively emphasize responsibility through human oversight, diversity to reflect societal inclusivity, and transparency to foster trust. The main measures range from personalized content and risk management strategies to explicit labeling of AI use.

4. DISCUSSION AND CONCLUSION

The integration of AI in news production has increased the urgency of AI governance within PSM. In addition, the advent of generative AI systems has prompted major news organizations to establish or refine ethical guidelines. These guidelines focus predominantly on editorial practices, emphasizing the ethical use of AI within newsrooms. However, there is a notable gap in addressing the broader implications of AI design, particularly in ensuring value-driven AI systems that align with PSM's public service mandate. This disconnect highlights a critical challenge: translating abstract ethical principles into actionable frameworks for practice and design.

Empirical research shows that PSM organizations have made improvements in developing ethical guidelines, yet these efforts often remain limited to self-regulation without mechanisms for implementation and oversight (Amigo & Porlezza, 2024). Such a self-regulatory approach, while valuable, risks falling short in addressing the complex ethical challenges posed by AI. Without robust monitoring and enforcement mechanisms, AI could inadvertently undermine journalistic values such as diversity, responsibility, accountability, and transparency. Ethical discussions about AI are largely confined to newsrooms (Meier, 2014), limiting the potential for broader industry collaboration and consistency.

Some key elements have emerged from the empirical analysis: Transparency, human oversight, and data privacy are central features in the ethical frameworks of PSM (Cools & Diakopoulos, 2024). Transparency, essential for building audience trust, involves making AI processes comprehensible and accessible. However, it must be paired with accountability structures to ensure that organizations are held responsible for the outcomes of AI-driven processes. Nevertheless, transparency sometimes can also be counterproductive, for instance when users conclude that AI is used without oversight. Transparency – or labeling – are no standalone solutions, there are no quick fixes. Comprehensive frameworks with regular audits, monitoring, and independent oversight are necessary to operationalize these ethical principles effectively. These measures should engage both internal and external stakeholders, demonstrating accountability at every level.

Public service values – such as serving the public interest, fostering democratic discourse, and promoting inclusivity – are central to the ethical guidelines of PSM. However, operationalizing these values in AI applications remains challenging. While guidelines frequently stress the importance of human oversight, they often lack specificity on how to ensure meaningful human intervention as AI systems grow more complex and autonomous. Without clear protocols for human-AI interaction, AI could reinforce existing biases or make decisions that conflict with journalistic principles (Helberger, 2019). To address this, PSM must establish detailed guidelines that define the roles and responsibilities of journalists and editors in managing AI tools, ensuring that human judgment remains a central element in editorial decision-making.

Although PSM might well be aware of these challenges, responses vary significantly across organizations (Becker *et al.*, 2023). A coordinated industry-wide approach is needed, potentially through shared professional standards or best practices. Media self-regulation institutions, such as press councils, could facilitate these efforts by initiating debates and coordinating the development of industry standards for ethical AI use. The rapid development of ethical guidelines between 2022 and 2024 represents a positive step forward, but many frameworks lack the depth and specificity needed to address the multifaceted challenges posed by AI. PSM must enhance these guidelines by incorporating mechanisms for implementation, monitoring, and enforcement, while also addressing the broader implications of AI design. As Tambini (2021) argues, PSM hold a unique position to lead critical and responsible AI use due to their pivotal role in fostering societal and democratic values. To safeguard these values, PSM must adopt a proactive approach to AI governance, fostering ongoing dialogue with policymakers, scholars, the public, and other stakeholders to ensure that AI technologies are harnessed ethically, transparently, and accountably.

This study acknowledges several limitations. There is obviously a small number of interviews, and the rapid developments in AI technology may challenge the timeliness of conclusions quickly. The study also highlights the dynamic nature of ethical guidelines, which evolve to address emerging societal and technological challenges. Furthermore, disruptions such as generative AI have introduced new complexities, necessitating continuous updates to ethical frameworks.
Future research should explore how news organizations define and operationalize transparency and accountability in AI tools, particularly in the design of technologies such as news recommenders. Investigating how PSM communicate key ethical concepts, such as transparency and diversity, to both internal staff and external audiences would provide valuable insights into fostering trust and inclusivity. Understanding these dynamics will be essential as AI continues to shape the landscape of public service journalism in an increasingly digital and algorithmic age.

Bibliography

- Beckett (C.), Yaseen (M.), *Generating Change. A global survey of what news organisations are doing with AI*, Londres, LSE Report, 2023.
- Becker (K. B.), Simon (F. M.), Crum (C.), Policies in Parallel? A Comparative Study of Journalistic AI Policies in 52 *Global News Organi*sations, s.l., 2023. https://doi.org/10.31235/osf.io/c4af9.
- Braun (V.), Clarke (V.), "What can 'thematic analysis' offer health and wellbeing researchers?", dans *International Journal of Qualitative Studies on Health and Well-Being*, vol. 9, n° 1, 2014.
- Brennen (S. J.), Howard (P. N.), Kleis Nielsen (R.), *An Industry-Led Debate: How UK Media Cover Artificial Intelligence*, Oxford, Reuters Institute for the Study of Journalism, 2018.
- Cools H., Diakopoulos N., "Uses of generative AI in the newsroom: Mapping journalists' perceptions of perils and possibilities", *Journalism Practice*, 2024, p. 1-19.
- Diakopoulos (N.), "Computational News Discovery: Towards Design Considerations for Editorial Orientation Algorithms in Journalism", dans *Digital Journalism*, vol. 8, n° 7, 2020, pp. 945-967. https://doi.org/10.1080/21670811.2020.1736946.
- Duffy (A.), Knight (M.), "Don't be Stupid: The role of social media policies in journalistic boundary-setting", dans *Journalism Studies*, vol. 20, n° 7, 2019, pp. 932-951. https://doi.org/10.1080/1461670X.2018.1467782.
- Hallin (D. C.), Mancini (P.), *Comparing Media Systems: Three Models of Media and Politics*, Cambridge, Cambridge University Press, 2004. https://doi.org/10.1017/CBO9780511790867.

- Helberger (N.), Diakopoulos (N.), "The European AI Act and How It Matters for Research into AI in Media and Journalism", dans *Digital Journalism*, vol. 11, n° 9, 2023, pp. 1751-1760. https://doi.org/10.1080/21670811.2022.2082505.
- Helberger (N.), Van Drunen (M.), Eskens (S.), Bastian (M.), "A freedom of expression perspective on AI in the media – with a special focus on editorial decision making on social media platforms and in the news media", dans *European Journal of Law and Technology*, vol. 11, n° 3, 2020.
- Jobin (A.), Ienca (M.), Vayena (E.), "The global landscape of AI ethics guidelines", dans *Nature Machine Intelligence*, vol. 1, n° 9, 2019, pp. 389-399. https://doi.org/10.1038/s42256-019-0088-2.
- Martin (F.), Lowe (G. F.), "The Value and Values of Public Service Media", dans *The value of the Public Service Media*, 2014, pp. 19-40.
- Meier (K.), *Die Redaktion als Institution der Medienethik*, Wiesbaden, VS, 2014.
- Porlezza (C.), "Promoting responsible AI: A European perspective on the governance of artificial intelligence in media and journalism", dans *Communications*, vol. 48, n° 3, 2023, pp. 370-394. https://doi.org/10.1515/commun-2022-0091
- Porlezza (C.), Ferri (G.), "The missing piece: Ethics and the ontological boundaries of automated journalism", dans *ISOJ Journal*, vol. 12, n° 1, 2022, pp. 71-98.
- Porlezza (C.), Pranteddu (L.), Mazzoni (P.), *"The Governance of Artificial Intelligence in Public Service Media: A Comparative Analysis"*, OFCOM, 2022.
- Prior (L.), *Using documents in social research*, Londres, SAGE Publications Ltd, 2003. https://doi.org/10.4135/9780857020222.
- Tambini (D.), "Public service media should be thinking long term when it comes to AI", Londres, London School of Economics LSE, 2021. https://blogs.lse.ac.uk/medialse/2021/05/12/public-service-media-should-be-thinking-long-term-when-it-comes-to-ai/.
- Thurman (N.), Lewis (S. C.), Kunert (J.), "Algorithms, Automation, and News", dans *Digital Journalism*, vol. 7, n° 8, 2019, pp. 980-992. https://doi.org/10.1080/21670811.2019.1685395.
- Van Dijck (J.), Poell (T.), "Making Public Television Social? Public Service Broadcasting and the Challenges of Social Media", dans *Television & New Media*, vol. 16, n° 2, 2015, pp. 148-164. https://doi.org/10.1177/1527476414527136.

LES MÉDIAS DE PRESSE SUR TIKTOK ENTRE FORMAT COURT ET CULTURE ALGO-RYTHMÉE

Karen NUVOLI

Université de Lorraine, IUT Nancy-Charlemagne,
Centre de Recherche sur les Médiations (CREM)

karen.nuvoli@univ-lorraine.fr

Résumé

Avec des millions d'utilisateurs actifs et des fonctionnalités de création vidéo innovantes, TikTok offre une opportunité aux médias de repenser leur approche journalistique et de s'adresser à un public plus jeune. Cette nouvelle façon de communiquer soulève cependant des questions concernant l'adaptation du journalisme aux contraintes des formats courts. En nous appuyant sur une collecte de données qualitative et quantitative effectuée en mai et juin 2023 sur les comptes TikTok de trois médias de presse français, nous cherchons à décrire l'émergence d'un style d'écriture propre à la plateforme. Les résultats de notre analyse révèlent trois répertoires de pratique de création de contenu – stratégie pédagogique, stratégie ludique et stratégie affective (qui favorise une émotion) – qui ont pour particularité de faire appel à du contenu journalistique qui semble davantage répondre aux exigences des algorithmes et à la nécessité de capter l'attention des utilisateurs des plateformes, plutôt qu'aux normes journalistiques traditionnelles.

Mots-clés : journalisme, intelligence artificielle, réseaux sociaux numériques, TikTok.

INTRODUCTION

Depuis 2010, les plateformes numériques sont devenues des intermédiaires essentiels dans la diffusion de l'information, un phénomène que l'on désigne par le terme "plateformisation". « Dans un environnement numérique où ce qui émeut est ce qui fait cliquer (Alloing et Pierre, 2017), où ce qui est cliqué est ce qui est mis en visibilité et où ce qui circule agrège de nouveaux publics (Paulhet *et al.*, 2022), la question des contenus est fortement liée à celle de la plateformisation » (Alloing, 2023, p. 51). La plateformisation marque une transition dans la production et la diffusion de l'information, passant d'un processus centré sur des choix éditoriaux à un modèle orienté par les préférences des utilisateurs. La « plateformisation des médias » (Poell *et al.*, 2017) semble aussi modifier la manière dont les journalistes perçoivent leurs audiences et produisent l'information. Bousquet, Marty et Smyrnaios (2015) soulignent que ce changement influence également la mise en scène de l'information. Autrefois, les journalistes, investis d'une mission perçue comme supérieure – celle d'informer le public – distribuaient les informations en fonction de ce qu'ils considéraient digne d'intérêt. Les lecteurs, quant à eux, devaient se fier exclusivement à ce filtre médiatique pour accéder à l'actualité. Le numérique, accompagné par la démocratisation des outils de publication et la diffusion facilitée des contenus à travers les plateformes a renversé ce modèle traditionnel. Désormais, les échanges entre les journalistes et leur audience sont devenus plus horizontaux. L'audience occupe une position centrale, elle engage la discussion directement avec les journalistes en commentant leurs articles, en produisant des vidéos parodiques inspirées de leurs contenus, et même en se présentant comme témoins ou sources potentielles d'informations.

D'autre part, les algorithmes jouent un rôle central sur les plateformes numériques. Déjà depuis 2020, le documentaire « Derrière nos écrans de fumée » réalisé par Jeff Orlowski met en lumière des phénomènes que les professionnels de la communication digitale observent depuis plusieurs années. Les algorithmes utilisés par ces médias pour organiser les publications en fonction de leur « pertinence » et les intelligences artificielles intervenant dans notre accès à l'information sont des mécanismes complexes que très peu de personnes maîtrisent. Ces systèmes nous isolent et nous contraignent dans notre accès à l'information. Les plateformes historiques comme Facebook, mais également les plus récentes, telles que TikTok, témoignent de ces changements. Lancée en Chine en 2016 et déployée mondialement en 2017, TikTok s'est rapidement imposée comme l'une des applications les plus populaires, notamment parmi les jeunes utilisateurs. Sa capacité à composer de courtes vidéos en format vertical, associée à des outils de prise de vue, de montage intégré et à une sonorisation automatique, a transformé la manière dont les contenus sont créés et consommés. Les algorithmes de TikTok sont réputés pour leur capacité à personnaliser le flux de contenu de chaque utilisateur. En analysant les interactions de l'utilisateur, telles que les vidéos aimées, partagées ou regardées jusqu'à la fin, les algorithmes adaptent constamment le flux pour proposer des vidéos susceptibles de plaire. En effet, ces plateformes utilisent des algorithmes sophistiqués pour personnaliser le contenu, alignant l'offre d'information sur les goûts et les habitudes des utilisateurs. Cette personnalisation algorithmique pose des questions cruciales sur la diversité de l'information et le rôle traditionnel des journalistes comme gardiens de l'information.

Les recherches portant sur le journalisme ont récemment accordé une attention particulière à TikTok en tant que terrain d'étude. Parmi ces recherches, certaines mettent en évidence la manière dont les journalistes ont adapté leur approche narrative pour informer et engager le public (Sidorenko-Bautista et. Alt. 2020 ; Bolz, 2022, Negreira-Rey ; Vázquez Herrero, López-García, 2022). D'autres offrent un regard approfondi sur les nouvelles pratiques journalistiques au prisme des algorithmes (Croissant, Touboul, 2019 ; Sebbah,

Sire, Smyrnaios, 2020). Dans ce contexte, TikTok représente un exemple récent de l'appropriation des pratiques et de la culture d'un réseau social émergent par les journalistes. Comme le montre Lisa Bolz (2022) dans son article, les médias présents sur TikTok apprennent à maîtriser les codes de la plateforme au contact de ses utilisateurs.

La nature proprement textuelle de ces mutations demeure toutefois relativement peu abordée : comment écrit-on avec les algorithmes ? Dans quelle mesure ces transformations bouleversent-elles les codes du journalisme ?

Comme souligné par Taïeb et Devars, « informer sous algorithmes, c'est pour les journalistes adapter et opter pour une écriture à la fois dédiée et sous contrainte, professionnelle et dépendante des outils qui la rendent possible. Le travail journalistique est subordonné à un double principe d'anticipation et de « conscription », puisqu'il s'agit littéralement d'écrire pour et avec les algorithmes » (2022, p. 6).

Notre recherche s'inscrit dans la lignée de ces études et vise à examiner les pratiques info-communicationnelles des entreprises médiatiques actives sur TikTok. Notre questionnement se concentre plus précisément sur la formation d'une culture journalistique « algo-rythmée » (Allard, 2021), spécifique à cette application. En nous appuyant sur une collecte de données qualitative et quantitative effectuée en mai et juin 2023 sur les comptes TikTok de trois médias de presse français nous cherchons à décrire l'émergence d'un style d'écriture propre à la plateforme. Le résultat de notre analyse révèle trois répertoires de pratique de création de contenu : stratégie pédagogique, stratégie ludique, et affective (qui favorise une émotion) qui ont pour particularité de faire appel à du contenu journalistique qui semble davantage répondre aux exigences des algorithmes et à la nécessité de capter l'attention des utilisateurs, plutôt qu'aux normes journalistiques traditionnelles.

1. MÉTHODOLOGIE

Ce travail a été conduit sur un corpus de plusieurs vidéos et s'appuie sur un recueil de données à la fois quantitatives (nombre de partages, nombre de like, hashtags, etc.) et qualitatives, grâce aux textes accompagnant ces vidéos (Jeanneret, Souchier, 2001 ; Bigey, Simon, 2018).

Nous avons ainsi analysé un total de 300 vidéos provenant de divers médias de presse français (*Libération*, *Le Monde* et *Le Figaro*) sur une période de deux mois (mai-juin 2023). Seules les vidéos accessibles au public ont été téléchargées et archivées. Par la suite, nous avons analysé les vidéos par le biais d'une analyse de contenu, et enregistré les différentes informations sur un cahier de codage[1]. Les données textuelles et quantitatives ont permis de réaliser une première enquête visant à identifier les caractéristiques saillantes des vidéos, complétée par un visionnage des contenus qui a conduit à

1. L'analyse du contenu (Krippendorff, 2004 ; Neuendorf, 2016) que nous avons réalisée s'inspire des méthodologies déjà utilisées dans des études précédentes (Gamir-Ríos ; Sánchez-Castillo, 2022 ; Vázquez-Herrero ; Negreira-Rey ; López-García, 2022). Pour plus de détails sur le cahier de codage, voir l'Annexe.

diverses classifications. Cette étude demeure exploratoire à ce stade. Cependant, l'analyse nous fournit des premiers éléments de réponse à la question de recherche initiale.

2. LES ALGORITHMES AU CŒUR DE LA DIFFUSION DE L'INFORMATION

Le terme « algorithme », concept fondamental en mathématiques, est apparu bien avant l'informatique moderne. Il trouve son origine au XIIe siècle, et dérive du nom latinisé du mathématicien arabe al-Khwarizmi (783-850) et du mot grec *arithmos*, signifiant « nombre » (Kitchin, 2016). Un algorithme désigne une conséquence bien définie d'instructions qui, lorsqu'elles sont suivies, permettent d'atteindre un résultat précis. Pour qu'un algorithme soit opérationnel sur un ordinateur, il doit être exprimé dans un langage de programmation et transcrit sous forme de code source.

L'intelligence artificielle (IA) repose largement sur l'utilisation d'algorithmes pour accomplir diverses tâches. Les algorithmes en IA peuvent être classés en deux grandes catégories : les algorithmes classiques et ceux d'apprentissage automatique. Les algorithmes classiques, souvent associés à l'intelligence artificielle symbolique, sont déterministes, ce qui signifie que leurs règles de fonctionnement sont explicitement définies par leurs créateurs. En revanche, les algorithmes d'apprentissage automatique sont auto-apprenants et probabilistes. Ils adaptent leur comportement en fonction des données qu'ils traitent et s'améliorent progressivement à mesure qu'ils sont utilisés, ce qui leur permet d'automatiser certaines tâches.

Un algorithme peut être appliqué dans de nombreux secteurs, tels que l'éducation, les ressources humaines, la justice, ou la santé, et peut remplir diverses fonctions, comme générer des connaissances, prédire des comportements, évaluer des risques, établir des corrélations, recommander des actions, ou aider à la prise de décision.

Sur les plateformes numériques telles que Facebook, Instagram et plus récemment TikTok, les algorithmes déterminent entre autres quelles nouvelles sont présentées et à quel public, en fonction de divers facteurs comme les préférences individuelles et les tendances générales. Les algorithmes des grandes plateformes, notamment ceux de TikTok, reposent principalement sur deux types de filtres : le filtrage collaboratif et le filtrage basé sur le contenu. Le filtrage collaboratif, tel que détaillé par Schafer *et al.* (2007), exploite les modèles de comportement des utilisateurs pour faire des recommandations. Plus nous interagissons avec un thème, un type de contenu ou un compte, plus ceux-ci seront mis en avant sur nos fils d'actualité. Le filtrage basé sur le contenu s'appuie quant à lui sur les caractéristiques du contenu pouvant correspondre aux profils des utilisateurs. Les interactions jugées « significatives » varient selon les plateformes : par exemple, Facebook privilégie les commentaires longs et détaillés, tandis qu'Instagram valorise également les enregistrements.

L'algorithme de TikTok est renommé pour sa capacité à offrir un contenu hautement personnalisé, en utilisant une approche hybride qui combine à la fois le filtrage collaboratif et les techniques basées sur le contenu. Cet algorithme prend donc en compte divers facteurs, notamment les interactions des utilisateurs (likes, partages, commentaires), les caractéristiques du contenu (hashtags, légendes) ainsi que les paramètres de l'appareil et du compte pour organiser la page « *For you* » (Akter *et al.*, 2021). La plateforme se distingue des autres réseaux par la prise en compte du taux d'achèvement (quel pourcentage de la vidéo a été regardé) et le taux de *rewatch*. Les algorithmes tendent ainsi à nous montrer des contenus similaires à ceux que nous avons déjà appréciés, renforçant nos préférences. Les premières secondes de la vidéo sont cruciales et les créateurs de contenu doivent adapter leurs stratégies pour inclure des formats plus courts et plus dynamiques.

En général sur les réseaux sociaux, les internautes interagissent avec du contenu provenant de leurs divers cercles sociaux. Cependant sur TikTok, les utilisateurs sont constamment confrontés à une représentation algorithmique de leur propre personne (Bhandari, Bimo, 2022, p. 9). D'autres auteurs avancent un argument similaire en conceptualisant TikTok, et en particulier son algorithme, à travers la métaphore du « cristal algorithmique » (Lee, *et al.*, 2022). Selon ces chercheurs, lorsque les utilisateurs interagissent avec TikTok, ils sont confrontés à une représentation multifacette, mais aussi partielle, de leur propre personne. De ce fait, TikTok permet une construction de soi non seulement sous forme d'introspection, mais aussi en identifiant son identité au sein des différentes communautés et des différents styles esthétiques de TikTok auxquels les utilisateurs sont exposés sur la page « *For you* ».

Le premier média de presse français à apparaitre sur TikTok est *Le Figaro*. Le média fait ses premiers pas sur TikTok en janvier 2020, avec une vidéo *teasing* de 14 secondes montrant un journaliste en train de lire le journal dans un ascenseur. Bien que TikTok soit une plateforme numérique distincte, l'édition papier du *Figaro* continue de jouer un rôle important sur leur compte. Elle est fréquemment mise en avant lors des présentations de la rédaction, des lectures matinales, ou encore comme une référence incontournable pour l'analyse et le décryptage de l'actualité.

Le Figaro se distingue par l'usage d'une stratégie de contenu pédagogique. Cette stratégie repose sur la création de vidéos qui visent à informer et éduquer les utilisateurs sur des sujets complexes de manière concise et accessible. Les contenus pédagogiques du *Figaro* sont souvent centrés sur des explications d'actualité, des décryptages de politiques publiques, ou des analyses économiques. L'objectif est de rendre l'information complexe compréhensible pour un public plus jeune, tout en maintenant une rigueur journalistique.

Cette tendance est particulièrement marquée dans les contenus produits, où il est observé que 76 % des vidéos sont accompagnées du hashtag #tiktokacademie. Ce format a émergé pour la première fois en 2020, pour donner suite à l'engagement de la plateforme aux côtés de Génération Numérique, une association dédiée à l'éducation à la citoyenneté à l'ère numérique.

L'initiative #tiktokacademie illustre comment les médias peuvent impliquer activement leur audience dans le processus de création et de diffusion de l'information. Le hashtag est repris par différents utilisateurs – dont les médias de presse – et est dans certains cas accompagné par la phrase « Et toi que penses-tu ? » ou « Penses-tu que… ? ». Dans cette catégorie, nous retrouvons les deux vidéos les plus visionnées par le public et les plus appréciées (nombre de *like*). Les vidéos pédagogiques sont ici utilisées autant pour aborder des sujets sérieux, liés à la politique, comme à la sécurité intérieure (figure 1), que pour traiter des sujets plus légers comme le remake du film « La Petite Sirène » (figure 2).

À travers ces formules, l'engagement des internautes est donc rendu encore plus évident, « le "toi" est au premier plan et les journalistes s'adressent directement au public jeune en leur posant des questions en lien avec la vidéo » (Bolz, 2022, p. 107). La démarche du *Figaro* sur TikTok avec le hashtag #tiktokacademie représente une évolution significative dans la manière dont les journalistes interagissent avec leur audience. En adoptant une approche plus participative et éducative, les médias réussissent non seulement à captiver leur public mais aussi à jouer un rôle crucial dans l'éducation médiatique et la promotion de la littératie numérique.

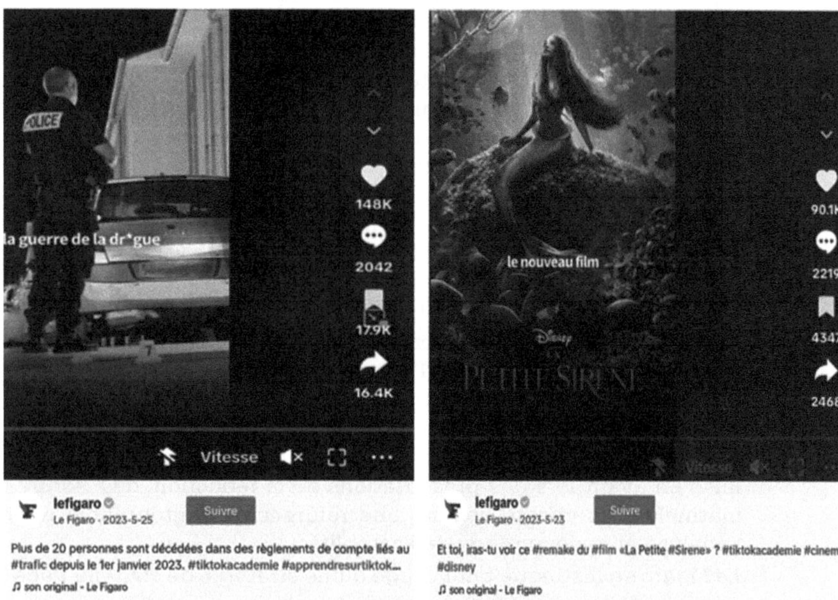

Figures 1 et 2 : Capture d'écran des vidéos TikTok du *Figaro* comprenant les hashtags #tiktokacademie

La vidéo 1 (25/05/2023) reproduit une enquête sur la criminalité à Marseille ; la vidéo 2 (23/05/2023) présente la polémique autour du nouveau Disney « La Petite Sirène ».

Dans d'autres cas, l'utilisation des dispositifs numériques permet également aux journalistes de réimaginer et de diversifier leurs modes d'expression, notamment en adoptant un style plus ludique et interactif. Cette tendance est particulièrement évidente pour les contenus produits par *Le Monde*, qui débute également sur TiKTok en 2020 avec une vidéo de musique rythmée qui présente la ligne éditoriale du journal.

Ce média se distingue particulièrement par l'usage d'une stratégie de production ludique. Cette stratégie s'appuie sur des formats courts mais riches en informations, souvent avec des éléments visuels attrayants et des infographies simplifiées qui aident à illustrer des points importants.

Les vidéos les plus visionnées par le public et les plus appréciées (nombre de *like*) font donc partie de cette catégorie et sont caractérisées par l'usage de l'infographie et une visualisation captivante des données (figure 3). Comme le rappelle Syrielle Mejias, journaliste au service TikTok-Snapchat du *Monde*, « sur TikTok, l'humour est un outil très efficace. Après tout, on fait de l'information sur une plateforme où les gens viennent pour se divertir. »[2]. D'autre part, le média semble privilégier la présence de jeunes journalistes en tant que protagonistes (figure 4). Souvent l'implication de jeunes journalistes contribue à créer une connexion plus forte avec le public cible, composé de jeunes adultes et d'adolescents. Ces journalistes apportent une perspective fraîche et contemporaine, utilisant un langage et des codes culturels qui résonnent avec leur audience. Cette combinaison de visualisation des données, de présence de jeunes journalistes et d'approche humoristique permet aux médias numériques de se distinguer et de captiver un public plus large et diversifié.

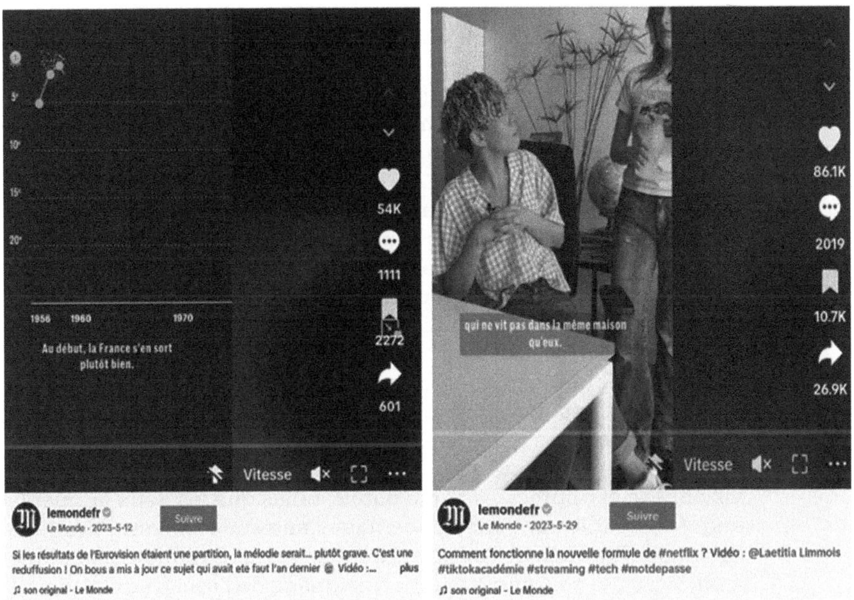

Figures 3 et 4 : Captures d'écran des vidéos TikTok du *Monde* représentant l'usage de l'infographie et la présence de jeunes journalistes

La vidéo 3 (12/05/2023) représente sous forme d'infographie les résultats de l'Eurovision ; dans la vidéo 4, une jeune journaliste présente sous forme de dialogue avec une collègue la nouvelle politique Netflix (02/05/2023)

La visualisation des données joue un rôle crucial dans cette stratégie, offrant aux internautes des représentations graphiques claires et attrayantes qui facilitent la compréhension de l'information. Les infographies, les animations et les vidéos explicatives permettent de rendre les sujets complexes plus accessibles et engageants. Le média offre ainsi des clés de compréhension de grands sujets d'actualité et gagne en popularité par rapport aux autres médias, avec

2. Pourquoi les journalistes font-ils autant de blagues sur TikTok ? – https://larevuedesmedias.ina.fr/journalistes-tiktok-video-explications-humour-blagues-attention-jeunes?ref=medianes.org

1,1 million de followers. On observe ainsi que les « rédactions papier copient les pure players, proposant des streaming lives, de courtes vidéos sur les modèles de Brut et Konbini, visent le « push », anticipent de futurs comportements (regarder davantage la télévision sur son smartphone, par exemple), au détriment de contenus plus intemporels ou de longues enquêtes. La médiatisation s'efface devant la stratégie médiatique, l'écriture devant l'algorithme, et la qualité intrinsèque des publications devant le nombre de clics. Le desk est maintenant habité par des *community managers* et des équipes éditoriales spécialisées dans la valorisation numérique des contenus, attachées à des logiques de marque et de visibilité » (Taïeb, Devars, 2022, p. 8).

Les journalistes du *Monde* réussissent à créer un espace interactif et participatif qui favorise l'engagement et l'éducation médiatique. Les vidéos qui gagnent le plus en notoriété sont celles qui sont les plus adaptées à cette logique d'engagement des publics.

Le dernier média analysé est *Libération*, qui fait son entrée sur TikTok seulement en mars 2023. Contrairement à d'autres médias français, *Libération* ne choisit pas d'introduire sa rédaction dans sa première vidéo, préférant aborder directement un sujet de « *hard news* » lié à la vie politique.

Le profil de *Libération* est le dernier à apparaitre sur TikTok et demeure pour le moment le moins suivi par les internautes. Malgré cela le média gagne en popularité grâce à l'usage d'une stratégie de communication affective et le recours à un registre sensible. Cette stratégie vise à créer un lien émotionnel fort avec l'audience en produisant des contenus qui suscitent des réactions émotionnelles, que ce soit l'empathie ou l'indignation. Contrairement à des approches plus factuelles ou ludiques, la stratégie affective met l'accent sur l'humain et les histoires personnelles pour toucher profondément les utilisateurs. *Libération* utilise la plateforme pour partager des témoignages émouvants, des histoires de vie marquantes, ou des contenus qui mettent en lumière des injustices sociales, des luttes personnelles, ou des moments de solidarité.

Cette mise en contexte affective est évidente sur les vidéos les plus visionnées et appréciées par le public, telles que les deux dernières enquêtes publiées, l'une concernant l'ancienne ministre Marlène Schiappa (figure 5) et l'autre relative à l'histoire d'une domestique maltraitée par ses employeurs, témoignage de l'esclavage moderne (figure 6).

Figures 5 et 6 : Capture d'écran de la vidéo TikTok de *Libération* qui présente l'usage d'une stratégie affective

La vidéo 5 (15/06/2023) présente l'enquête sénatoriale sur Marlène Schiappa ; la vidéo 6 présente sous forme de reportage l'histoire d'une domestique maltraitée par ses employeurs.

L'émergence de l'espace numérique encourage l'adoption de nouveaux formats pour la diffusion de l'information journalistique et offre aux journalistes la possibilité de repenser leurs lignes éditoriales afin de s'adapter au monde numérique. La stratégie de création adoptée par *Libération* lui permet d'insérer l'information dans les tendances virales actuelles, en proposant des contenus alignés aux algorithmes.

Que ce soit à travers une stratégie de communication pédagogique, ludique ou affective, les médias analysés dans notre enquête semblent avoir conscience du potentiel des algorithmes et déploient une logique éditoriale adaptée aux caractéristiques de la plateforme.

CONCLUSION

La place grandissante des plateformes dans l'accès à l'information conduit les journalistes à écrire et produire l'information pour les algorithmes. Les plateformes « ont une incidence sur le modèle journalistique lui-même en offrant aux médias des incitations à faire évoluer leurs contenus en fonction de leurs standards et de leurs attentes et plus en général de leurs logiques de fonctionnement, largement liées à leur modèle économique » (Aubert, 2021, p. 260). Nous observons ainsi que l'éditorialisation devient souvent une simplification vers des articles au contenu très didactique, sous forme de reportages ou d'infographies (Bolz, 2022 ; Negreira Rey, Vázquez Herrero, López García, 2022).

En raison de la nature opaque du fonctionnement de l'algorithme de recommandation (Grison *et al.*, 2023, p. 122) et de la variabilité des résultats de recherche, il est difficile d'obtenir une vision complète de la stratégie algorithmique de TikTok. Par conséquent, bien que notre corpus soit exhaustif, cette recherche demeure exploratoire. Les algorithmes, souvent considérés comme des « boîtes noires », filtrent et recommandent des contenus selon des critères qui ne sont pas toujours transparents. Cela entraîne une personnalisation des flux de contenu qui complique la tâche des chercheurs souhaitant obtenir une vue d'ensemble représentative des publications sur la plateforme.

Néanmoins, notre analyse a permis de dégager quelques observations préliminaires qui apportent des éléments de réponse à la question de recherche initiale. En effet, les résultats obtenus offrent des pistes intéressantes pour les recherches futures. Ils suggèrent notamment la nécessité d'approfondir la compréhension de l'impact des algorithmes de recommandation sur la diversité et la pluralité des contenus journalistiques accessibles aux utilisateurs. En outre, ils soulignent l'importance d'examiner comment les pratiques journalistiques évoluent en réponse aux dynamiques propres à des plateformes comme TikTok, qui mêlent information et divertissement.

L'analyse présentée ici met d'abord en évidence une adaptation forte des contenus aux codes de TikTok pour certains médias de presse français. Au fil du temps et des expérimentations (formats, sujets, modes de présentation de l'information), chaque média parvient à trouver son propre style et développe sa propre ligne éditoriale. Ainsi, *Le Figaro* se distingue par l'usage d'une stratégie de contenu pédagogique. Cette tendance est particulièrement marquée, en effet on observe que 76 % des vidéos sont accompagnées du hashtag #tiktokacademie. Les sujets abordés sont très variés et dans 74 % des vidéos le journaliste est présent pour accompagner les lecteurs et répondre à leur question. Selon Bolz (2022, p. 80), ce type d'interaction favorise une compréhension plus profonde des enjeux médiatiques. En répondant directement aux questions de leur audience, les journalistes créent un espace de dialogue et de réflexion critique, renforçant ainsi la confiance et l'engagement du public envers les médias.

Libération en revanche privilégie l'usage des reportages et une stratégie affective. La diffusion d'informations culturelles et d'actualité, ainsi que les sujets plus sensibles sont présentés à travers un registre émotionnel.

Le Monde préfère l'usage d'une stratégie de création que nous classons dans la catégorie « ludique ». L'observation du corpus de ce dernier révèle en effet que même si les sujets abordés concernent principalement des « hard-news » (76 % des cas), des sujets aussi sérieux que la politique ou les affaires étrangères sont présentés de manière très ludique, sous forme de reportage ou d'infographie.

Les résultats de la recherche suggèrent qu'en termes de performativité, la stratégie ludique est la plus efficace pour engager le public. Cette préférence pour le contenu ludique s'explique en partie par les caractéristiques de l'audience de TikTok composée majoritairement de jeunes, mais également par les caractéristiques propres à la plateforme, conçue pour des interactions rapides et visuelles favorisant les contenus divertissants et créatifs. Les utilisateurs de

TikTok sont ainsi attirés par des vidéos courtes qui les surprennent, les amusent ou les défient, rendant les stratégies ludiques particulièrement puissantes.

En conclusion, qu'ils utilisent une stratégie de création pédagogique, ludique ou affective, les acteurs de l'information agissent en résonance avec les modèles des plateformes dans lesquelles ils communiquent : en s'adaptant aux codes et aux algorithmes de TikTok les journalistes arrivent ainsi à obtenir l'attention et l'engagement du public.

En dépit de l'efficacité de ces algorithmes, une inquiétude grandissante se fait sentir face au manque de transparence sur la manière dont ces recommandations sont faites. Cette transparence algorithmique est essentielle pour établir la confiance des utilisateurs et garantir le respect des normes éthiques concernant la diffusion du contenu. Les utilisateurs restent souvent dans l'ignorance des facteurs influençant les recommandations de contenu, ce qui peut entraîner des biais de perception et plus généralement un manque de contrôle du contenu qu'ils consomment.

Il demeure donc primordial aujourd'hui de rétablir une certaine forme de liberté, d'autonomie et de pouvoir d'agir face aux nouvelles plateformes numériques. Ces premiers résultats posent les bases pour des investigations plus approfondies sur l'influence des algorithmes de recommandation et les transformations des pratiques journalistiques à l'ère des réseaux sociaux numériques.

Bibliographie

- Akter, S., Mccarthy, G., Sajib, S. *et al.* (2021). « Algorithmic bias in data-driven innovation in the age of AI », *International Journal of Information Management*, V. 60, https://doi.org/10.1016/j.ijinfomgt.2021.102387
- Allard, L. (2021). « Culture mobile "algo-rythmée" : TikTok comme scène globalisée des causes mobilisatrices #BlackLivesMatter, #digitalintifada ». *L'Observatoire*, 58, 69-71. https://doi.org/10.3917/lobs.058.0069
- Alloing, C. (2023). Fausser l'information journalistique pour mobiliser les algorithmes et les publics : comment les plateformes permettent-elles de faire du vrai avec du faux ?. *Les Enjeux de l'information et de la communication*, 23(1A), 47-68. https://doi.org/10.3917/enic.hs13.0047
- Alloing, C., Pierre, J. (2017). *Le web affectif. Une économie numérique des émotions*, Bry-sur-Marne, INA Éditions.
- Aubert, A. (2021). « Les vidéos d'information diffusées sur les réseaux sociaux numériques : dire la société *via* les métriques de consultation », *Questions de communication*, 40|2021 257-282.
- Bigey, M., Simon, J. (2018). « Chapitre 2. Analyse des discours d'escorte de communication sur Twitter : essai de typologie des tactiques d'accroches et de mentions ». *#info*, édité par Arnaud Mercier et Nathalie Pignard-Cheynel, Éditions de la Maison des Sciences de l'Homme, 2018, https://doi.org/10.4000/books.editionsmsh.11087.
- Bolz, L. (2022). « Co-écrire le journalisme sur TikTok : légitimité médiatique et communautés ludo-journalistiques », [En ligne], *Quaderni* 107, Disponible sur : https://doi.org/ 10.4000/quaderni.2494.
- Bousquet, F., Marty, E., Smyrnaios, N. (2015). « Les nouveaux acteurs en ligne de l'information locale vers une relation aux publics renouvelée ? »,

[En ligne] *Sur le journalisme, About journalism, Sobre jornalismo*, 48-61. Disponible sur : https://revue.surlejournalisme.com/slj/article/view/216, [consulté le 09/07/2024].
- Bhandari, A. & Bimo, S. (2022). "Why's Everyone on TikTok Now? The Algorithmized Self and the Future of Self-Making on social media". *Social Media + Society, 8*(1). https://doi.org/10.1177/20563051221086241
- Croissant V., Touboul, A. (2019) « Les nouveaux formats de l'actualité sur/par les réseaux socionumériques », in Eric George (dir.), Numérisation de la société et enjeux sociopolitiques 2. *Numérique, information et recherche*, ISTE Éditions.
- Grison, T., Bolz, L. (2023). « La réinvention de la télé-réalité sur TikTok : entre nouveaux formats numériques et l'émergence des "créateurs-vedettes" », [En ligne] *Télévision*, 2023/1 (n° 14), p. 91-111. Disponible sur : 10.3917/telev.014.0091.
- Jeanneret, Y., Souchier, E. (2001). « Présentation. Les TIC objets de valeur », [En ligne], *Communication & Langages*, 128, p. 33. Disponible sur : https://www.persee.fr/doc/colan_0336-1500_2001_num_128_1_3072 [consulté le 26/05/2024].
- Kitchin, R. (2016). "Thinking critically about and researching algorithms". *Information, Communication & Society*, 20, p. 1-16.
- Lee A.Y., Mieczkowski H., Hancock J., *et al.* (2022). "The algorithmic crystal: Conceptualizing the self through algorithmic personalization on TikTok". *Proceedings of the ACM on Human-Computer Interaction* 6: 1-22.
- Negreira Rey, M.C., Vazquez Herrero, J., Lopez Garcia, X. (2022). "Blurring Boundaries Between Journalists and TikTokers : Journalistic Role Performance on TikTok", *Media and Communication*, 2022, vol. 10, 1, p. 146-156.
- Poell, T. *et al.* (2017). "The platformization of cultural production", [En ligne] 18th *Annual Conference of the Association of Internet Research*, 18-21 oct., Tartu, p. 18-21. Disponible sur : http://www.gamespace.nl/content/AoIR2017-Platformization-of-Cultural-Production.pdf [consulté le 29/05/2024].
- Sebbah, B., Sire, G., Smyrnaios, N. (2020), *Journalisme et plateformes : de la symbiose à la dépendance*, dans *Sur le journalisme, About journalism, Sobre jornalismo*, vol. 9, n° 1, 2020. DOI : https://doi.org/10.25200/SLJ.v9.n1.2020.413
- Siderenko-Bautista, P., Maria Herranz De La Casa, J., Ignacio Cantero De Julian, J. (2020). "Use of News Narratives for Covid-19 Reporting: From 360° Videos to Ephemeral TikTok Videos on Online Media", *Tripodos*, n° 47, 2020, p. 105-122.
- Schafer, J.B., Frankowski D. *et al.* (2007). Collaborative Filtering Recommender Systems, Conference Paper, January 2007, https://www.academia.edu/615169/Collaborative_filtering_recommender_systems
- Taïeb, E., Devars, T. (2022). « Éditorial : L'esprit numérique du journalisme ». *Quaderni*, 107, 5-9. https://doi.org/10.4000/quaderni.2434

ANNEXE : CAHIER DE CODAGE

Dimension	Variable	Categories and subcategories	
Video format	1. Face to camera 2. Video whit text 3. Video without text 4. Image without text 5. Infographic		
Narrative code		Native Non-Native	Reaction / Duet / Ranking / Other TV-news / Interviews / Report
Thematic	6. Topic	Hard news	Foreign affairs / National politics / Economy or business / Education or health / Science or technology / Environment or natural disaster / Other
		Soft News	Entertainment or celebrities / Lifestyle / Arts and culture / Sports / Self-promotion / Other
		Funny	
Protagonism	7. Protagonist	With protagonist	Journalist / Political or institutional personality / Celebrity / Specialist /Anonymous / Other
		Without	
Sound	8. Sound voice	Female Masculine No voice	

UN EXEMPLE DE MISE EN ŒUVRE DU DIALOGUE HOMME-MACHINE : LES JOURNALISTES IVOIRIENS À L'ÉPREUVE DE L'INTELLIGENCE ARTIFICIELLE

Waliyu KARIMU

Université Félix Houphouët-Boigny d'Abidjan-Cocody, Département de Communication

Wallykarim@yahoo.fr

Résumé

Dans une approche qualitative, cette recherche vise à comprendre comment 26 journalistes-étudiants en journalisme s'approprient des technologies de l'Intelligence artificielle (IA), notamment des IA génératives. Notre travail exploite le contenu des évaluations de ces journalistes-étudiants, à travers leurs comptes rendus écrits des expérimentations qu'ils ont réalisées sur une période de douze semaines, en 2023. L'étude montre que ces journalistes ont volontairement sélectionné une quinzaine d'applications de l'IA générative qu'ils ont utilisées dans leurs activités de fabrication de l'information. Dans leur grande majorité, ils évoquent une expérience enrichissante, tout en soulignant les limites des applications convoquées.

Mots-clés : Côte d'Ivoire, intelligence artificielle, journaliste, information, usages.

INTRODUCTION

À l'instar de nombreux domaines de la vie sociale, celui du journalisme s'ouvre également de plus en plus à l'Intelligence artificielle (IA) et aux nombreuses opportunités qu'elle peut offrir à ses acteurs. Cependant, au stade actuel des recherches, il apparaît que les journalistes n'abordent pas tous ce nouveau virage technologique de la même façon.

La présente étude s'intéresse au cas africain et précisément à celui de la Côte d'Ivoire, pays francophone situé en Afrique de l'Ouest francophone. Elle prolonge une précédente recherche dans laquelle nous avions interrogé 38 journalistes issus de différents médias ivoiriens au sujet de leurs connaissances et usages de l'IA. L'étude avait permis de noter que dans leur grande majorité, ces acteurs des médias ivoiriens avaient entendu parler de l'IA, mais n'en savaient pas grand-chose quant à son mode d'emploi et à ses possibilités dans le domaine d'activité qui est le leur (Karimu, 2023d). La présente recherche analyse les comptes rendus d'expérimentations de 26 journalistes-étudiants. Il leur avait été proposé de choisir deux ou trois applications de l'IA et de les convoquer dans leurs démarches professionnelles, en vue de leur évaluation finale.

Rappelons le contexte socioéconomique dans lequel baigne le secteur médiatique ivoirien. Ces médias à forte coloration politique (Bailly, 2001 ; Coulibaly, 2016 ; Frère, 2020), dans leur grande majorité, connaissent de grandes difficultés économiques et financières (Karimu, 2022), surtout la presse imprimée dont plusieurs entreprises ont été contraintes à la fermeture définitive.

Avant de poursuivre notre propos, il serait intéressant de proposer une définition moins complexe de l'IA, thématique objet de notre préoccupation. En écartant les représentations qu'on lui associe (Collard et *al.*, 2021 ; Ward, 2019 ; Zacklad, 2018), nous notons d'emblée qu'il n'existe pas une définition consensuelle de l'IA qui suscite même chez les chercheurs un certain nombre de controverses. D'ailleurs, Julia (2019) n'a-t-il pas admis que « L'intelligence artificielle n'existe pas ? ». Pour sa part, Zacklad estime que « La notion d'Intelligence Artificielle au sens strict du terme n'a aucune signification ni du point de vue des sciences humaines et sociales ni du point de vue des sciences cognitives » (Zacklad, 2018 8). Toutefois, pour les besoins de notre étude, nous retiendrons comme définition celle de Bastien. Pour ce dernier, l'IA désigne un « ensemble d'algorithmes et de techniques visant à imiter l'intelligence humaine » (Bastien, 2022).

Il est indéniable que l'IA représente une technologie qui est en train de bouleverser le secteur du journalisme. Des applications nombreuses et variées y sont mises en œuvre depuis quelques années, pour répondre à des besoins divers. De nombreuses expériences de rédaction d'articles ou d'introduction des systèmes d'IA dans le processus de production de l'information sont citées en exemple. C'est le cas avec *CNET* aux États-Unis, de *Bild* en Allemagne, de *l'Est Républicain* et du *JDD Magazine* en France, la chaine *MBN* en Corée du Sud (Eutrope, 2023), pour ne citer que ces quelques exemples. Ainsi, comme le remarque Castets-Renard, « L'heure est à l'intelligence artificielle (IA). Ne pas s'y mettre reviendrait à se condamner à l'obsolescence, voire à la disparition ! Il faut dire que ses promesses sont belles » (Castets-Renard, 2018 1).

De ce fait, à l'instar d'autres domaines de l'activité humaine, le milieu médiatique intègre désormais de plus en plus les systèmes d'IA dans son fonctionnement général. Concrètement, il est désormais possible de produire de courts articles automatiquement, de collecter des données, d'assurer la modération de contenus, de mesurer le trafic et l'audience d'un site web, de réaliser des démarches de *factchecking*, pour ne citer que ces exemples. Gramaccia et Watine nous livrent les premiers résultats du projet med-IA réalisé au Canada, à propos des entreprises de presse et leurs journalistes face aux défis de l'IA. Pour ces deux chercheurs, « malgré les incertitudes quant à l'avenir de l'IA et en dépit du retard observé des entreprises de presse à s'intéresser au phénomène [...], l'intelligence artificielle ouvre des perspectives prometteuses pour la profession » (Gramaccia et Watine, 2020 101). Il est donc admis que l'utilisation des technologies telles que l'IA générative reconfigure la production de l'information et sa diffusion, en passant par la phase de la collecte (Saint-Germain et White, 2021). Cependant, l'usage de l'IA dans le champ médiatique suscite encore une floraison de questions loin d'être élucidées. Des recherches sont menées pour savoir si les médias tirent réellement profit des outils de l'IA, ou s'ils sont dans une posture dans laquelle ils paraissent subir cette découverte technologique. Une première réponse à ces préoccupations est fournie par Gramaccia et Watine. En effet, dans leur étude mentionnée ci-dessus, à propos des journalistes canadiens et leurs entreprises médiatiques, ils parviennent à la conclusion suivante : « Il est encore trop tôt à ce stade-ci de la réflexion pour avoir une idée précise de l'ensemble des effets de l'intelligence artificielle sur le champ médiatique et les adaptations qu'elle va continuer d'imposer en matière de pratiques journalistiques, le scénario d'une menace sérieuse sur les fondements et la mission même du journalisme n'est pas (encore) d'actualité... » (Gramaccia et Watine, 2020 106). De son côté, Dierickx qui a mené sa recherche dans deux rédactions de Belgique explique les raisons du non-usage des productions automatisées d'information par les journalistes (Dierickx, 2021). En somme, l'appropriation des applications de l'IA dans le processus de confection des informations ne suscite pas toujours l'enthousiasme dans le milieu journalistique.

1. PROBLÉMATIQUE

Depuis la fin du XXe siècle, le secteur du journalisme connaît d'importantes mutations impulsées par la révolution technologique et l'essor du numérique (De Laubier, 2000 ; Le Champion, 2012 ; Antheaume, 2013). Ces évolutions technologiques induisent parallèlement une reconfiguration des modes de production journalistique (Pavlik, 2000). Face à ces changements, les journalistes ont pu adopter des attitudes empreintes de scepticisme, voire d'antagonisme. Ils oscillent entre les promesses d'un avenir meilleur (utopies) et les craintes d'une perte d'autonomie, d'autorité, d'identité ou simplement de leur travail. Par exemple, dans l'univers de la presse imprimée en Côte d'Ivoire, le groupe socioprofessionnel des « secrétaires dactylos » qui étaient chargées de la saisie des articles qu'elles recevaient a complètement disparu aujourd'hui. Les journalistes se chargent désormais d'effectuer cette tâche, avec la généralisation du travail rédactionnel sur les ordinateurs de bureau (Digbeu, 2004).
La reconfiguration du journalisme au prisme de ces progrès techniques (journaux sur le Web, numérisation des contenus, pluri-media, web journalisme, data journalisme...) se poursuit aujourd'hui avec l'émergence de l'IA. Pour Becquet, l'avènement de l'IA dans le

secteur médiatique est « une lame de fond qui charrie des changements encore plus fulgurants, radicaux et disruptifs que cette fameuse révolution numérique qui secoue le secteur depuis une vingtaine d'années » (Becquet, 2024).

Dans le contexte africain, quelques études s'intéressent à la question des relations IA-médias-journalistes, de façon spécifique. Dans leur recherche à vocation régionale, Kothari et Cruikshank examinent l'utilisation actuelle de l'IA dans des rédactions en Afrique, ainsi que les opportunités et les défis qu'elle présente pour les journalistes de ce continent. Ils ont pu constater qu'il existe très peu d'informations sur la manière dont les rédactions du continent utilisent les technologies de l'IA (Kothari et Cruikshank, 2022). Dans la même veine, Gondwe explore l'utilisation d'outils d'IA générative par les journalistes d'Afrique subsaharienne. Il s'est agi pour lui de vérifier comment les journalistes de cinq pays d'Afrique subsaharienne – à savoir le Congo, la RDC, le Kenya, la Tanzanie, l'Ouganda et la Zambie – utilisent ChatGPT, après qu'ils ont adopté le *Chatbot*. L'étude insiste sur le fait que l'IA générative comme ChatGPT est largement sous-utilisée dans ces différents pays, ce qui ne permet pas de mesurer son efficacité (Gondwe, 2023).

Pris individuellement, chaque pays d'Afrique présente une réalité différente que des auteurs mettent en exergue. L'étude de Moussa Sakr nous apprend qu'en Égypte, l'usage de l'IA est encore à un stade embryonnaire : les acteurs médiatiques de ce pays ayant besoin de formations complémentaires pour une utilisation efficiente de cette nouvelle technologie (Sakr, 2021). En Afrique du Sud, par contre, l'adoption de l'IA dans certaines salles de rédaction grand public est effective mais « lente ». Cependant, cette présence de l'IA dans cet espace sud-africain s'inscrit dans un contexte de scepticisme quant aux conséquences éventuelles : pertes d'emplois, coûts liés à l'adoption de l'IA, formation limitée, questions éthiques... (Munoriyarwa, Chiumbu et Motsaathebe, 2021). Ces analyses sont corroborées par celles de Adjin-Tettey, Muringa, Danso et Zondi. Leurs recherches, qui croisent les points de vue de journalistes ghanéens et sud-africains, prouvent que : « La plupart des salles de rédaction des deux pays n'ont pas officiellement intégré les outils d'IA dans leurs pratiques. Cependant, les journalistes utilisent des outils d'IA à leur guise de manière non complexée, tels que la transcription, la recherche, la génération d'idées d'articles et la vérification des faits. Les limites pratiques à l'intégration formelle de la technologie de l'IA dans les opérations des salles de rédaction comprennent le coût, la barrière de la langue et l'aversion pour le changement. Bien que les participants aient reconnu les avantages de l'utilisation de l'IA pour les tâches de la salle de rédaction, ils étaient également préoccupés par les dilemmes éthiques de la désinformation, de l'attribution inappropriée et de la propriété intellectuelle » (Adjin-Tettey, Muringa, Danso et Zondi, 2024 846).

Enfin, au Nigeria, une étude conclut que l'utilisation de l'IA par les journalistes est « rare », en raison de divers facteurs (Okiyi et Nsude, 2020). Ces deux chercheurs expliquent : « Parmi les autres défis liés au déploiement de l'IA dans les pays en développement tels que le Nigeria, citons : le manque de volonté politique et d'intérêt de la part de nos dirigeants, l'alimentation (électrique) épileptique, le manque de formation pour les journalistes, le manque de connaissances en IA, l'ignorance de la part de beaucoup car l'IA est encore considérée comme hautement technique et l'affaire des techniciens. D'autres y voient une "sorcellerie de l'homme blanc" » (Okiyi et Nsude, 2020 158).

Notre travail s'inscrit dans la lignée de ceux menés par ces chercheurs à propos de l'usage de l'IA dans des rédactions d'Afrique. À travers cet exercice, notre objectif est de comprendre les cas d'usage des technologies de l'IA par des journalistes-étudiants en contexte ivoirien. Nous nous posons ainsi les questions suivantes : Quels usages de l'IA peut-on mettre à l'actif de ces journalistes ivoiriens ? En d'autres termes, que font ces journalistes de l'IA ? Quelles applications de l'IA convoquent-ils dans cette perspective et pour quels résultats ?

Nous formulons l'hypothèse suivante : si nous considérons que les 26 journalistes-étudiants de notre corpus n'ont de l'IA que de modestes connaissances théoriques, le choix des applications de l'IA et leurs usages pourraient s'avérer complexes pour eux. Ils seraient ainsi tentés de choisir les mêmes exemples d'IA, afin de réaliser l'évaluation soumise et échapper à une éventuelle sanction pour travail non fait.

2. CADRE THÉORIQUE

Notre recherche s'inscrit dans la perspective de la sociologie des usages, dans son volet relatif à l'appropriation des technologies du numérique. Il faut dire que le secteur du journalisme se reconfigure depuis plusieurs années, sous l'impulsion des technologies de l'information et de la communication (TIC) et l'essor du numérique (Jauréguiberry et Proulx, 2001). Longtemps après la révolution de Gutenberg et bien avant l'avènement de l'IA dans ses formes récentes (on parle d'Intelligence artificielle depuis le milieu des années 1950), les premiers bouleversements engendrés par la révolution numérique sont indiscutablement liés à l'avènement de l'ordinateur dans les rédactions, puis le Web, et enfin l'Internet (De Laubier, 2000 ; Le Champion, 2012 ; Pavlik, 2000).

Dans ses travaux, notamment celui publié en 2000, Jouët aborde, sous un angle critique, l'apport de la sociologie des usages dans le secteur global de la communication. Elle remarque d'emblée que cette notion connaît une évolution significative depuis plus d'une vingtaine d'années, avec « l'expansion » des TIC (Technologies de l'information et de la communication) (Jouët, 2020). Pour en revenir à la notion d'usages (ou des usages), nous admettons, avec de nombreux auteurs, qu'elle est assez complexe et « suscite de nombreuses acceptions » (Fitouri, 2010). S'appuyant sur le *Dictionnaire Robert de Sociologie*, Fitouri propose deux sens pour une meilleure compréhension de la notion d'usage : « pratique sociale que l'ancienneté ou la fréquence rend normale dans une culture donnée » ; et « l'utilisation d'un objet, naturel ou symbolique, à des fins particulières » (Fitouri, 2000 3). Nous nous souscrivons à cette deuxième définition qui convient à notre étude sur la sociologie des usages des technologies.

Pour être plus précis, nous nous intéressons ici aux usages dans un univers professionnel, celui du journalisme. Dans cet environnement socio-professionnel, les acteurs testent de plus en plus les systèmes de l'AI dans leurs pratiques quotidiennes, dans l'optique d'en maîtriser les contours et se les approprier efficacement. Dans ce processus de découverte-apprentissage-appropriation, Jouët admet que « Le potentiel des TIC, leur polyvalence, le dialogue homme/machine conduisent [...] à des pratiques diversifiées qui se prêtent à un fort investissement personnel » (Jouët, 2000 496). Aujourd'hui, les nombreux systèmes de l'IA, les algorithmes intelligents et les données massives renouvellent les pistes de réflexion à propos de la sociologie des usages en rapport avec l'écosystème journalistique (Diakopoulos, 2019; Crépel et Cardon, 2022). Pour leur part, Mercier et Pignard-Cheynel notent que « Lors de cette période de bouleversement, les rédactions sont obligées de réfléchir elles-mêmes à leur réorganisation interne, à l'accompagnement au changement pour les journalistes, et à leur nouveau modèle économique... » (Mercier et Pignard-Cheynel, 2014).

3. APPROCHE MÉTHODOLOGIQUE

D'un point de vue méthodologique, nous analysons les résultats de 26 journalistes-étudiants dont les témoignages sont indispensables dans ce travail. Pour les besoins de cette recherche, nous les citerons de façon anonyme. Ils se répartissent dans les secteurs médiatiques de la façon suivante : 6 journalistes travaillant pour les chaînes de télévision, 5 journalistes de radio, 9 de la presse écrite et 6 de la presse numérique (*pure players* et sites web de journaux traditionnels). Leurs profils se présentent de la façon suivante :

- entre 25 et 35 ans : 9 journalistes,
- entre 35 et 45 ans : 12 journalistes,
- entre 45 et 55 ans : 5 journalistes.

Ces journalistes totalisent dans leur majorité plus de 10 ans d'ancienneté. Ils ont intégré la profession munis de licences et masters de différentes filières universitaires, autres que les sciences de l'information et de la communication. C'est donc pour cette raison qu'ils se sont inscrits en Master 1 des sciences de l'information et de la communication au sein de notre département.

L'exercice auquel ils ont été soumis, dans le cadre de la note d'évaluation finale, leur exigeait de choisir deux ou trois applications de l'IA de leur convenance, et de les utiliser dans leurs tâches routinières quotidiennes. Ils ont pour cela obtenu un délai de trois mois pour effectuer leurs expériences respectives et rendre le travail. La consigne exacte est ainsi libellée : « Racontez votre expérience (heureuse ou malheureuse) en termes d'usage d'outils de l'IA dans votre activité quotidienne. Choisissez 2 ou 3 IA à votre convenance. Ceux-ci vous ont-ils réellement aidés ? Si oui, décrivez les utilisations qui en ont été faites. Seriez-vous prêts à poursuivre ces essais ? En cas d'expériences malheureuses, identifiez les difficultés. Peuvent-elles être surmontées ? Si non, est-ce un argument pour abandonner définitivement l'IA dans votre activité quotidienne ? Justifiez vos réponses ». Ce sont leurs réponses qu'ils nous ont envoyées par e-mail, à travers un fichier Word n'excédant pas trois pages, que nous exploitons. À chaque fois que nous recevons leurs courriels, nous lisons leurs travaux et jugeons s'ils sont recevables ou pas. Lorsque nous nous rendons compte qu'ils n'ont pas répondu à la consigne ci-dessus (ils font parfois des confusions entre des outils numériques classiques et les applications qui relèvent réellement des systèmes d'IA), nous leur retournons le travail et insistons sur le fait qu'ils doivent identifier des outils d'IA et les utiliser, avant de relater leurs expériences.

4. RÉSULTATS DE L'ÉTUDE

Après trois mois d'expérimentation, ces journalistes ont utilisé, tous médias confondus, une quinzaine d'applications de l'IA. En observant le tableau 1 détaillant les logiciels et autres outils de l'IA choisis par ces journalistes, on peut constater qu'il s'agit essentiellement des programmes de l'IA générative capables de générer des textes, des images, des vidéos. En outre, on remarque que certaines applications sont transversales. C'est le cas de ChatGPT et Bard AI. Par contre, d'autres outils sont utilisés de façon spécifique par des journalistes, selon leur média d'appartenance. C'est le cas de Jasper (presse écrite), Sonix (Radio), Rask IA (télévision) et Copy IA (presse numérique).

Types de média	Logiciels et applications de l'IA utilisés
Presse écrite	Bard IA, ChatGPT, Jasper, Nova, Alexa, Trint
Radio	Bard IA, Sonix, Play HT, ChatGPT
Télévision	AI Chat ; Genie ; ChatGPT, ChatBot IA, Iamleo IA, Rask IA
Presse numérique	Nova, ChatGPT, Copy IA, Bard IA, Chat Bot

Tableau 1 : Récapitulatif des logiciels et applications de l'IA utilisés par les journalistes

D'après ces journalistes, les applications de l'IA listées dans le tableau, leur ont permis de réaliser les activités suivantes, par ordre d'importance :
- rédiger des articles,
- faire de la traduction,
- transcrire de longs enregistrements,
- faire des recherches documentaires,
- engager une discussion avec un assistant virtuel,
- alimenter un site internet,
- traduire automatiquement de la vidéo et de l'audio,
- vérifier des informations (*factcheking*).

La majorité de ces journalistes de notre corpus se disent satisfaits par les logiciels de l'IA qu'ils ont utilisés dans le cadre de leurs activités routinières, principalement dans le processus de fabrication de l'information. Quelques extraits de leurs expériences qu'ils ont décrites dans leurs devoirs nous situent sur l'apport réel de ces applications d'IA.

« *À la faveur des élections municipales, régionales du 2 septembre 2023 et les sénatoriales du 16 septembre 2023, j'ai voulu écrire un article de presse pouvant expliquer le succès du Rassemblement des Houphouétistes pour la démocratie et la paix (RDHP). J'ai sollicité Bard IA qui m'a proposé un article intitulé : "RHDP : victoire écrasante aux élections locales". C'est un article de belle facture, informatif, bien fouillé, dans lequel il serait difficile d'ôter une seule virgule sans en altérer le fond. Un papier bien écrit, avec des chiffres (nombre de sièges raflés par ce parti à ces élections), des détails, les raisons de cette victoire, une analyse de ce succès par rapport au landernau politique ivoirien et aux perspectives* », s'enthousiasme ce journaliste de presse écrite.

Un autre exerçant dans le secteur de la radio raconte son expérience :

« *Tout d'abord, Sonix : cet outil de reconnaissance vocale a été d'une véritable aide dans mon travail. En tant que rédacteur, je passe beaucoup de temps à transcrire des enregistrements d'entrevues et de réunions. L'IA de reconnaissance vocale a considérablement accéléré ce processus en me permettant de simplement dicter le texte au lieu de le saisir à l'ordinateur. Cela a non seulement économisé du temps, mais aussi réduit les risques d'erreurs de transcription. De plus, les fonctionnalités avancées de correction automatique ont amélioré la précision générale de mes transcriptions. Je suis certainement prêt à poursuivre l'utilisation de cette technologie, car elle a amélioré mon efficacité et ma productivité de manière significative* ».

L'exemple donné par ce journaliste de la télévision nous semble également intéressant : « *J'ai demandé à cette application d'IA appelée IA Iamleo de m'aider à écrire un reportage sur la Coupe d'Afrique des Nations qui s'est passée en Côte d'Ivoire du 13 janvier au 11 février 2024. L'application a bien réagi et m'a proposé un reportage* »...

Cependant, ces journalistes-étudiants soulignent quasiment tous, quelques limites inhérentes aux outils d'IA. Pour eux, la fiabilité de l'IA n'est pas totale et des erreurs peuvent se glisser dans les résultats des recherches effectuées. Une journaliste de télévision explique : « *L'exercice auquel nous avons soumis AI Chat et Genie consistait à peaufiner un dossier sur les élections locales de 2023 en Côte d'Ivoire. Si les premières informations étaient bonnes, dans le détail des dates clés du scrutin, la deuxième tranche de questions a vu des réponses confuses. Alors que le champ de recherche était délimité aux échéances de 2023, l'outil a pris en compte des scrutins antérieurs et indiqué des violences électorales dans certaines régions qui n'existaient pas* ». En tenant compte de la réponse de l'application de l'IA sollicitée, la journaliste admet qu'« *un manque de vigilance aurait été catastrophique car ce résultat de recherche exploité sans lucidité aurait eu un impact important sur le média et les populations* ».

Ce journaliste de presse écrite, lui, a voulu tester l'infaillibilité de l'application qu'il a convoquée, en l'induisant volontairement en erreur pour en tirer des leçons : « *J'ai décidé de faire avec Bard IA une vraie fausse interview d'Henri Konan Bédié, le président du Parti démocratique de Côte d'Ivoire (PDCI), décédé le 1er août 2023, tout en le mettant en lien avec les élections locales, comme s'il était toujours vivant !* ». L'application fait dire à Henri Konan Bédié les propos suivants : « *C'est une défaite difficile à accepter, mais nous devons l'accepter. Il y a plusieurs facteurs qui ont contribué à ce résultat, notamment la mort de notre Président décédé le 1er août 2023. Son décès a été un choc pour le parti et pour notre pays, et il a eu un impact négatif sur notre campagne* ». Le journaliste a pu se rendre compte que « *Bard IA a donc proposé l'interview d'une personne décédée et étale ainsi une insuffisance indéniable en tant qu'outil-ressource* ». Cette expérience a suscité quelques observations chez ce journaliste de presse écrite : « *J'ai noté, à travers cette expérience, que l'intelligence artificielle peut effectivement contribuer à la production de fake news et à les relayer. Henri Konan Bédié est mort certes, mais Henri Konan Bédié est vivant et donne une interview à un journaliste dans laquelle il parle d'Henri Konan Bédié !* ».

Un journaliste Web, lui, affirme avoir fait appel à ChatGPT « *pour ses réponses rapides et sa polyvalence, et aussi pour son utilité à faire la biographie rapidement des personnalités publiques soit à partir de leur CV ou leur nom* ». Il confirme cependant les faiblesses de cette IA générative et indique : « *Toutefois, les informations communiquées par ChatGPT sont souvent erronées ; raison pour laquelle il faut faire attention et surtout disposer d'un minimum de connaissance sur le sujet concerné. S'agissant, d'article de presse proposé par l'IA, il y a très souvent des erreurs journalistiques notamment la confusion de genre : l'IA mélange par exemple le commentaire du compte rendu. Il revient aux professionnels de corriger toutes ces éventuelles erreurs et parfaire l'article* ».

Outre ces aspects, la plupart de nos journalistes-étudiants affirment avoir utilisé les versions gratuites de ces applications. Enfin, ils déplorent le fait que les systèmes d'IA soient généralement en langue anglaise, ce qui constitue une barrière à leur usage régulier pour eux francophones peu à l'aise avec la langue anglaise. Toutefois, ils ne mentionnent pas explicitement des tâches journalistiques qu'ils ont voulu réaliser à l'aide des outils de l'IA et qui leur ont été impossibles à faire.

5. DISCUSSION

En mettant en perspective les résultats de la présente enquête avec ceux de notre précédente recherche sur les journalistes ivoiriens et la problématique de l'IA, nous notons une certaine évolution en termes d'usages. Nous avions indiqué auparavant que « si ces journalistes dans leur grande majorité pensent que les dispositifs de l'Intelligence artificielle peuvent leur être profitables, ils indiquent cependant n'avoir pas encore intégré cette nouveauté technologique dans leur quotidien ; excepté les journalistes des médias numériques qui, eux, testent de plus en plus certains dispositifs de l'Intelligence artificielle qu'ils jugent dignes d'intérêt dans la réalisation de leur travail » (Karimu, 2023d 18). Dans ce travail, la situation est totalement différente : les participants à notre évaluation ont tous convoqué des systèmes d'IA dans le processus de production de l'information journalistique.

Il peut être aussi intéressant de comparer les tests réalisés par ces journalistes ivoiriens avec leurs confrères et consœurs des autres pays d'Afrique cités dans cette recherche. À l'analyse, on remarque que les tendances sont presque les mêmes : un usage *a minima* de part et d'autre, avec pratiquement les mêmes tâches. Il s'agit particulièrement des activités de rédaction d'articles, de transcription, de recherches, de génération d'idées d'articles, de bonification des ventes et des abonnements ou encore de vérification des faits (Adjin-Tettey, Muringa, Danso et Zondi, 2024).

L'exercice soumis à la trentaine de journalistes-étudiants permet de noter qu'il existe une multitude d'applications de l'IA qui peuvent intéresser les acteurs des médias. En outre, il apparaît ici que les journalistes ont la capacité d'identifier par eux-mêmes les outils d'IA qui peuvent leur être utiles dans leurs tâches routinières quotidiennes. Il est donc probable que ces journalistes de notre corpus, enthousiasmés par les possibilités offertes par l'IA, malgré les failles qu'ils ont eux-mêmes détectées, poursuivent leurs expérimentations. Ils pourraient ainsi dénicher de nouveaux logiciels qui faciliteront leurs tâches quotidiennes, et peut-être s'intéresser aux IA dites spécialisées dont le mode d'emploi pourrait être plus complexe. Cette forme d'appropriation peut être comprise comme l'une des multiples démarches visant à « démystifier l'IA pour mieux la démythifier » (Roy, Brin et Gramaccia, 2021 ; Ganay et Gillot, 2017). Au-delà même de son usage à des fins professionnelles, un autre enjeu pour les journalistes est de comprendre et maîtriser le fonctionnement global de l'IA pour en rendre compte dans leurs articles dans une logique de vulgarisation à destination du public (Broussard *et al.*, 2019 ; Kuo, 2023). Or, comment évoquer et expliquer une technologie à ses lecteurs, auditeurs, téléspectateurs et autres internautes, si les professionnels des médias eux-mêmes ignorent complètement de quoi il s'agit.

L'expérimentation que nous avons initiée avec ces journalistes et qui pour nous a semblé positive, à l'aune des objectifs de notre étude, peut certainement inspirer dans d'autres contextes marqués par des essais non concluants. Prenons l'exemple de la recherche menée par Dierickx dans deux rédactions belges francophones, dans laquelle elle nous apprend que ces journalistes ont peiné à s'approprier les systèmes d'automatisation qui avaient été mis à leur disposition. Cet échec peut trouver son explication par « une absence de besoin, un désintérêt relatif du domaine d'application, un refus de remettre ses propres pratiques en question, voire sur une identité professionnelle qui serait mise en danger par l'automatisation de tâches habituellement prises en charge par l'humain » (Dierickx, 2012 20).

Notre étude permet d'affirmer que l'une des manières de briser le mur de méfiance entre les journalistes et l'IA est de leur permettre de découvrir volontiers ses applications et autres outils indispensables dans leur secteur d'activités. En effet, on a pu constater dans le cas des journalistes belges francophones évoqués ci-dessus, ou dans celui des professionnels des médias nigérians, que l'initiation à l'IA sous la contrainte peut s'accompagner d'un certain nombre de réticences, voire de refus catégorique. Ces situations s'expliquent par diverses raisons ou motivations, comme dans le cas de ces journalistes nigérians qui appréhendent la menace de l'IA en termes de pertes d'emplois, de coûts liés à l'adoption de l'IA, de craintes relatives aux questions éthiques, pour ne citer que ces quelques exemples (Munoriyarwa, Chiumbu et Motsaathebe, 2021). Dans un cas comme dans un autre, on peut remarquer que ces journalistes africains n'ont pas encore exploré d'autres opportunités qu'offrent les systèmes d'IA appliqués au journalisme. Citons pêle-mêle quelques exemples : la lecture automatique des commentaires sur les sites Web et la possibilité de les modérer, les mesures d'audience des sites d'information, analyser des rapports volumineux et de grandes quantités de données, étudier les tendances en vogue sur les médias sociaux.

L'expérimentation volontaire, précédée d'une solide formation (Oyeniyi et Uthman, 2020), à la maîtrise de l'environnement de l'IA, peut donc constituer un moyen efficace pour déconstruire les discours et autres représentations au sujet de l'introduction de cette technologie dans le journalisme. Éprouver les systèmes d'IA représente ainsi un moyen de se prémunir contre ses incohérences et ses limites qui peuvent causer des préjudices dans la production d'articles ou la réalisation d'autres activités connexes.

Cependant, ces usages de l'IA générative qui ont été mentionnés par chacun des journalistes de notre corpus l'ont été à titre individuel et dans un cadre d'évaluation universitaire. Le souci actuel des patrons de presse des entreprises médiatiques ivoiriennes est d'obtenir de l'État, à travers l'Agence de soutien et de développement des médias (ASDM), une hausse conséquente des fonds d'aide à la presse. En tous les cas, l'écosystème médiatique ivoirien doit se préparer à affronter et à relever des défis incontournables « pour réinventer le journalisme et les médias à l'ère de l'IA générative ». À ce sujet, le journaliste et chercheur Nicolas Becquet en identifie sept qu'il énumère : « sortir de la sidération et démystifier l'IA, baliser les usages de l'IA et former les équipes, identifier les opportunités de gains de productivité, sans tabou, se préparer à l'émergence des assistants IA, anticiper le déclin de l'économie du lien, éviter les pièges de la dépendance technologique et s'armer face au péril du désordre informationnel généralisé » (Becquet, 2024).

Enfin, les journalistes de notre corpus pourraient être freinés dans leur enthousiasme par l'impact que pourrait entraîner l'usage de l'IA générative dans leurs pratiques professionnelles. En d'autres termes, pour des médias en difficulté, aussi bien sur le plan éditorial qu'économique, le fait de recourir à l'IA pour produire du contenu pourrait rebuter le public et creuser davantage le manque d'intérêt pour les contenus de la presse traditionnelle. En effet, on peut aisément comprendre la méfiance, voire la défiance des consommateurs de produits médiatiques face à des productions qui ne porteraient plus la signature des humains, mais celle de robots-journalistes. Il se pose bel et bien, dans cette configuration, une question de confiance et de crédibilité, déjà sérieusement entamées par les précédents dérapages éthiques et déontologiques dans le secteur des médias d'information. Les IA génératives pourraient accroître la situation susmentionnée.

CONCLUSION

Cette recherche a voulu mettre en lumière les dynamiques d'appropriation technologique dans un contexte spécifique qui est celui du journalisme en Côte d'Ivoire. Elle s'inscrit dans le sillage de celles abordant l'Intelligence artificielle dans le secteur des médias d'information et s'intéresse principalement aux acteurs médiatiques ivoiriens dans un contexte de découverte et d'appropriation des systèmes de l'Intelligence artificielle. L'évaluation sommative soumise à une trentaine d'entre eux, dans le cadre des enseignements reçus au département communication de l'université Félix Houphouët-Boigny d'Abidjan-Cocody, indique qu'ils se sont intéressés à une quinzaine de technologies de l'IA, dans le cadre de leurs activités quotidiennes. Ils ont convoqué ces outils pour rédiger des articles, faire de la traduction, transcrire de longs enregistrements, faire des recherches documentaires, engager une discussion avec un assistant virtuel, alimenter un site internet, traduire automatiquement de la vidéo et de l'audio ou encore vérifier des informations (*factcheking*). Ces activités journalistiques, nous l'avons vu, ne sont pas différentes de celles en cours dans d'autres aires géographiques africaines, comme l'ont montré plusieurs chercheurs. Globalement, les usages de l'IA font leur petit bonhomme de chemin dans plusieurs pays d'Afrique, dans une atmosphère mâtinée d'appréhensions.

Si ces journalistes-étudiants ont affirmé avoir été bluffés par les multiples opportunités qu'offre cette technologie dans l'exercice de leur métier, ils ont aussi mis en évidence les limites de l'IA. En effet, l'usage de ces outils et systèmes informatiques nécessite, selon eux, une vigilance accrue de la part des journalistes en raison des failles qu'ils comportent. Ces insuffisances démontrent à quel point il est indispensable pour les professionnels des médias de se former afin de se familiariser avec ces technologies.

Cette étude nous paraît intéressante, en ce sens qu'elle révèle que des journalistes peuvent, avec une dose de bonne volonté, s'approprier l'IA et déterminer les applications qui peuvent leur être réellement utiles dans leurs pratiques professionnelles. Toutefois, des formations pointues sur les usages de l'IA s'avèrent incontournables afin de mieux maîtriser cette technologie et d'en tirer parti de façon pleine et entière. Dans cette optique, l'engagement des patrons de presse ainsi que l'appui des structures de soutien aux médias en Côte d'Ivoire seraient déterminants.

Par contre, à ce stade de notre recherche, il est un peu tôt de mesurer l'impact des systèmes d'IA sur les productions de ces journalistes. C'est une limite de ce travail qui pourra être enrichi en suivant ces mêmes journalistes dans leurs tâches quotidiennes, afin de nous rendre compte s'ils poursuivent leurs expérimentations, jusqu'à se familiariser totalement avec ces applications.

Bibliographie

- Antheaume (A.), *Le journalisme numérique*. Paris, Sciences Po, Les Presses, 2016, « coll. Nouveaux débats », 2e édition.
- Bailly (D.), « Profession : journaliste, "en attendant" ». *Les Cahiers du journalisme*, vol. 9, 2001, pp. 170-173.
- Bastien (L.), « Intelligence Artificielle : définition, histoire, utilisations, dangers », 2020. Lien : https://datascientest.com/intelligence-artificielle-definition, consulté le 16 mars 2024.
- Bequet (N.), « Les 7 défis des médias face à l'intelligence artificielle », *Observatoire européen du journalisme*, 2024. Lien : https://fr.ejo.ch/intelligence-artificielle/les-7-defis-des-medias-face-a-lintelligence-artificielle, consulté le 16 mars 2024.
- Broussard (M.), Diakopoulos (N.), Guzman (A.L.), Abebe (R.), Dupagne (M.) & Chuan (C.H.), "Artificial intelligence and journalism". *Journalism & mass communication quarterly*, *96*(3), 2019, pp. 673-695.
- Castets-Renard (C.), « Quels impacts de l'intelligence artificielle sur les métiers du droit et du journalisme ? (What Are the Impacts of Artificial Intelligence on the Legal and Journalistic Professions?) ». *Cahiers de la*

propriété intellectuelle, vol. 30, n° 3, 2018. Disponible sur https://ssrn.com/abstract=3391272, consulté le 6 juin 2024.
- CNIL, « Glossaire IA », https://www.cnil.fr/fr/definition/intelligence-artificielle, consulté le 6 juin 2024.
- Collard (A. S.), Hernalesteen (A.) et Henry (J.), « Déconstruire les représentations médiatiques sur l'intelligence artificielle en jouant à "Qui est-ce ?" ». *Actes/Proceedings TICEMED 12*, 51, 2021.
- Crépel (M.) et Cardon (D.), « Robots *vs* algorithmes. Prophétie et critique dans la représentation médiatique des controverses de l'IA ». *Réseaux*, n° 232-233, 2022, pp. 129-167.
- Coulibaly (N.), « La "titrologie" en Côte d'Ivoire. Discours médiatique et perpétuation des antagonismes politiques ». *Communication & langages*, 4, n° 190, 2016, pp. 125-141. DOI : 10.3917/comla.190.0125. URL : https://www.cairn.info/revue-communication-et-langages1-2016-4-page-125.htm, consulté le 24 février 2024.
- De Laubier (C.), *La presse sur Internet*. Paris, Que sais-je ? Coll. PUF, 2000.
- Devillers (L.), *et al.*, *Intelligence artificielle. Enquête sur ces technologies qui changent nos vies*. Paris, Flammarion, 2008.
- Diakopoulos (N.), *Automating the News. How Algorithms Are Rewriting the Media*, Harvard, Harvard University Press, 2019.
- Dierickx (L.), « L'adéquation aux usages, un remède contre l'échec ». *Les Cahiers du journalisme*, *2*(7), 2021, R9-R24.
- Digbeu (M.-L.), « Côte-d'Ivoire : entre avant-gardisme et frilosité. », *Les médias et Internet en Afrique de l'Ouest. La presse en ligne et la connectivité des radios communautaires*, Dakar : Institut Panos Afrique de l'Ouest, 2004, pp. 33-38.
- Eutrope (X.), « Intelligence artificielle et médias : cinq utilisations, au-delà de ChatGPT ». *Ina La Revue des médias*, 2023. Lien : https://larevuedes-medias.ina.fr/chatgpt-intelligence-artificielle-medias-utilisations, consulté le 3 avril 2024.
- Fitouri (A.), « Sur la question des usages et des usagers des TIC », in Viera (L.) et Pinède (N.), *Stratégies du changement dans les systèmes et les territoires*, Maison des Sciences de l'Homme d'Aquitaine, 2010, https://doi.org/10.4000/books.msha.5742
- Frère (M.-S.), *Journalismes d'Afrique*. Bruxelles, De Boeck Supérieur, 2020.
- Ganay (C.) et Gillot (D.), *Pour une intelligence artificielle maîtrisée, utile et démystifiée*, Rapport d'information, 2017, n° 464. https://www.senat.fr/rap/r16-464-1/r16-464-1-syn.pdf, consulté le 21 avril 2024.
- Georges (B.), « Intelligence artificielle : de quoi parle-t-on ? », *Constructif*, vol. 54, no. 3, 2019, pp. 5-10. https://doi.org/10.3917/const.054.0005, consulté le 3 avril 2024.
- Godswill (O.O.), Nsude (I.), "Adopting Artificial Intelligence to Journalistic Practices in Nigeria: Challenges and Way Forward". *International Journal of Communication: an Interdisciplinary Journal of Communication Studies*, 2020, pp. 141-161.
- Gondwe (G.), "ChatGPT and the Global South: how are journalists in sub-Saharan Africa engaging with generative AI?", *Online Media and Global Communication*, *2*(2), 2023, pp. 228-249.
- Gramaccia (J.) et Watine (T.), « Les entreprises de presse et les journalistes face aux défis de l'intelligence artificielle : les premiers résultats du projet med-IA », In Assogba, H. (dir.) *Journalismes spécialisés à l'ère numérique*. Presses de l'Université Laval, 2020, pp. 89-127.
- Julia (L.), *L'intelligence artificielle n'existe pas*. Paris, First Édition, 2019.

- Jauréguiberry (F.) et Proulx (S.), *Usages et enjeux des technologies de communication*. Toulouse, Érès, 2001.
- Jouet (J.), « Retour critique sur la sociologie des usages », *Réseaux*, n° 1000, 2000, pp. 487-521.
- Karimu (W.), « Intelligence artificielle et médias en crise : enjeux, réalités et défis en contexte ivoirien », *Revue RAMReS* – Sci. Appl. & de l'Ing., Vol. 5(1), 2023, pp. 18-24. ISSN 2630-1164.
- Karimu (W.), « Quand les méventes record font bouger les lignes. Péripéties économiques des journaux ivoiriens à l'ère d'Internet ». In Ngono (S.) (dir.), *L'économie des médias et le numérique en Afrique*, Saint-Denis de La Réunion. Presses Universitaires Indianocéaniques, 2022, pp. 169-185.
- Kuo (L.), « L'impact de l'intelligence artificielle sur l'industrie de l'information et les stratégies pour aborder l'informatique », *Les frontières de la société, de la science et de la technologie*, 5, 2023, pp. 111-15.
- Le Champion (R.) (dir.), *Journalisme 2.0.*, Paris, La Documentation française, 2012.
- Mercier (A.) et Pignard-Cheynel (N.), « Mutations du journalisme à l'ère du numérique : un état des travaux », *Revue française des sciences de l'information et de la communication* [En ligne], 5|. 2014, URL : http://journals.openedition.org/rfsic/1097. DOI : https://doi.org/10.4000/rfsic.1097, consulté le 1er juillet 2024.
- Pavlik (J.), "The Impact of Technology on Journalism", *Journalism Studies*, *1*(2), 2000, pp. 229-237. https://doi.org/10.1080/14616700050028226
- Saint-Germain (N.) et White (P.), « Les impacts de l'intelligence artificielle sur les pratiques journalistiques au Canada », 2021, SSRN : https://ssrn.com/abstract=3840582 or http://dx.doi.org/10.2139/ssrn.3840582
- Munoriyarwa (A.), Chiumbu (S.), Motsaathebe (G.), "Artificial Intelligence Practices in Everyday News Production: The Case of South Africa's Mainstream Newsrooms", *Journalism Practice*, *17*(7), 2021, pp. 1374-1392. https://doi.org/10.1080/17512786.2021.1984976 consulté le 12 juin 2024.
- Oyeniyi (O.), Uthman (S.), "Opportunities and Challenges of Adopting AI in Journalism in Nigeria", *International Journal of Media, Journalism and Mass Communications* (IJMJMC), vol. 10, no. 2, 2024, pp. 21-28. DOI : https://doi.org/10.20431/2454-9479.1002003
- Roy (J.-H.), Brin (C.) et Gramaccia (J.), « Démystifier l'IA pour mieux la démythifier », *Les Cahiers du journalisme*, *2*(7), 2021, R3-R7.
- Sangaré (A.), « Côte d'Ivoire, le journalisme agonise et la presse s'effondre. Diagnostic d'une presse au fond du trou », *Afrique contemporaine*, 263-264, 2017, pp. 242-244, https://doi.org/10.3917/afco.263.0242, consulté le 7 mars 2024.
- Tettey (T. D.), Muringa (T.), Danso (S.) et Zondi (S.), "The Role of Artificial Intelligence in Contemporary Journalism Practice in Two African Countries", *Journalism and Media*, *5*(3), 2024, pp. 846-860.
- Ward (V.), « L'intelligence artificielle au cinéma : 2001 l'Odyssée de l'espace, Terminator, Matrix… », *Le MagduCiné*, 10 septembre 2020, https://www.lemagducine.fr/cinema/dossiers/intelligence-artificielle-au-cinema-2001-lodyssee-de-l-espace-terminator-matrix-10017588, consulté le 1er mars 2024.
- Zacklad (M.), *Intelligence Artificielle : représentations et impacts sociétaux*, [Rapport Technique] CNAM, 2018, ffhalshs-02937255, consulté le 20 juin 2024.

PARTIE 2

DOCUMENTATION, ÉDITION, INTELLIGENCE ÉCONOMIQUE

Sommaire

L'IRRUPTION DES INTELLIGENCES ARTIFICIELLES GÉNÉRATRICES D'IMAGES DANS L'ÉCOSYSTÈME PROFESSIONNEL DES RECHERCHISTES-ICONOGRAPHES

Claire SCOPSI

Professeure des universités, Conservatoire national des Arts et Métiers, Dicen-IDF (EA7339)

claire.scopsi@lecnam.net

Résumé

Dans cet article nous proposons d'évaluer les conséquences du déploiement rapide des Intelligences artificielles génératives d'images (IA_gen) ou *Text-to-image* et *text-to-video*, sur les professionnels de la documentation audiovisuelle, en nous appuyant sur les discours des acteurs du secteur en 2023 et 2024. Nous définissons tout d'abord les apports potentiels de ces IA génératives pour ce secteur d'activité, leur environnement réglementaire, ainsi que les risques pour l'emploi identifiés par les études prospectives. Puis nous analysons les discours de plusieurs acteurs du domaine : éditeurs de logiciels et de banques d'images, sociétés de gestion de droits, associations professionnelles et leader d'opinion. Nous concluons au début 2024 que l'usage des IA génératrices d'images rencontre des réticences pour des raisons éthiques dans certains secteurs, mais que l'usage devrait se développer, pour des raisons défensives : identifier les images générées afin de les écarter en tant que « fake », et pour des raisons offensives : mordre sur certains rôles des créateurs d'images, pour conserver les emplois.

Mots-clés : intelligence artificielle générative, recherchiste-iconographe, emploi, adoption des technologies.

INTRODUCTION : OBSERVER LES STRATÉGIES DES RECHERCHISTES-ICONOGRAPHES FACE AUX IA GÉNÉRATRICES D'IMAGES

Je me penche, dans cet article, sur le cas des recherchistes-iconographes (RI) pour observer leur réaction à l'émergence des intelligences artificielles génératrices d'images (IA_gen_I), parce qu'ils sont directement concernés par ces technologies. « L'iconographe est un spécialiste de l'image, un professionnel dont le métier est de chercher des images fixes ou animées, mais pas seulement. (Lacouchie *et al.*, 2011) ». Son rôle consiste à recevoir des besoins d'illustration, à identifier, acheter ou faire produire par des photographes ou des dessinateurs, les images appropriées, et à en négocier les droits dans le respect du budget alloué par leur client ou employeur. Le terme « recherchiste » désigne les professionnels intervenant dans les médias et les sociétés de production TV ou cinéma ; celui d'« iconographe » est plus usité dans l'édition et la presse écrite, tandis que le « chercheur d'art » répond aux besoins des publicitaires et des communicants. Malgré la diversité des secteurs où ils exercent, ces professionnels partagent des compétences : la culture de la production et de la préservation des images et sons quels que soient leur forme et leur support, un « œil » (et parfois une oreille), c'est dire un sens de la sémiologie mis au service de l'illustration, une éthique incluant la connaissance et le respect d'un certain nombre de droits liés à l'œuvre ou au respect de la vie privée. Ils assurent une médiation entre les créateurs (photographes, dessinateurs, graphistes...) ou les détenteurs de fonds d'images, les intermédiaires de la vente d'images (agences photo, sociétés de gestion de droits collectifs) et les commanditaires des illustrations (réalisateurs, journalistes, éditeurs, publicitaires...).

1. UNE PROFESSION DISCRÈTE EXPOSÉE AUX ÉVOLUTIONS TECHNOLOGIQUES DU SECTEUR DE L'IMAGE

Peu nombreux[1] et intervenant dans des secteurs variés, les recherchistes-iconographes ne sont pas représentés par un syndicat mais par des associations animées bénévolement : l'Association Nationale des Iconographes (ANI), PIAFimages (qui met en relation les chercheurs d'images et les détenteurs de fonds iconographiques), l'ADBS secteur audiovisuel, Gens d'images qui réfléchit sur la relation et les rencontres entre photographes et iconographes. La taille réduite de cette communauté métier explique sans doute pourquoi ses membres n'ont jamais fait l'objet de travaux de recherche, contrairement à leurs interlocuteurs journalistes ou photographes

1. En 2013, l'ANI estimait à 800 le nombre d'iconographes en France. Une grande majorité (environ 80 %) sont des femmes. (source : enquête ANI 2013 : https://www.ani-asso.fr/wp-content/uploads/2013/10/resultats_enquete.pdf). La dernière enquête professionnelle de l'ANI remonte à 2015.

ou à leurs collègues documentalistes et archivistes audiovisuels[2]. Il arrive cependant qu'un chercheur les sollicite pour expliquer leur travail, et leur rapport à l'image sous forme de témoignage (Bihl, 2020). C'est en tant que responsable d'une formation professionnelle préparant au métier de RI, que, pour ma part, je cherche à identifier le plus tôt possible les mutations du secteur pour y préparer les futurs professionnels.

1.1. Les études prospectives sur l'IA et l'emploi : un discours modéré

C'est en 2023 que l'intelligence artificielle se révèle au grand public lorsqu'Open AI lance un *chatbot* nommé ChatGPT, intégrant une chaine de traitements avancés associée à une interface conversationnelle capable de passer le test de Turing. En fournissant des réponses « clé en main » déjà rédigées et organisées, ChatGPT renouvelle le paradigme de l'accès à la connaissance, jusque-là divisé entre les moteurs de recherche, qui proposent des sources en réponse à une question, et les réseaux sociaux qui mettent en relation les usagers et font circuler leurs contenus. Il montre toutes les caractéristiques d'une innovation de rupture susceptible de rebrasser les cartes des grands acteurs techno-économiques.
Dans le secteur des *chatbot* de génération d'images (IA_gen_I), MidJourney, fait sensation aux côtés de son challenger Dall.e d'OpenAI. Ces outils sont capables d'exécuter des instructions textuelles en langage libre pour générer des productions graphiques ou des simulations de photographies. Ils relancent le fantasme d'une machine capable de dépasser la créativité humaine. Leur développement s'accompagne de conjectures sur leur influence sur le travail, les métiers, les emplois des secteurs d'activité liés à l'image.
Tout en encourageant à la vigilance, les études prospectives sur l'emploi au niveau macro, tiennent un discours modéré. Maja S. Svanberg et ses co-auteurs estiment en 2023 que les coûts des IA sont encore dissuasifs pour les entreprises américaines et que l'automatisation de tâches suivra progressivement les baisses des coûts des IA, laissant le temps de réorganiser et former les employés. La même année Gmyrek, Berg et Bescond considèrent que les emplois de bureaux sont les plus exposés à la technologie (24 % seraient très impactés et 58 % moyennement impactés) et que seuls 1 à 4 % des autres types d'emplois seraient très impactés. Ils constatent qu'avec les IA génératives (IA_gen), les emplois menacés ne sont plus ceux dont les tâches sont répétitives, mais aussi ceux dont le travail est lié à la connaissance. Ils insistent sur le fait qu'au-delà des impacts quantitatifs, les acteurs du monde du travail doivent être en alerte sur les évolutions de la qualité du travail (intensité, autonomie).
Pour la France, l'étude du cabinet Roland Berger sur l'impact des IA_gen, évalue à 800 000 le nombre d'emplois susceptibles d'être remplacés par les automates, tandis que 1,4 million d'emplois impliquant l'extraction et la génération de contenus verraient simplement leurs tâches « augmentées » par ces outils.

2. Auxquels Anna Tible a consacré une thèse : Tible, A. (2023). *Les gardiennes du temple : La profession de documentaliste audiovisuel en France, de 1952 à 2017* [Thèse de doctorat, Paris 13]. https://theses.fr/2023PA131001

1.2. Étude prospective dans le secteur audiovisuel français

Le CNC a publié en avril 2024 une étude sur l'impact de l'IA sur les métiers et l'emploi du cinéma, de l'audiovisuel et des jeux vidéo. Ces secteurs nous intéressent, car ils emploient une partie des RI. L'étude prévoit une adoption de l'IA plus marquée dans le secteur de la post-production, sur laquelle sera transférée une partie de la valeur des industries de tournage, notamment dans une logique de productivité et de réduction des coûts. Elle s'inquiète des effets sur l'emploi des plus jeunes, car les tâches les plus automatisables sont confiées aux profils débutants. Les métiers à forte composante technique seront plus affectés que les métiers créatifs ou d'encadrement de projet. Les métiers déjà affectés par la transformation numérique s'adapteront plus facilement aux nouveaux outils que les métiers peu informatisés. (CNC, 2024)

Quelles sont les postures des recherchistes-iconographes face à ces discours ? Les années 2023-2024 nous permettent d'observer les premières réactions de cette communauté professionnelle face à une technologie susceptible de modifier son équilibre et les stratégies qu'elle adopte pour préserver ses intérêts.

2. MÉTHODE

Ce que je présente ici ne résulte pas d'un projet scientifique officiellement identifié, mais de mon activité de veille en tant qu'enseignant-chercheur. L'idée de rendre public ce travail est née de la commande d'un dossier spécial sur la documentation audiovisuelle par la revue I2D éditée par l'association des professionnels de l'information et de la documentation. Le travail avec les auteurs, choisis pour leur implication dans l'animation de la profession, a montré leur préoccupation, leurs interrogations et l'envie de partager leurs premières expériences des IA_gen_I.

Pour ce dossier, Sophie Janssens, secrétaire de l'ANI, a conçu et posté sur la liste de diffusion de l'association un questionnaire sur les pratiques émergentes de l'IA_gen_I, mais n'a pas obtenu un nombre de réponses permettant d'exploiter les résultats, la pratique n'étant peut-être pas encore assez développée. Cette lacune dans l'approche quantitative explique le choix de la méthodologie de mon étude menée en solitaire. Il s'agit d'une phénoménologie qui tente de rassembler, dans les discours publiés par les RI et les acteurs des secteurs d'activités dans lesquels ils exercent, des indices de leur état d'esprit. Pour comprendre la posture de ces professionnels j'ai opté pour la méthode suivante : exploiter les traces laissées sur le web des activités, débats, conférences, formations et prises de position des associations de RI et de leurs partenaires (photographes, agences, sociétés de perception de droits, éditeurs, médias…).

27 documents ont été collectés. Tous ont été produits entre janvier 2023 et juin 2024. Les références de ces textes figurent à la fin de l'article et chacun est désigné par un numéro entre []. Les citations issues de ce corpus renverront à ce numéro. Le corpus est composé de :

- 8 articles issus de la presse professionnelle : [23-3], [23-7], [23-8], [23-14], [23-13], [24-1], [24-7], [24-10] ;

- 5 programmes ou captations de rencontres professionnelles (congrès, séminaires, table ronde) : [23-4], [23-6], [23-10], [24-8], [24-9] ;
- 7 programmes de stage de formation ou webinaires : [23-1], [23-2], [24-2], [24-4], [24-6], [24-12], [sd-01] ;
- 3 manifestes exposant des prises de position collectives : [23-5], [23-11], [24-3] ;
- 1 guide de bonnes pratiques et 2 « chartes » de valeurs et de bonnes pratiques : [23-9], [23-12], [sd-02] ;
- 1 étude prospective du Centre National de la Cinématographie : [24-5].

Les textes émanent de RI et de leur association représentative, de détenteurs de fonds d'images ou d'organismes les représentant, de centres de formation de journalistes et professionnels des médias, de (photo)journalistes, d'artistes graphiques, de photographes, de producteurs audiovisuels et d'une agence de communication.

Notre objectif était d'identifier la posture de ces acteurs afin de voir à quelles influences étaient soumis les RI de la part de leurs clients (médias, agences de communication, production audiovisuelle) et fournisseurs (photographes, artistes, détenteurs de fonds d'images). Il s'agit donc de repérer si les documents encouragent l'adoption de l'IA_gen_I, hésitent ou alertent sur les risques.

Les textes ont été lus et classés selon plusieurs critères :

- Secteur d'activité ou métier représenté : journalistes, photographes, RI, société de répartition de droits.
- Dominante de l'angle d'approche de l'IA : droit d'auteur, apprentissage, éthique, emploi, usage.
- Tonalité : vision positive et justificative des IA_gen, vision neutre, vision négative.

Cette méthode « humaine » parait archaïque à l'époque des *big data*, de l'analyse quantitative automatisée et de la datavisualisation, mais elle est, dans l'immédiat, la seule qui permette de sortir de l'ombre cette communauté.

3. RÉSULTATS : UNE POLYPHONIE

Aucun des discours publics étudiés n'est radicalement opposé à l'usage de l'IA_gen_I. Le web et la digitalisation du secteur de la photographie et du film ont montré l'inutilité de résister aux innovations numériques. Mieux vaut donc accompagner le mouvement d'innovation, même si cet accompagnement est prudent. Des variations s'observent dans les discours en fonction de la place des acteurs dans la chaine de valeur, de la production ou détention de fonds à la diffusion d'images éditorialisées. Elles dépendent aussi du public auquel ils s'adressent : les détenteurs de fonds, agences d'images, RI, agences de communication travaillent en B2B, les médias télévisuels, la presse écrite, l'édition le plus souvent en B2C. Leur posture d'autorité n'est pas la même.

3.1. Les discours des fournisseurs d'images : la vertu libératrice de l'IA Act

Pour les détenteurs d'images, les diffuseurs de fonds et les sociétés de reversement de droits, qui sont les fournisseurs des RI, l'année 2023 a été marquée par l'inquiétude et les actions de lobbying liées aux travaux préparatoires à la loi européenne sur l'intelligence artificielle[3] (IA ACT). Ces travaux comportaient un volet sur la reconnaissance d'un droit de copyright pour les œuvres utilisées dans les processus d'apprentissage profond. Tant que ce droit n'était pas reconnu, les détenteurs de fonds voyaient l'IA_gen_I mordre sur leur marché en ouvrant aux usagers la possibilité de générer des images d'illustration neutres[4], sans pouvoir compenser cette perte par des revenus liés à l'utilisation de leurs fonds lors de l'apprentissage profond. Les prises de position ont été généralement groupées, sous forme d'interpellation collective au gouvernement [23-11] ou de recommandations diffusées par l'intermédiaire du Cepic[5] [23-12].

> « *Nous réaffirmons l'absolue nécessité de placer l'éthique au cœur de l'action des pouvoirs publics dans l'encadrement de ces nouvelles technologies. Notre avenir en dépend.* » Extrait de la lettre collective « Transparence IA », 17 novembre 2023 [23-11] (80 signataires).

Des interdictions explicites d'utiliser les fonds pour l'apprentissage profond figurent également sur les sites, car l'IA Act autorise les ayants droit à « réserver leurs droits sur leurs œuvres ou autres objets pour empêcher la fouille de textes et de données, à moins que cela ne soit fait à des fins de recherche scientifique » (EU Artificial Intelligence Act, Recital 105)[6]. Ces mentions leur ménagent la possibilité de devenir eux-mêmes des acteurs de IA_gen_I en négociant des partenariats exclusifs avec les solutions d'IA de leur choix.
Enfin, à l'exemple de Getty image, une fois devenus fournisseurs de services d'IA_gen_I, les fournisseurs d'images se présentent en tiers de confiance auprès de leurs clients en leur garantissant une utilisation des images générées sans risque juridique.

> « *Nous avons travaillé dur pour développer un outil responsable qui permette à nos clients d'utiliser, en toute confiance, les visuels produits par l'IA générative à des fins commerciales.* » Getty Images [23-14].

3. La loi sur l'IA a été adoptée par le Conseil européen le 21 mai 2024. Elle entre en vigueur 20 jours après sa promulgation au Journal officiel en juin-juillet 2024.
4. Par exemple des personnages anonymes montrés dans des situations de la vie courante, ou des objets standards.
5. Coordination of European Picture Agencies Stock, Press and Heritage.
6. https://artificialintelligenceact.eu/recital/105/

3.2. Les discours des intermédiaires : une position ambiguë

Les intermédiaires sont les éditeurs de livres ou de presse, les médias et les sociétés de communication, c'est-à-dire ceux qui se procurent des images et les rediffusent, sous une forme éditorialisée, auprès de leurs clients, grand public ou institutionnels. Ce sont en général les employeurs des RI. Ils sont tiraillés entre deux problématiques : l'une est l'avantage économique et fonctionnel de l'IA_gen_I dans leur processus de travail, l'autre est l'autorité que leur reconnait leur clientèle et l'attitude de ladite clientèle à l'égard des IA.
Certains journaux ont déjà déclaré qu'ils utiliseraient l'IA_gen_I en raison de son coût avantageux. Cependant l'introduction d'images générées par IA inquiète les publics des médias, sensibles au phénomène des *fake news*. L'approche des journaux est donc prudente.

> « *Recréer un réel sans intermédiaire est extrêmement dangereux. Illustrer un fait divers, par exemple, avec ces outils enlève le filtre, le médium que représentent l'illustrateur et le photographe qui fait un choix esthétique et informationnel, précise Laurent Verdier, iconographe à Challenges* » [23-3]

La presse tient à son rôle de garant de la sincérité des contenus, qu'elle défend remarquablement par son activité de *fact checking*. Elle est donc confrontée à un exercice d'équilibrisme délicat. La solution avancée en 2024 est celle des chartes, publiées sur les sites des journaux, qui affichent clairement les règles d'éthiques et les limites qu'ils respectent.

> « *Parmi les principes sur lesquels le journal [Le Monde] s'accorde, on retrouve le non-recours à la "création ex nihilo par une intelligence artificielle sans supervision des équipes éditoriales", la publication d'un message pour avertir les lecteurs lorsqu'il aura été fait usage de l'IA, et le refus de publier des images artificielles créées par des outils d'IA génératives, explique Alexis Delcambre, directeur adjoint de la rédaction chargé de la transformation numérique.* » [24-1].

La confiance est aussi un enjeu pour les communicants qui doivent assurer à leurs clients qu'ils ne délèguent pas leurs tâches créatives aux IA. Eux aussi expérimentent la transparence, sous la forme de chartes de bonnes pratiques publiées sur leurs sites web, même si le phénomène est plus marginal que dans les médias.

> « *Lorsque nous créons des illustrations sur mesure pour nos clients, l'IA peut être un allié pour nous donner une perspective complexe par exemple. Comme on avait l'habitude de le faire en se basant sur une photo de banque d'images, on peut maintenant le faire de façon plus personnalisée* via *une IA. Le travail reste une illustration réalisée à la main par les créatifs de l'agence, parfaitement adaptée au besoin de chaque client.* » [23-9]

3.3. Banaliser les effets de l'IA

Une dernière posture peut surprendre : celle qui consiste à rappeler que la photographie est, depuis son origine, un simulacre de la réalité. Elle n'oppose pas l'image générée à la « photographie du réel », mais considère qu'il s'agit d'un outil supplémentaire de reformulation du réel.

> « *Cela fait dire aux professionnels présents que les photos ne sont plus des preuves. Si tant est que la photo constitue une preuve, on ne doit pas oublier qu'elle est avant tout une représentation.* » Compte rendu d'une table ronde au cours du festival Visa pour l'image 2023 [23-10]

Les artistes interviennent dans cette opération que je qualifie de banalisation. Albertine Meunier, très impliquée dans l'art numérique, explore les possibilités créatives des IA_gen_I :

> « *La difficulté avec l'IA c'est d'en faire un geste artistique et aujourd'hui le challenge pour les artistes est plutôt celui-là ; comment intégrer sa pratique avec ces outils, comment s'y confronter, comment collaborer, comment lutter* » [23-6].

Le photojournaliste et artiste Michael Christopher Brown soulève le débat lorsqu'il publie en 2022-23 le projet « *90 miles* », produit par IA_gen_I pour illustrer l'exode des Cubains à travers l'histoire, acte d'autant plus troublant qu'il avait déjà produit en 2018 une série, bien photographique celle-là, sur les réactions des Cubains au passage du convoi mortuaire de Fidel Castro[7]. Il légitime cette posture provocatrice, mais transparente (le mode de fabrication des images est clairement indiqué) par le besoin de renouveler l'impact de l'image sur le public.

> « *Une image, quelle que soit sa forme, son mode de fabrication, a un impact à partir du moment où elle rencontre son public. Mais toute création visuelle n'est pas pour autant véridique. La peinture en est un bon exemple. Certaines grandes fresques de bataille reprennent des bribes de faits historiques, mais la scène elle-même, telle qu'elle est représentée, n'a jamais existé…* » M.C. Brown interrogé dans Polka Magazine, 24 juillet 2023[8].

L'IA_gen_I s'épanouit donc dans le contexte de la post-vérité (Frankfurt, 1986) où l'exigence de vérité importe moins que le message délivré et l'émotion qu'il suscite dans le public.

7. Yo soy Fidel, 2018, édition Damiani.
8. Beck, D. (24/07/2023), Michael Christopher Brown: « On se trompe de combat si l'on oppose IA et photographie », Polka magazine, n° 61, https://www.polkamagazine.com/michael-christopher-brown-on-se-trompe-de-combat-si-lon-oppose-ia-et-photographie/

3.4. Des RI confiants, mais un environnement à surveiller

Confrontés à des discours hétérogènes, les RI n'ont pas officialisé de position commune. Mais, lorsque certains d'entre eux s'expriment sur ce sujet, ils se déclarent peu inquiets et prêts à accompagner les formes d'adoptions de leur environnement professionnel.

> « [...] *la recherche et développement progresse vite, et il faut pour les professionnels de l'image, mettre à profit ce temps d'observation pour s'approprier ces technologies et trouver la juste place de l'humain, professionnalisé et doué d'un esprit critique, dans cette nouvelle économie. Une gageure, à laquelle les documentalistes ont l'habitude de faire face* » [24-10]

Cependant le secteur reste à surveiller, car l'IA Act ne s'est pas prononcé en faveur du copyright appliqué à une image générée et non retouchée par un humain. Si la part d'usage des IA_gen_I croît de façon significative dans le secteur de l'illustration, les RI seront moins sollicités pour *le clearage des droits*. Il leur faudra alors transférer leur valeur dans un autre point du processus d'éditorialisation des images, par exemple en générant eux-mêmes des images. C'est l'hypothèse la plus couramment évoquée. Elle montre la confiance des RI dans leur capacité à transposer leurs compétences et à faire reconnaitre leurs qualités, même si, dans cette activité, ils se trouveront en concurrence avec les (info) graphistes ou des photographes reconvertis.

> « *Dans cette situation, l'iconographe, aguerri à la formulation des requêtes sur les bases visuelles, se révèle des plus efficaces pour rédiger les "prompts". Leur pertinence résulte de sa bonne connaissance du fonds, mais aussi de sa compréhension de la politique d'indexation de l'agence qui met à disposition l'outil générateur d'images.* » [24-8].

Enfin, les RI renforcent leur position de garants du droit d'auteur et leur rôle dans la détection des *fake*. On peut en effet prévoir une augmentation du besoin de « *debunkage*[9] » dans la presse et les médias. Il ne faut pourtant pas perdre de vue que, dans cette activité, ils viendront mordre sur les prérogatives des journalistes.

> « *Au lieu d'opposer l'IA aux recherchistes audiovisuels, une collaboration équilibrée peut être envisagée. Les IA pourraient être un outil complémentaire, un facilitateur, tandis que les recherchistes maintiendraient leur rôle crucial dans la vérification de l'authenticité et des droits d'auteur.* » [23-13].

Ce qu'envisageait le CNC se vérifie donc avec les RI : ils puisent dans leurs expériences passées des transitions digitales pour affronter les innovations et maintenir leur identité sans tenter de refuser la gageure. Les positionnements avancés, même s'ils restent des conjectures, doivent être anticipés par les formateurs. Car, pour

9. Le « *debunkage* » ou démystification est la pratique consistant à vérifier et rectifier les fausses affirmations. C'est le terme utilisé pour désigner la vérification de l'authenticité et de la sincérité des images (note de l'auteur).

réussir leurs repositionnements dans la chaine de valeur de l'édition d'images, les RI devront être aussi compétents que ceux qu'ils viendront challenger. Ils auront à produire des images aussi esthétiques et pertinentes que celles des artistes graphiques et à développer une culture de la vérification d'image égale à celle des journalistes. Les années 2024-2025 seront stratégiques pour imposer la profession de RI dans ces nouvelles responsabilités.

Bibliographie

- Berg (J.), Bescond (D.), Gmyrek (P.) & International Labour Organization. Research Department, *Generative AI and jobs : A global analysis of potential effects on job quantity and quality*. ILO, 2023, https://doi.org/10.54394/FHEM8239
- Bihl (L.), Dogué (Ph.), *Dans la caverne de l'iconographe* dans *Sociétés & Représentations*, 2020, *50*(2), pp. 119-139, https://doi.org/10.3917/sr.050.0119
- Cabinet Roland Berger, *L'impact de l'IA générative sur l'emploi en France*, novembre 2023, https://www.rolandberger.com/fr/Insights/Publications/L-impact-de-l-IA-g%C3%A9n%C3%A9rative-sur-l-emploi-en-France.html
- CNC & Bearing Point, *Quel impact de l'IA sur les filières du cinéma, de l'audiovisuel et du jeu vidéo ?* avril 2024, https://www.cnc.fr/professionnels/etudes-et-rapports/etudes-prospectives/quel-impact-de-lia-sur-les-filieres-du-cinema-de-laudiovisuel-et-du-jeu-video_2144677
- Frankfurt (H. G.), *On bullshit*, Princeton University Press, 1987.
- Lacouchie (A.), Mechta (S.), Sourdillat (É.), *Profession iconographe : Chercheurs d'images, rédacteurs photo, acheteurs d'art, documentalistes audiovisuels*, Eyrolles, 2011.
- Perrin (V.), Burnichon (D.), *L'iconographie : Enjeux et mutations*, Electre-Cercle de la librairie, 2007.
- Svanberg (M. S.), Li (W.), Fleming (M.), Goehring (B. C.), Thompson (N. C.), *Beyond AI Exposure : Which Tasks are Cost-Effective to Automate with Computer Vision?* S.d. [2023].

CORPUS

23-1 – Is AI Copyrightable – 29/01/2023 – https://cepic.org/issues/cepic-webinar-is-ai-copyrightable-tuesday-13-february
23-2 – ChatGPT, Midjourney : quel avenir pour le journalisme et la photo ? – 07/03/2023 – https://www.youtube.com/watch?v=v8Rq6q6RZ2A&t=281s
23-3 – Comment Challenges a testé Midjourney et ce qu'on en retient. Challenges – 27/04/2023 – https://www.challenges.fr/media/ia-comment-challenges-a-teste-midjourney-et-ce-quon-en-retient_852831
23-4 – Congrès CEPIC 2023 à Antibes : Artificial Intelligence Day – 12/05/2023 – https://cepic.org/congress/programme
23-5 – IA et droit d'auteur : l'ADAGP en appelle à une régulation sur trois points – 23/05/2023 – https://www.adagp.fr/fr/actualites/ia-et-droit-dauteur-ladagp-en-appelle-une-regulation-sur-trois-points

23-5 – IA et droit d'auteur : l'ADAGP en appelle à une régulation sur trois points – 23/05/2023 – https://www.adagp.fr/fr/actualites/ia-et-droit-dauteur-ladagp-en-appelle-une-regulation-sur-trois-points

23-6 – IA : Quels enjeux pour les créateurs d'images ? – 30/05/2023 – https://alumni.gobelins.fr/fr/news/ia-quels-enjeux-pour-les-createurs-d-images-215

23-7 – ChatGPT, Midjourney... et si nous démystifiions l'IA ?/ Frédéric Fermon (CST) et Louis Laborelli (INA), la Lettre de la CST, 183 – 30/08/2023 – https://cst.fr/chatgpt-midjourney-ia/

23-8 – Intelligence artificielle et médias : cinq utilisations, au-delà de ChatGPT – 19/09/2023 – https://larevuedesmedias.ina.fr/chatgpt-intelligence-artificielle-medias-utilisations

23-14 – Getty Images lance une offre d'IA générative à usage commercial – 25/06/2023 – https://newsroom.gettyimages.com/fr/getty-images/getty-images-launches-commercially-safe-generative-ai-offering

23-9 – Usage de l'IA en agence de communication : nos engagements – 05/10/2023 – https://www.concept-image.fr/blog/usage-ia-agence-communication-engagements-concept-image/

23-10 – Visa pour l'image au risque de l'IA – 13/10/2023 – https://www.artshebdomedias.com/article/visa-pour-limage-au-risque-de-lia/

23-11 – Intelligence artificielle : la transparence, condition fondamentale d'un modèle européen éthique – 17/11/2023 – https://presse.sacem.fr/intelligence-artificielle-la-transparence-condition-fondamentale-dun-modele-europeen-ethique/?lang=fr

23-12 – Guide de bonnes pratiques pour une utilisation responsable et éthique de l'intelligence artificielle dans la réutilisation et la production de contenus visuels – 01/12/2023 – https://cepic.org//app/uploads/2023/12/CEPIC-Guide-de-bonnes-pratiques-IA-visuelle-1023.pdf

23-13 – L'Intelligence Artificielle et les Recherchistes Audiovisuels : une Nouvelle Synergie pour Valoriser le Contenu Visuel – 06/12/2023 – https://lechainonmanquant.com/2023/12/lintelligence-artificielle-et-les-recherchistes-audiovisuels-une-nouvelle-synergie-pour-valoriser-le-contenu-visuel/

24-1 – Les médias face à l'intelligence artificielle : 20 chartes passées au crible – 11/01/2024 – https://larevuedesmedias.ina.fr/les-medias-face-lintelligence-artificielle-20-chartes-passees-au-crible

24-2 – ChatGPT et les médias : anticiper l'arrivée de l'IA dans une rédaction – 04/02/2024 – https://www.emi.coop/chatgpt-et-les-medias/

24-3 – Commission IA : les secteurs créatifs et culturels accueillent avec soulagement un rapport équilibré 28/03/2024 – https://www.upp.photo/fr/news/communique-de-presse-rapport-commission-ia-3256

24-4 – Intelligence Artificielle pour Iconographes – 30/03/2024 – https://www.ani-asso.fr/theme-intelligence-artificielle-pour-iconographes/

24-5 – Quel impact de l'IA sur les filières du cinéma, de l'audiovisuel et du jeu vidéo ? – 14/04/2024 – https://www.cnc.fr/documents/36995/2097582/Cartographie+des+usages+IA_rapport+complet.pdf/96532829-747e-b85e-c74b-af313072cab7?t=1712309387891

24-6 – Révolutionnez votre processus créatif : les IA génératives dans la création, le développement graphique 2D et 3D, le motion

design et l'animation – 19/04/2024 – https://www.ina-expert.com/formation-professionnelle/exploiter-les-ia-generatives-d-image.html#2024
24-7 – Évolution du métier d'iconographe pour la presse et l'édition. – 01/05/2024 – I2D, Décembre 2024
24-8 – Une recherche photographique à l'épreuve de l'intelligence artificielle – 15/05/2024 – https://gensdimages.com/2024/04/26/atelier-du-22-mai-2024-lucie-de-barbuat-et-simon-brodbeck-une-recherche-photographique-a-lepreuve-de-lintelligence-artificielle/
24-9 – CEPIC 2024 – « Authenticity in the Age of AI » – 20/05/2024 – https://cepic.org/congress/programme
24-10 – L'intelligence artificielle menace ou opportunité pour les documentalistes-iconographes ? I2D, décembre 2024
24-12 – Déployer les technologies de l'intelligence artificielle : quelles applications pour l'information et la documentation ? – 26/09/2024 – https://www.ina-expert.com/formation-professionnelle/deployer-les-technologies-de-l-intelligence-artificielle-quelles-applications-pour-l-information-et-la-documentation.html
sd-01 – Les outils d'IA pour les journalistes, data-journalistes et rédacteurs. – s.d. – https://mediarama.io/formations/les-outils-dia-pour-les-journalistes-et-sd-02 – CGU de Getty images – https://www.gettyimages.fr/qui-sommes-nous/valeurs#pressfreedom+ai

IA GÉNÉRATIVE ET DONNÉES JURIDIQUES : SERVICES ET INTERACTIONS

Ghislaine CHARTRON

Professeur, Chaire d'ingénierie documentaire, Conservatoire des arts et métiers de Paris, INTD, Laboratoire DICEN-Idf, EA7339

Ghislaine.chartron@lecnam.net

Résumé

Cette communication s'intéresse au développement des IA génératives dans le domaine juridique et sur des périmètres de données certifiées (plateformes d'éditeurs et de *Legaltech*). Une étude de cas des services GenIA-L (éditeur Lefebvre-dalloz) et Predictice (startup française) permet d'analyser les fonctionnalités « intelligentes », distinctes de la recherche documentaire traditionnelle. Elle décrypte la technologie RAG *(Retrieval Augmented Generation)* commune à ces plateformes de contenus. Enfin, l'étude identifie les différents types d'interactions développées entre les acteurs impliqués dans la conception de ces dispositifs.

Mots-clés : IA générative, édition juridique, Legaltech, Retrieval Augmented Generation, interaction, GenIA-L, Predictice.

INTRODUCTION

Cette contribution s'inscrit dans la banalisation croissante du recours aux technologies d'IA génératives (IAG) dans les activités humaines et en première ligne celles qui concernent la création des contenus informatifs, *a fortiori* donc, le document. Les applications sont multiples : agent conversationnel, résumé automatique, synthèse de littérature, création d'image, rédaction scientifique (Moussavou, 2023)... L'IA générative ouvre une nouvelle dimension aux théories du document telle que celle du collectif Pédauque (Pédauque, 2003). Sur un plan plus pragmatique, les enthousiasmes ciblent les gains de productivité en particulier pour l'analyse de l'information, les critiques focalisent le manque de créativité, les biais et manipulations potentielles des algorithmes sous-jacents. Les questions méritent d'être débattues avec l'éclairage des services développés dans le domaine documentaire.

Si les usages des IAG comme ChatGPT se sont popularisés, la qualité des réponses produites reste dépendante des sources d'apprentissage, souvent limitées aux sources ouvertes sur le Web alors que l'information des médias professionnels et des éditeurs scientifiques et professionnels sont rarement mobilisés du fait qu'ils sont d'un accès restreint aux abonnés et qu'ils sont protégés par les droits d'auteurs. Dans ce contexte, les producteurs professionnels de contenus restent, de façon inattendue, au centre des enjeux, les usages illicites de leurs contenus par OpenAI et Microsoft font l'objet de premiers procès[1]. Ces producteurs de contenus ont commencé également à se saisir de ces innovations technologiques dans le cadre de leur plateforme proposant ainsi des services certifiés par la qualité de leurs données.

C'est particulièrement le cas du secteur de l'édition juridique où se sont multipliées les initiatives d'assistants intelligents ces deux dernières années[2] avec des pratiques qui se développent rapidement comme le relèvent les résultats de l'enquête récente menée par LexisNexis sur le marché français (LexisNexis, 2023). Ce domaine s'était aussi distingué par des innovations précoces développées par les startups *Legaltech* (Barthe, 2017).

Cette communication s'intéresse donc au domaine juridique, marqué par l'avancée des services IAG. Des travaux sociologiques ont commencé à analyser la « fabrique des IAG » dans le domaine juridique (Girard-Chanudet, Camille, 2023). Cette contribution s'intéresse davantage à l'analyse des services d'information et aux interactions associées. Les questions suivantes structurent l'investigation conduite :

- Quels sont les services, adossés à des IAG, proposés sur les plateformes de contenus juridiques ? Et en quoi diffèrent-ils de la recherche documentaire ?
- Quels types d'interactions entre les humains et ces technologies peut-on identifier de la phase de conception aux usages ?

Ce travail voudrait s'inscrire dans la suite des travaux précédemment réunis sur les interactions entre humains et données (Simmonot, Broudoux, Chartron, 2021). Les compétences juridiques nécessaires sont réduites car la recherche a porté sur le mode de fonctionnement des dispositifs et non sur l'évaluation ou l'analyse des pratiques.

Elle s'appuie sur une étude de cas des plateformes GenIA-L (de Lefebvre-Dalloz, https://www.editions-legislatives.fr/genial#genial) et Predictice (de la start-up Predictice, https://predictice.com/accueil), parmi les pionnières dans le domaine professionnel du droit.

Nous commencerons par situer cette innovation technologique dans une évolution continue des outils de recherche documentaire depuis les années 1960. Nous livrerons ensuite une première analyse comparative des deux services étudiés, puis une lecture des différentes interactions pour un co-design de ces services.

1. https://www.usine-digitale.fr/article/openai-et-microsoft-vises-par-une-nouvelle-plainte-pour-violation-du-droit-d-auteur.N2206026
2. Blog Serendipidoc, https://www.serendipidoc.fr/ia-generatives-et-editeurs-juridiques/

1. MISE EN PERSPECTIVE : RECHERCHE D'INFORMATION ET INNOVATION TECHNOLOGIQUE

Les technologies d'IA génératives marquent une nouvelle étape dans la longue histoire des innovations technologiques appliquées aux dispositifs de recherche d'information depuis les années 1960, jalonnées de nouveaux services pour l'usager (Mackenzie Owen & Halm, 1989) (Chartron, 2001), (Akeroyd, 2017), (Chartron, 2017). Certaines étapes ont particulièrement infléchi les pratiques de recherche d'informations dans tous les domaines, rappelons-les :

- les catalogues des ressources (OPAC/SIGB, 1970) ;
- les bases de données bibliographiques (Abstracting & Indexing services pour les revues, 1980) ;
- les technologies de recherche simultanée et fédérée avec les protocoles Z39.50, SRU/SRW (2000) ;
- les catalogues enrichis (facettes, TOC, commentaires des lecteurs, vignettes...) ;
- les moteurs de recherche Web (1997 : Google) ;
- les réseaux sociaux généralistes et spécialisés (2004 : Facebook) ;
- les outils de découverte (2009 : Ebsco discovery service, Primo-ExLibris...) ;
- les moteurs de recommandations (2015) ;
- les outils d'IA Génératives (2023)...

L'objet de cette communication s'inscrit dans cette continuité de repérage et d'analyse des innovations technologiques. L'introduction des IAG semble aujourd'hui associée à une avancée majeure de l'automatisation et de la désintermédiation perceptible dans de nombreux domaines, et en particulier dans celui de la recherche et l'analyse de l'information.

2. ANALYSE COMPARÉE DES SERVICES GENIA-L ET PRÉDICTICE

2.1. Contexte : IAG et édition juridique

Le choix du domaine juridique n'est pas un hasard, il s'explique par le rapport étroit qu'entretiennent les usagers avec une abondante documentation pour leurs pratiques professionnelles. L'exercice du droit est fondamentalement associé à des sources d'information auxquelles se réfèrent les professionnels du droit et du chiffre : codes, jurisprudences, doctrine... L'introduction des IAG dans ce domaine a très vite rencontré une réelle demande pour des gains d'efficience.

Les éditeurs juridiques ont déjà développé, de longue date, des bases de données documentaires fortement plébiscitées, ainsi que des logiciels métiers en fiscalité, comptabilité et en conformité. Parmi les principaux acteurs en France, citons Lefebvre Dalloz, Lexis-Nexis et Lamyline. Ils ont tous engagé des développements R&D avec ces technologies IAG, la concurrence est vive.

D'autre part, dans le monde des start-ups, l'émergence des *Legaltech* a bousculé les acteurs historiques de l'édition juridique depuis plusieurs années et cette nouvelle étape technologique amplifie les défis. Citons par exemple Doctrine et Predictice dans le contexte français. Leur savoir-faire est originellement technologique et, contrairement aux éditeurs juridiques, leurs corpus de données se sont construits progressivement à l'appui des collectes d'open data et de partenariats multiples.

2.2. Méthode : entretiens et tests des services

Les données concernant les services GenIA-L et Predictice ont été recueillies par deux méthodes complémentaires, tout d'abord un entretien semi-directif en visio d'une heure en avril 2024 avec un représentant de chacune des sociétés : la directrice marketing de Lefebvre-Dalloz et un Account Manager du service Predictice. Les thématiques préparées pour organiser l'échange ont été les suivantes :

- l'origine du projet, le positionnement et la présentation du service ;
- les fonctionnalités du service, les différences avec le *search ;*
- les interactions humaines adossées au service : le *fine-tuning*, le *prompting* ;
- Le positionnement concurrentiel.

Chaque entretien a intégré une démonstration de la plateforme.

La seconde source de données concerne les tests que nous avons pu conduire sur les deux services, mais dans un cadre de temps limité octroyé par les sociétés.

2.3. Présentation de GenIA-L et Prédictice

GenIA-L

Avec le lancement du service GenIA-L, l'ambition de l'éditeur juridique Lefebvre Dalloz, leader de l'information juridique et fiscale en France, est de proposer une intelligence artificielle générative qui s'appuie sur sa base documentaire juridique pour interpréter et répondre aux questions formulées en langage naturel. GenIA-L couvre l'intégralité du droit européen (droit des affaires, droit du travail, droit fiscal, droit civil, droit pénal, propriété intellectuelle). Au lancement commercial du service au printemps 2024, la directrice marketing et membre du Comité de direction de Lefebvre Dalloz soulignait: « *Nous sommes très fiers d'être le 1er acteur en France à lancer une solution d'IA générative utilisant des contenus juridiques fiables pour les professionnels du droit et du chiffre. Cette solution va révolutionner leur activité quotidienne en leur permettant des gains de productivité significatifs et de se concentrer sur des activités stratégiques à plus haute valeur ajoutée* ». L'éditeur met en avant la fiabilité et la précision des réponses générées par ce service du fait qu'il s'appuie exclusivement sur les bases de données juridiques Lefebvre-Dalloz. Dans l'entretien, l'éditeur ne présente pas le service comme un agent conversationnel mais comme un assistant à des professionnels qui connaissent le droit, ce service devant conduire le professionnel du droit à bien connaître « *sa matière* » et à « *réitérer* ». Il est souligné que les réponses fournies sont conçues comme des synthèses structurées, à partir d'informations validées par l'équipe des rédacteurs de Lefebvre Dalloz (environ 150 collaborateurs).

Prédictice

Predictice est créée en janvier 2016 par trois personnes évoluant dans les domaines du droit et de l'informatique. C'est une start-up française, du milieu des *LegalTech*. Elle couvre la doctrine, la jurisprudence, la législation. À l'origine, Predictice a développé un algorithme de justice prédictive permettant de calculer les chances de succès d'un litige, le montant des indemnités et le provisionnement du risque contentieux, s'appuyant sur les données en open data. Plus récemment, en 2023, Predictice a développé une fonctionnalité « Assistant » basée sur une intelligence artificielle générative avec l'appui de la technologie d'OpenAI. Le service s'appuie sur des contenus juridiques vérifiés en open data. Il affiche un corpus de « 25 millions d'informations juridiques ». À la différence de GenIA-L, le service ne s'appuie pas sur un fonds de données éditoriales mais noue des partenariats extérieurs et des collectes automatiques pour constituer son corpus. Il utilise les décisions de justice, des informations sur les entreprises et sur les cabinets d'avocats. Ces données proviennent de sources telles que l'INPI, le Bodacc, l'Insee, le CNB, Etalab, le Conseil d'État et la Cour de cassation...

GenIA-L a été conçu dès le départ comme un assistant aux professionnels du droit et des assurances dans l'exercice de leur fonction en capitalisant sur le fonds éditorial d'un éditeur juridique, alors que Predictice s'est d'abord fait connaitre par son algorithme prédictif pour les contentieux et a développé ensuite cette fonction d'assistant en agrégeant de nombreuses données d'actualités au quotidien auprès des tribunaux.

2.4. Fonctionnalités comparées des assistants intelligents et des services d'analyse

Nous ne rendrons pas compte ici de la sophistication des moteurs de recherche de chacun des services, nous nous focaliserons sur les services d'analyse et des fonctionnalités des assistants intelligents.

2.4.1. Synthèse des services d'analyse et des fonctionnalités des assistants intelligents

GenIA-L

À toute requête juridique, le service GenIA-L génère une réponse en plusieurs formats rendue possible par un corpus de données particulièrement bien structurées. Cette structuration est doublée de l'utilisation des technologies d'OpenAI sur ces données permettant des capacités de génération de contenus certifiés. Les différents formats de la réponse concernent : (pour plus de détails, cf. Annexe 1) :

« – Une synthèse : *à chaque question posée, rédaction automatique d'une synthèse structurée basée sur les fonds Lefebvre Dalloz ;*
- Des questions et réponses : *proposition d'une série de questions et réponses pour explorer davantage les sujets connexes ;*
- Une explication juridique : *liste détaillée et explicative de modalités juridiques que le professionnel doit prendre en compte concernant la question posée ;*
- Un tableau de cas pratiques : *principaux cas de figure liés à la question posée assortis des règles de droit qui s'appliquent ;*

- Une explication juridique : *réponse structurée permettant d'analyser les bases légales et arguments en lien avec la question posée;*
- Une explication en langage non expert : *réécriture de l'explication juridique en langage simple adapté à des non-juristes.* »

La représentante de GenIA-L insiste sur le fait que le service n'est pas un assistant conversationnel comme ChatGPT.

Predictice

La solution Predictice est initialement spécialisée sur la Jurisprudence (décisions de justice précédemment rendues sur un problème juridique) des contentieux. À l'origine, Predictice a été conçu pour anticiper la probabilité de résultat d'un contentieux et les indemnités associées grâce à un algorithme qui analyse l'ensemble de la jurisprudence.

Mais son positionnement semble avoir évolué depuis sa création. Aujourd'hui, revenant sur l'intitulé même de la société qui met en avant cette fonctionnalité de prédiction, notre interlocuteur modère cette vision : « *L'analyse des décisions passées ne permet pas de prédire la décision d'un juge, mais d'élaborer une analyse statistique en fonction d'un panel de décisions de justice similaires et donc d'anticiper les risques encourus* ». Il s'agit désormais d'assister la stratégie contentieuse, des arguments modérant l'objectif de prédiction concernent notamment la variabilité des décisions des juges et de la doctrine (avis et opinions sur le droit, exprimés par des juristes). La notion de « justice prédictive » tend par conséquent à s'effacer au profit uniquement de livraison de calculs statistiques caractérisant une situation de contentieux.

Le service est aussi avant tout un agrégateur de données multiples et son interface permet de croiser toutes ces données : données sur la jurisprudence, sur les entreprises, sur les avocats, sur les textes juridiques... Son corpus de données s'est constitué progressivement, à la différence d'un éditeur comme Lefebvre-Dalloz. Il n'y a pas d'équipe de rédacteurs comme pour GenIA-L mais un comité éditorial qui valide les sources intégrées. L'assistant en mode conversationnel intègre à la fois la recherche d'information mais aussi la production de documents types (contrat de location, clauses types...), ces fonctionnalités sont intégrées dans Word désormais. La rubrique « Analyse » permet de faire une synthèse structurée avec les dernières données collectées sur de nombreux sujets prédéfinis en croisant différents types de données sur les chefs de file, les tribunaux, les entreprises... et affichant des calculs statistiques de succès notamment avec des entrées cartographiques sur les tribunaux. L'annexe 2 donne un aperçu des fonctionnalités « Analyse » et « Assistant ».

Pour tenter de résumer le point fort et distinctif de chaque service : GenIA-L génère des réponses enrichies et très structurées à toute question juridique s'appuyant sur un corpus éditorial fiable, capable également de simplifier le langage juridique pour un non-spécialiste. Predictice propose une analyse approfondie de la jurisprudence avec des indicateurs assistant la stratégie contentieuse et étend désormais ses services à la production automatique de documents juridiques. Le savoir-faire initial des 2 acteurs (respectivement éditorial et technologique) est lisible à travers le service proposé.

2.4.2. Comparaison des fonctionnalités liées à l'IAG

Nous proposons dans le tableau 1 une classification des fonctionnalités intelligentes énoncées précédemment selon 4 catégories : la lecture enrichie, l'analyse des informations, la génération de documents et la prédiction.

	GenIA-L	Predictice
Lecture enrichie	– Synthèse sourcée – Proposition de sujets connexes	– Synthèse des décisions de justice – Chronologie de l'affaire – Plan de la décision interactif
Analyse	– Une explication juridique : argumentation structurée – Une explication en langage non expert – Cas pratiques en correspondance	Analyse du contentieux par une mesure statistique des risques : • Synthèse par Chef de demande • Textes les plus appliqués • Visualisation du contentieux dans le temps et par juridiction • Taux d'acceptation et de rejet • Montant moyen d'indemnité
Génération de documents	Oui	Oui Intégration dans l'environnement de Word
Prédiction	Non	Non mais des indicateurs statistiques sur le risque

Tableau 1 : Fonctionnalités « intelligentes » comparées

Cette catégorisation est par ailleurs très évolutive car chaque service innove en continu et propose de nouvelles fonctionnalités. Concernant la comparaison avec l'outil grand public ChatGPT, une différence majeure concerne la qualité et la précision des réponses fournies au regard de la nature des données d'apprentissage et de la disponibilité d'une information structurée sémantiquement. Les problèmes d'hallucination[3] notamment sont neutralisés par la technologie RAG que nous allons préciser.

2.4.3. Une technologie commune : le *Retrieval Augmented Generation (RAG)*

Lors des deux entretiens, les personnes interrogées ont insisté sur la qualité des réponses fournies grâce à la mobilisation de la technologie RAG qui permet d'éviter les hallucinations l'obsolescence et d'augmenter la précision des réponses. Ces critiques sont fréquemment adressées au fonctionnement des LLM[4] généralistes.

Le *Retrieval Augmented Generation (RAG)* est une approche qui combine la recherche d'information et la génération de contenu. En général les LLM génèrent du contenu en s'appuyant uniquement sur les informations apprises durant leur phase d'entrainement qui peuvent être trop généralistes, obsolètes... Le RAG permet au modèle de prendre en considération un corpus de documents externes actualisés pour affiner sa génération de textes (cf. figure 1).

3. Contenu incorrect, inopportun ou fictif généré par une intelligence artificielle générative
4. Large Language Model

Cette méthode améliore les réponses fournies. Différents types de RAG ont été développés par ailleurs (Gao, Yunfan *et al.*, 2023).
Dans les deux services étudiés, les corpus de textes juridiques disponibles sont donc un atout considérable pour améliorer les réponses par rapport à des outils généralistes. Cependant, une étude empirique récente de chercheurs américains a montré que le problème des hallucinations persistait dans de nombreuses offres du domaine juridique et préconise une vérification humaine encore indispensable aux réponses fournies (Varun Magesh, 2024). L'article a testé deux offres dans le contexte américain : l'offre LexisNexis (Lexis+ AI) and Thomson Reuters (Westlaw AI-Assisted Research and Ask Practical Law AI).

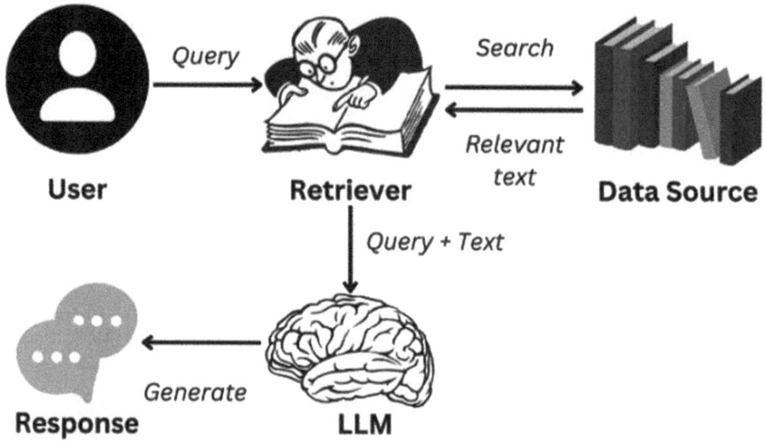

Figure 1 : What is Retrieval Augmented Generation (RAG)?
(source : https://www.datacamp.com/blog/what-is-retrieval-augmented-generation-rag)

3. CARACTÉRISTIQUES DES INTERACTIONS

Poursuivant l'objectif de comprendre les interactions nécessaires à la conception de ces services, nous avons interrogé nos interlocuteurs sur deux étapes bien connues désormais dans les services LLM : le *fine-tuning* et le *prompting*. Le *fine-tuning* (réglage fin) permet, d'optimiser les performances d'un modèle déjà pré-entraîné en ré-entraînant celui-ci sur des données spécifiques de manière à ajuster ses poids et ses paramètres. C'est donc un apprentissage supervisé sur des données labellisées. Dans le domaine juridique se pose la question de l'existence ou non de modèles pré-entraînés et l'importance du travail d'ajustement et des acteurs qui le prennent en charge. Les professionnels de la documentation juridique ont-ils un rôle dans cette étape notamment ?
Pour les deux services, il a été mentionné la place centrale des Bêta-testeurs externes, sur de longues périodes, souvent des clients cabinets d'avocats et assureurs pour corriger, affiner les réponses du LLM. Le rôle des stagiaires et des secrétariats de ces cabinets a été souligné. Pour GenIA-L, les 150 rédacteurs internes de la maison d'édition ont joué un rôle également majeur, tous spécialistes des connaissances et du vocabulaire juridique. Notre hypothèse selon

laquelle les documentalistes juridiques pourraient jouer un rôle central n'est pas écartée mais le périmètre des acteurs impliqués est manifestement beaucoup plus large. Par ailleurs, l'hypothèse de l'existence de LLM juridique déjà spécialisé en droit et qui pourrait être réutilisé (dans un statut de bien commun) n'est pas validée par nos deux interlocuteurs, chaque service développant ses propres outils. Qu'en est-il du *prompting* et du savoir-faire associé ? Le *prompting* désigne les instructions, le dialogue entre un humain et les LLM afin qu'il génère une réponse pertinente à la question posée. L'art du prompt semble encore très pragmatique avec des recommandations à donner sur le contexte, le degré de spécificité, les orientations attendues[5]... Ce dialogue apparait donc beaucoup moins cadré que celui entretenu avec un moteur de recherche où l'usager est averti des différentes « facettes » disponibles lui permettant d'affiner au mieux les réponses fournies. Il nous intéressait donc de savoir si dans le domaine juridique des règles de dialogue avaient été formalisées pour le *prompting* juridique. Les réponses de nos interlocuteurs ne valident pas ce cadrage mais insistent plutôt sur la nécessité d'une formation interne à l'IA et à l'IAG pour bien comprendre le fonctionnement de ces outils. Deux modules de *E-learning* (sur l'IA et sur le *Prompting*) ont été développés en interne pour les rédacteurs de Lefebvre-Dalloz. L'acculturation généralisée à ces technologies est donc un axe stratégique qui concerne tous les métiers.

Dans la figure 2, nous avons tenté de rassembler l'ensemble des interactions identifiées à la suite de cette recherche. Au centre, le service et ses équipes technologiques internes ainsi que son corpus documentaire. Les phases de test et de *fine-tuning* concernent un ensemble d'acteurs internes et externes spécialistes du droit, le *prompting* concerne tous les utilisateurs. Les services ont par ailleurs un partenariat commercial avec une société technologique spécialiste des LLM, Open-AI occupe une place centrale actuellement mais les deux sociétés interrogées se disent *agnostiques* à ces technologies et pensent pouvoir changer de partenaire LLM en fonction de l'évolution des performances comparées. La dépendance à ces acteurs technologiques est à souligner, le temps des réponses notamment en dépend.

5. https://www.wikit.ai/blog/rediger-les-meilleurs-prompts

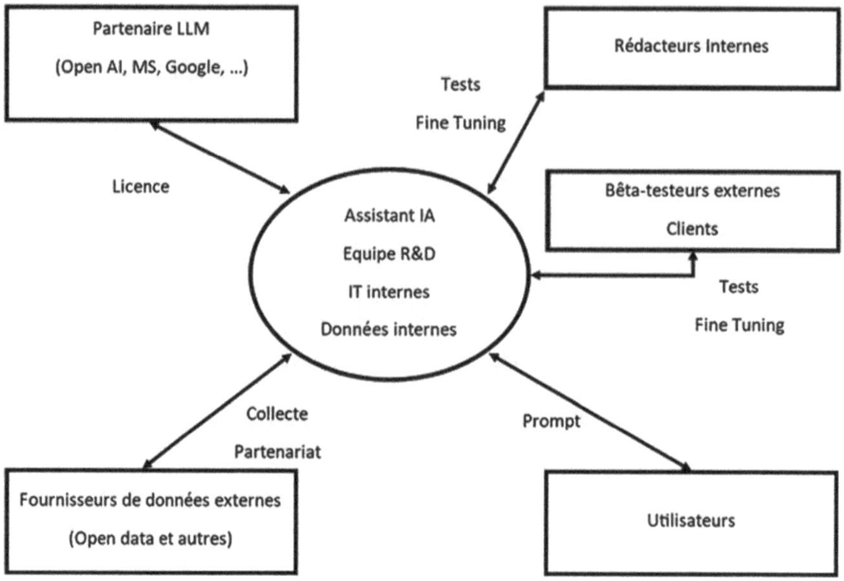

Figure 2 : Les différents types d'interactions identifiés dans l'étude de cas

Pour conclure sur les interactions, nous retiendrons quelques points majeurs de l'étude de cas :

- la nécessaire co-construction avec un périmètre de bêta-testeurs élargi ;
- la nécessaire acculturation, démystification de la technologie d'IAG en interne ;
- le paradoxe d'une grande dépendance à des acteurs technologiques d'IAG et simultanément la revendication d'un positionnement agnostique à cette technologie (la liberté de changer facilement de partenaire d'IAG en fonction de l'évolution de leur performance) ;
- le partenariat avec des fournisseurs de données, condition d'une qualité accrue des réponses fournies.

CONCLUSION

Cette première investigation avait pour objectif d'apprécier et de contribuer à une meilleure compréhension des innovations introduites par les IAG par rapport aux plateformes documentaires « traditionnelles » tant sur les fonctionnalités proposées que sur les différentes interactions nécessaires à leur conception. Dans le domaine juridique professionnel, ces outils se profilent comme des outils métiers que devraient s'approprier directement les professionnels, accélérant un processus de désintermédiation. L'observation des usages réels par les professionnels du droit et du chiffre dans la pratique de leur métier, reste à conduire ainsi que l'évaluation de la qualité des réponses fournies avec les spécialistes du domaine. Une question plus générale concerne la place respective que prendront les moteurs de recherche et les assistants intelligents dans les pratiques : complémentarité ou substitution (Strzelecki, 2024) ? Enfin, l'offre spécialisée que propose GenIA-L ou

Predictice pourrait-elle résister à des stratégies d'acteurs technologiques qui multiplient les négociations pour accéder actuellement à des données labellisées et qui pourraient offrir leur propre service dans différents secteurs ?

Bibliographie

- Akeroyd (J.), Discovery systems : Are they now the library? *Learned Publishing*, vol. 30, 2017, 87-89. doi:10.1002/leap.1085
- Barthe (E.), L'intelligence artificielle et le droit. *I2D – Information, données & documents*, 54, 2017, 23-24. https://doi.org/10.3917/i2d.172.0023
- Chartron (G.), *Aux sources de l'Information Scientifique et Technique* (extrait HDR). Sciences de l'Homme et Société. Lyon 1, 2001. <sic_00804152>.
- Chartron (G.), Le document en prise aux outils de découverte dans les bibliothèques. *CIDE.20*, 2017, Lyon, France. <hal-01889403>.
- Datacamp, *What is Retrieval Augmented Generation (RAG)?*, 2024, https://www.datacamp.com/blog/what-is-retrieval-augmented-generation-rag
- Gao (Y.) *et al.*, "Retrieval-Augmented Generation for Large Language Models: A Survey." *ArXiv* abs/2312.10997, 2023: n. pag.
- Girard-Chanudet (C.), *La justice algorithmique en chantier : sociologie du travail et des infrastructures de l'intelligence artificielle*. Thèse de doctorat Sociologie Paris, EHESS, 2023, http://www.theses.fr/2023EHES0141
- Lexisnexis, *L'IA Générative & les Professionnels du Droit*, Résultats détaillés de l'enquête du marché français, septembre 2023, https://www.lexisnexis.fr/intelligence-artificielle/etude-enquete-ia-generatives
- Mackenzie (Owen J.), Halm (J. van), *Innovation in the information chain: the effects of technological development on the provision of scientific and technical information*, London, New York: Routledge, 1989.
- Moussavou (J.), ChatGPT dans la rédaction scientifique : des perspectives prometteuses, des préoccupations légitimes. *Management et Datascience*, 2023, https://doi.org/10.36863/mds.a.23913.
- Pédauque (Roger T.), *Document : forme, signe et médium, les re-formulations du numérique*, 2003, https://archivesic.ccsd.cnrs.fr/sic_00000511
- Simonnot (B.), Broudoux (É.), Chartron (G.), *Humains et données : création, médiation, décision, narration : Actes du colloque « Document numérique et société »*, Nancy, octobre 2020. De Boeck Supérieur, 2021, https://doi.org/10.3917/dbu.simmo.2021.01
- Strzelecki (A.), "Is ChatGPT-like technology going to replace commercial search engines?", *Library Hi Tech News*, Vol. No. ahead-of-print, 2024, https://doi.org/10.1108/LHTN-02-2024-0026
- Magesh (V.) *et al.*, "*Hallucination-Free? Assessing the Reliability of Leading AI Legal Research Tools*", 2024, https://arxiv.org/abs/2405.20362 (preprint).

ANNEXE 1 : SERVICE GENIA-L DE LEFEBVRE-DALLOZ

Figure 3 : Les 6 formats de réponses de GenIA-L

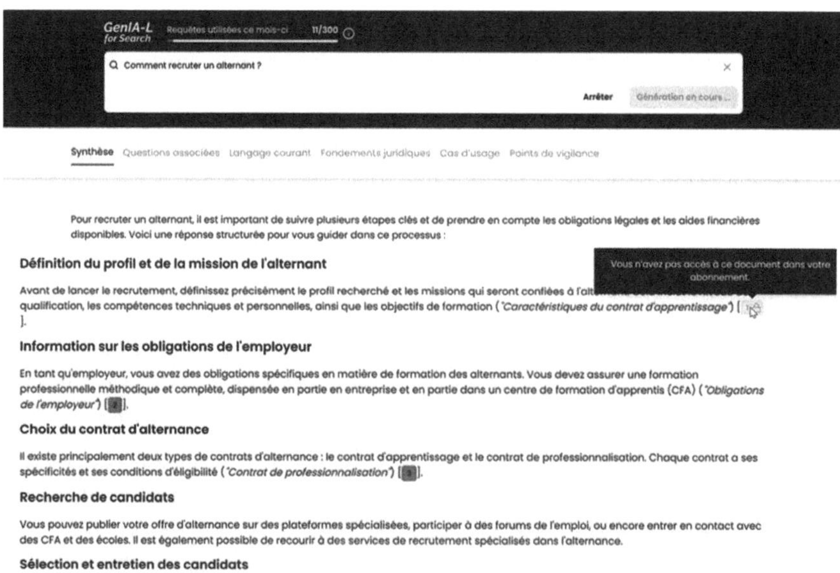

Figure 4 : La synthèse structurée « sourcée » avec des documents juridiques qui peuvent nécessiter un accès payant

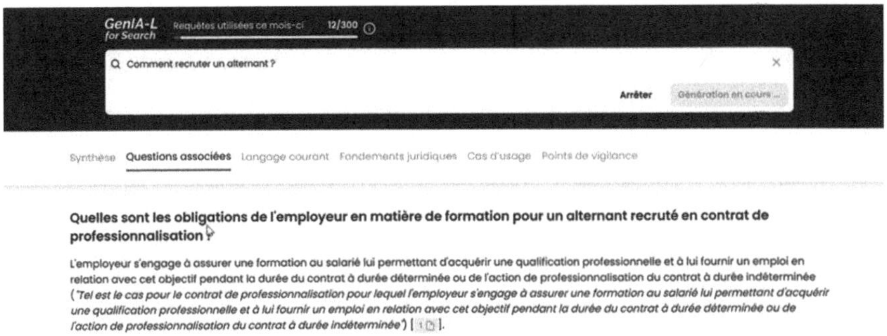

Figure 5 : L'élargissement proposé à des questions connexes à la requête initiale

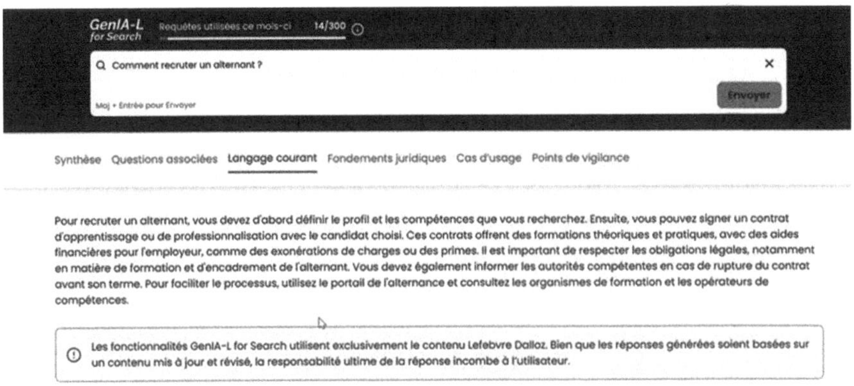

Figure 6 : La reformulation de la réponse en langage courant pour un non-juriste

ANNEXE 2 : SERVICE PREDICTICE

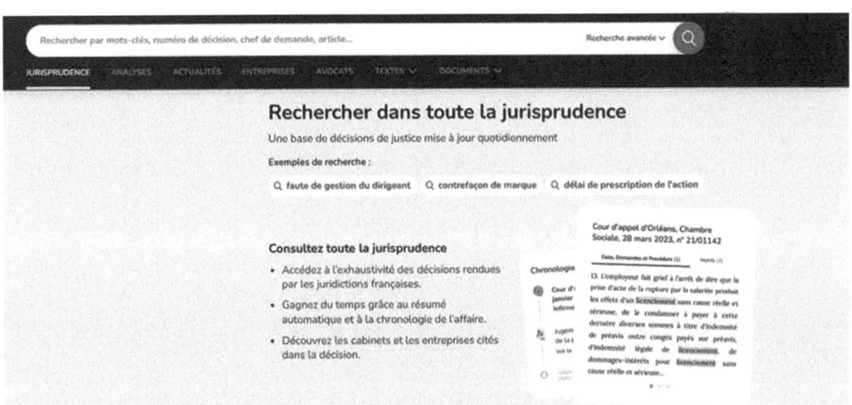

Figure 7 : Une recherche de jurisprudence augmentée par des résumés automatiques

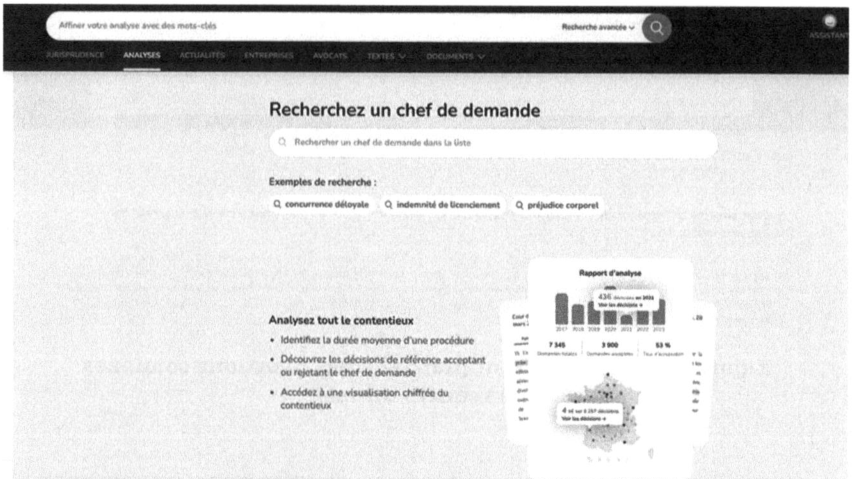

Figure 8 : Dans la rubrique « Analyse », analyse statistique du contentieux (aide à la décision)

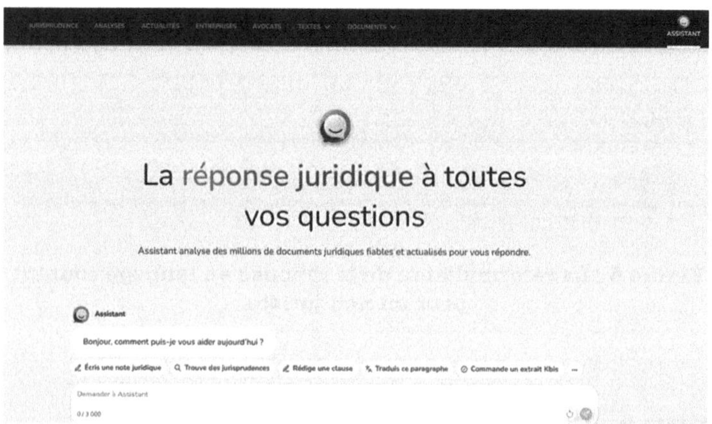

Figure 9 : L'assistant intelligent peut être sollicité pour différentes tâches autres que la recherche des jurisprudences

INTELLIGENCE ARTIFICIELLE GÉNÉRATIVE : QUELLES OPPORTUNITÉS POUR LA VEILLE ?

Ibrahim Jaloud LAILABA MAIGA[1], Stéphane GORIA[2]

(1) Doctorant, CREM/Université de Lorraine ;
(2) Professeur des universités en Sciences de l'information et de la communication, CREM/Université de Lorraine

ibrahim-jaloud.lailaba-maiga@univ-lorraine.fr, stephane.goria@univ-lorraine.fr

Résumé

Ce papier propose d'explorer l'usage de l'IAG dans un contexte d'IE, d'une part du point de vue de certaines opportunités qu'elle semble permettre, et d'autre part, du point de vue des risques, au moins potentiels, pour la prise de décision ou la manière d'effectuer une veille et des actions associées à cette dernière. Dans le cadre de ce travail, nous avons procédé à l'analyse comparée des éléments de réponse de trois veilles produites pour le compte de l'entreprise *Automobiles Dangel*. L'une a été réalisée par des étudiants de deuxième année (Bac + 2) d'Institut Universitaire de Technologie (IUT) dans le cadre du concours national inter-IUT d'intelligence économique « *Challenge de la veille 2024* », tandis que les deux autres ont été générées par *ChatGPT* 3.5 et *Copilot* (*ChatGPT* 4o), à la suite de *prompts* que nous leur avons soumis. Nous avons pu constater qu'*a priori* de l'information utile à la prise de décision peut être apportée et synthétisée par une IAG. Néanmoins, si cette démarche peut constituer un levier considérable de gain de productivité, en termes notamment de temps de réalisation de la veille, il convient de préciser que cela peut également impliquer des risques non négligeables pour la prise de décision.

Mots-clés : intelligence artificielle générative, veille, intelligence économique, opportunités, risques.

INTRODUCTION

Les récentes avancées technologiques en matière d'intelligence artificielle générative (IAG) ont fait émerger des cas d'usages pouvant constituer des opportunités pour la réalisation des tâches liées à la veille, notamment dans un contexte d'intelligence économique au sein des organisations. Néanmoins, le mode de fonctionnement de l'IAG suscite des interrogations quant aux risques que cela pourrait entraîner pour la prise de décision tout autant que pour les opportunités offertes en termes de nouveaux usages. Ce papier propose d'explorer l'usage de l'IAG dans un contexte de veille en se fondant sur une analyse comparative. Après un court cadrage conceptuel sur la veille et l'IAG, nous présentons la méthodologie de recherche, les cas analysés, les résultats des veilles et l'analyse comparée des veilles.

1. VEILLE ET INTELLIGENCE ARTIFICIELLE GÉNÉRATIVE

1.1. Veille

La veille est une activité à la fois continue et itérative visant à surveiller de manière active l'environnement technologique, commercial, concurrentiel, etc., de l'organisation dans l'objectif d'anticiper les évolutions (Afnor, 1998). Son processus est cyclique et comprend plusieurs étapes qui varient selon les auteurs. Par exemple, Franck Bulinge (2006) le résume en cinq étapes :

1. identification et expression des besoins en information;
2. reconnaissance des sources et acquisition des informations;
3. traitement des informations;
4. exploitation (comprenant l'analyse et la synthèse des informations);
5. diffusion du renseignement à destination des décideurs.

1.2. Intelligence artificielle générative (IAG)

L'IAG est un système d'IA reposant sur un grand modèle de langage (*Large Language Model* ou LLM) capable de produire une réponse logique en réponse à une requête qui lui a été soumise (Lund, 2023). L'IA peut être admise comme un système informatique de mise en relation d'ordinateurs, d'algorithmes et de données massives dans l'optique de donner forme à un raisonnement logique similaire, au moins sur certains critères, à celui pouvant être produit par l'intelligence humaine (Bouverot, 2020). Pour simplifier, en fonction de sa base qui comprend un très grand volume de données, une IAG conversationnelle tente à partir d'un raisonnement probabiliste de trouver les séquences de mots qui correspondent le mieux à une requête (*prompt*) qui lui est posée. Il y a encore un peu plus d'un an, les IAG grand public ne donnaient pas accès aux sources d'informations consultées pour créer leurs réponses, mais afin de pallier de nombreuses critiques qui leur ont été faites à ce propos, depuis quelque temps des efforts ont été entrepris en ce sens à partir de l'intégration de modèles de raisonnement spécifiques (Courtier-Orgogozo et Devillers, 2024) en renforçant les réponses de ces IAG en les associant à des systèmes de raisonnement fondés sur des bases de connaissances et des règles de calculs (Agarwal & Bhattacharyya, 2023). Toutefois, par sa manière de raisonner, il est assez courant qu'une IAG fournisse des réponses erronées qualifiées d'hallucinations (Grinbaum *et al.*, 2023).
De fait, il est possible que l'usage de l'IAG, dans le cadre d'un processus de veille, puisse faciliter l'accès à de l'information utile à des actions ou décisions.

2. MÉTHODOLOGIE EMPLOYÉE ET CORPUS

Dans le cadre d'une recherche exploratoire, nous avons procédé à l'analyse comparée des éléments de réponse de trois productions de veille faites pour le compte de l'entreprise *Automobiles Dangel*. L'une a été réalisée par des étudiants de deuxième année (Bac + 2) d'Institut Universitaire de Technologie (IUT) dans le cadre du concours national inter-IUT d'intelligence économique « *Challenge de la veille 2024* », tandis que les deux autres ont été générées par *ChatGPT* 3.5 et *Copilot* (*ChatGPT* 4o), à la suite de *prompts* que nous leur avons soumis. Nous estimions ainsi pouvoir identifier les progrès réalisés entre ces deux versions (y compris en termes de mise à jour de leur base de connaissances puisque celle de *ChatGPT* 3.5 remonte à septembre 2022).
Le premier *prompt* a permis de poser le cadre de travail en fournissant aux IAG une définition de la veille correspondant à celle proposée par l'Association française de normalisation (Afnor, 1998). Pour cette dernière, la veille peut être considérée comme une « *activité continue et en grande partie itérative visant à une surveillance active de l'environnement technologique, commercial, etc. pour anticiper les évolutions* ». Les réponses qui nous ont semblé cohérentes des IAG, par rapport à ce premier *prompt*, nous ont permis de poursuivre en les mettant dans « la peau » d'un veilleur professionnel et en leur soumettant le sujet ainsi que les consignes se rapportant à la mission de veille réalisée par les étudiants lors du *challenge*.
Comme résultat d'un travail humain, nous avons choisi celui réalisé par les étudiants de l'IUT de Tours ; le groupe gagnant du *challenge*. Ainsi, comme nous le verrons plus loin, ce sont ces éléments de réponse sélectionnés par les étudiants dans le cadre de leur présentation que nous avons comparés à ceux générés par les IAG.
Le corpus relatif à ce travail est donc constitué, d'une part, de la vidéo de la finale du *challenge de la veille 2024*, et d'autre part, des textes produits par *ChatGPT* 3.5 et *Copilot*. Cela a notamment permis d'évaluer les capacités de ces IAG non seulement par rapport aux productions des étudiants, mais également entre elles ainsi que les opportunités et risques qu'une veille réalisée par ces entités peut présenter.

3. RÉSULTATS DES VEILLES

Il convient ici d'indiquer la question à l'origine de la réalisation des différentes missions de veille : « *quelle est la meilleure alternative entre un véhicule utilitaire électrique et son équivalent avec motorisation hydrogène ? Proposez un comparatif précis actuel et prospectif des TCO (coût total d'utilisation) de chaque solution* ».

3.1. Veille étudiants

La présentation de la synthèse du livrable de veille des étudiants de l'IUT de Tours, lors de la finale du *challenge de veille 2024*, s'articule autour de cinq principaux points :

- Commande ;
- Enjeux ;

- TCO et viabilité économique ;
- Veille ;
- Conclusion.

Dans le point « Commande », les étudiants rappellent la question au cœur de la mission de veille avant de proposer une sorte de reformulation de la question à travers la mise en évidence d'enjeux propres au commanditaire. Puis, dans « Enjeux », sont présentés des enjeux inhérents au sujet de la question, à savoir des enjeux environnementaux, technologiques et économiques. Ensuite, dans « TCO et viabilité économique », après une explication de ce qu'est un TCO et ce qu'il permet de faire, les étudiants présentent en détail leur méthode de calcul des TCO avant d'aborder les résultats se rapportant aux TCO actuels et prospectifs pour les deux types de véhicules. Dans cette partie, ils évoquent également les opportunités pour *Automobiles Dangel*. Dans la section « Veille », les étudiants présentent la méthode de veille qui leur a permis de répondre à la question du commanditaire, avant d'exposer leurs préconisations concernant les différents types de veilles à mettre en œuvre par le commanditaire par la suite ; le périmètre de veille ; le tableau de bord de veille ; le plan de veille à coût constant ; le plan de veille à moyen terme et le plan de veille à long terme. Enfin, la conclusion reprend de manière succincte les différents éléments de la présentation.

En guise de réponse à la question au cœur de la mission de veille, les étudiants ont préconisé une approche favorisant la complémentarité des deux types d'énergie (électrique et hydrogène). Parce que selon eux, ces deux énergies vont se développer ensemble, l'une en fonction de l'autre, et non indépendamment.

3.2. Veille *ChatGPT* 3.5

Bien que *ChatGPT* 3.5 ne soit pas dédié à la recherche d'information, étant donné son corpus d'entrainement relativement ancien, il nous a semblé intéressant d'explorer son potentiel, puisque notre démarche peut faire écho à ce qu'un utilisateur pourrait demander à *ChatGPT* 3.5. D'ailleurs, des tests réalisés par des spécialistes de la veille comme Christophe Deschamps (2023) et Jérôme Bondu (2023) témoignent probablement de l'intérêt de ces acteurs pour ce type d'application. La réponse apportée par *ChatGPT* 3.5 à la demande du commanditaire comprend, entre autres éléments, ces sept principales parties :

(1) Introduction

(2) Présentation des véhicules utilitaires électriques

(3) Présentation des véhicules utilitaires à motorisation hydrogène

(4) Comparatif des coûts totaux d'utilisation

(5) Liste commentée des comptes de réseaux sociaux et des *hashtags* à suivre

(6) Note de préconisations de veille

(7) Conclusion

La partie (1) présente le contexte général en rappelant notamment l'enjeu majeur que constitue, aujourd'hui, la transition vers une mobilité plus durable. Il y est aussi évoqué le rôle des véhicules utilitaires électriques et ceux à motorisation hydrogène en tant qu'alternatives potentielles aux véhicules traditionnels à moteur thermique. Ensuite, une comparaison des deux solutions en termes de TCO est proposée, du point de vue actuel, mais aussi prospectif. Concernant la partie (2), l'IAG donne les caractéristiques, avantages, contraintes et limitations propres à ce type de véhicules et fait ensuite de même avec la (3). Dans sa partie (4), *ChatGPT* 3.5 donne à voir une analyse actuelle et une analyse prospective concernant les deux types de véhicules. Puis pour la (5) la réponse comprend trois comptes *X/Twitte* ainsi que les raisons pour lesquels il serait utile de les suivre ; cinq *hashtags* directement liés au sujet de la veille. La partie (6) comporte des conseils en termes de mise en place de surveillance en ligne afin de suivre les tendances émergentes relatives aux deux types de véhicules concernés, de participation à des événements de l'industrie pour rester informé de leurs développements ainsi que des meilleures pratiques qui leur sont associées, de collaboration avec des partenaires de recherche et des experts du domaine afin d'approfondir la compréhension des tendances et des défis. Enfin, la conclusion (7) donne une synthèse des parties précédentes.

S'agissant de la réponse à la question du commanditaire, *ChatGPT* 3.5 a répondu en ces termes : « *À la lumière de notre analyse des coûts totaux d'utilisation (TCO), il est clair que chaque solution présente ses propres avantages et défis. Les véhicules utilitaires électriques offrent des avantages en termes de coûts de carburant et de maintenance, mais sont limités par leur autonomie et le temps de recharge. D'autre part, les véhicules à motorisation hydrogène offrent une plus grande autonomie et un temps de recharge plus rapide, mais sont confrontés à des défis liés à l'infrastructure de ravitaillement en hydrogène et aux coûts initiaux élevés. Il est essentiel pour l'entreprise « Automobiles Dangel » de prendre en compte ces facteurs dans sa stratégie de développement de nouveaux produits et de répondre aux besoins spécifiques de ses clients. Une approche intégrée, combinant les avantages des deux technologies et s'adaptant aux évolutions du marché et de la réglementation, pourrait constituer une solution optimale à long terme* ».

3.3. Veille *Copilot*

La note de synthèse fournie par *Copilot* comprend une introduction, un corps du texte et une conclusion. L'introduction donne à voir une contextualisation relative au sujet traité ainsi que l'objectif visé par la note de synthèse, à savoir une comparaison des deux types de véhicules en termes de TCO. Le corps du texte présente cette comparaison et la conclusion est la suivante : « *En conclusion, les véhicules électriques et à hydrogène présentent tous deux des avantages et des inconvénients. Le choix entre ces deux options dépendra de nombreux facteurs, notamment le coût initial du véhicule, le coût du carburant/électricité, les coûts d'entretien, la durée de vie du véhicule, etc. Il est donc essentiel de prendre en compte tous ces facteurs lors de l'évaluation du TCO.* »

Nous rappelons, comme évoqué précédemment, qu'il s'agit ici d'une recherche active (ou veille-recherche) pour laquelle le suivi/surveillance des sources fournies n'était pas pris en compte (relativement aussi à l'exercice du *challenge* demandé aux étudiants).

4. ANALYSE COMPARÉE DES VEILLES

4.1. Le processus de veille

En ce qui concerne la première étape du processus de veille, il est notable que les étudiants aient effectué le travail permettant de s'assurer, en amont de la recherche d'information, d'avoir bien compris la demande du commanditaire et l'objectif qui la sous-tend. Il s'agit notamment d'un travail de reformulation, ou de présentation sous une forme différente, de la demande et de questionnement du commanditaire quant à l'objectif à l'origine la demande. Du côté de l'IAG, comme l'on peut le voir sur la capture d'écran n° 1, *ChatGPT* 3.5 a répondu, après avoir pris connaissance de la demande, en la présentant sous une forme différente, à travers notamment un plan d'actions. Il n'a cependant pas posé de question concernant l'objectif stratégique du commanditaire.

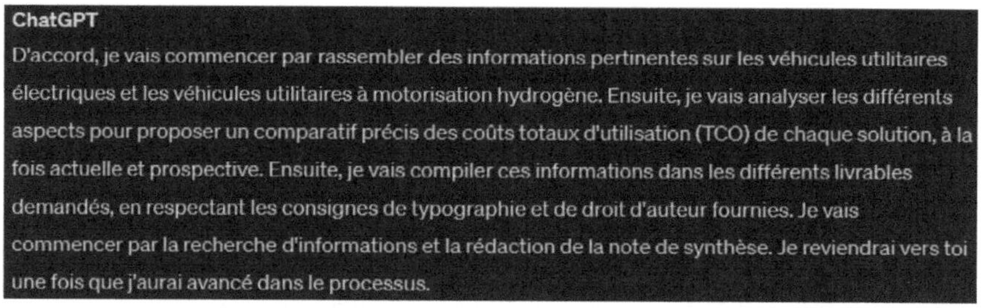
ChatGPT

D'accord, je vais commencer par rassembler des informations pertinentes sur les véhicules utilitaires électriques et les véhicules utilitaires à motorisation hydrogène. Ensuite, je vais analyser les différents aspects pour proposer un comparatif précis des coûts totaux d'utilisation (TCO) de chaque solution, à la fois actuelle et prospective. Ensuite, je vais compiler ces informations dans les différents livrables demandés, en respectant les consignes de typographie et de droit d'auteur fournies. Je vais commencer par la recherche d'informations et la rédaction de la note de synthèse. Je reviendrai vers toi une fois que j'aurai avancé dans le processus.

Capture d'écran n° 1 : Réponse de ChatGPT 3.5 après avoir pris connaissance de la demande

Cette pratique qui consiste à reformuler la demande semble être systématique chez cette IAG. En effet, à la suite de notre premier *prompt*, visant notamment à poser le cadre de la conversation par le biais de la définition du concept de veille proposé par l'Afnor (1998), *ChatGPT* 3.5 a répondu en montrant sa compréhension du sujet à la fois en reformulant la définition et en la précisant avec quelques informations supplémentaires (voir capture d'écran n° 2).

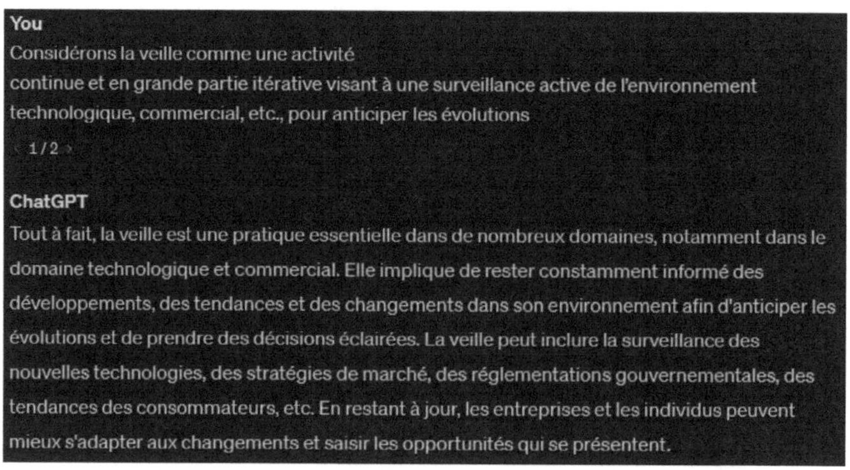
You

Considérons la veille comme une activité
continue et en grande partie itérative visant à une surveillance active de l'environnement technologique, commercial, etc., pour anticiper les évolutions

‹ 1/2 ›

ChatGPT

Tout à fait, la veille est une pratique essentielle dans de nombreux domaines, notamment dans le domaine technologique et commercial. Elle implique de rester constamment informé des développements, des tendances et des changements dans son environnement afin d'anticiper les évolutions et de prendre des décisions éclairées. La veille peut inclure la surveillance des nouvelles technologies, des stratégies de marché, des réglementations gouvernementales, des tendances des consommateurs, etc. En restant à jour, les entreprises et les individus peuvent mieux s'adapter aux changements et saisir les opportunités qui se présentent.

Capture d'écran n° 2 : Premier prompt et première réponse

De son côté, *Copilot* a montré sa compréhension du concept de « veille », suite au premier *prompt*, à travers notamment une reformulation et une présentation de plusieurs types de veilles (technologique, commerciale, stratégique, concurrentielle), s'agissant de la demande (au niveau de la première étape du processus de veille), elle a directement apporté une réponse, sans reformuler la demande. Néanmoins, la réponse est en adéquation avec la demande. Pour ce qui est des autres étapes du processus de veille, *Copilot* a réagi comme *ChatGPT* 3.5.

Une remarque s'impose quant au fait que contrairement à *ChatGPT* 3.5, *Copilot* se positionne comme un « *assistant AI* » et invite explicitement son utilisateur à participer à la constitution de la réponse en tant que co-constructeur. Ainsi, au lieu d'adopter la posture d'un professionnel de la veille et de réaliser la mission de veille, comme l'a fait *ChatGPT* 3.5, *Copilot* a débuté sa réponse par ces mots : « *Je comprends votre demande et je suis prêt à vous aider à réaliser cette mission de veille.* » Cette posture explique probablement le fait que dans la conclusion de la note de synthèse, *Copilot* ne donne pas de directive en ce qui concerne la démarche à adopter comme on a pu le voir dans la conclusion des étudiants et celle de *ChatGPT* 3.5. De fait, on peut dire que *Copilot* n'a pas opéré d'analyse complète permettant au commanditaire de prendre une décision sur la base de sa conclusion. En effet, cette conclusion invite le commanditaire à effectuer sa propre analyse et donc à s'y référer pour la prise de décision.

Enfin, comme *ChatGPT* 3.5, *Copilot* s'est dit incapable de créer directement des documents PDF ou des infographies. Cependant, contrairement à *ChatGPT* 3.5, *Copilot* n'a pas fourni d'instructions à propos de la conception de l'infographie demandée ou de la génération de fichier PDF.

En nous intéressant plus spécifiquement aux éléments de réponses dont nous disposons pour les trois parties, nous constatons, concernant la liste commentée des comptes de réseaux sociaux et *hashtags* à suivre et les préconisations de veille, que les IAG ont fourni des éléments en lien direct avec le sujet de veille, donc *a priori* pertinents.

Les étudiants ont présenté, lors de la finale du *challenge de la veille*, des éléments permettant d'apprécier leur compréhension de la demande du commanditaire, les méthodes de recherche, de traitement et d'analyse d'information employées et, *a priori*, les livrables de veille correspondant aux consignes de départ. Si *ChatGPT* 3.5 a également présenté des éléments permettant d'apprécier sa compréhension de la demande, il n'a en revanche pas fait état des méthodes de recherche, de traitement et d'analyse d'information employées. Aussi, *ChatGPT* 3.5 n'a pas été en mesure de fournir les livrables de veille demandés. Il s'agit notamment d'un fichier PDF comportant les différents livrables demandés (note de synthèse, infographie de synthèse, etc.). En effet, comme on peut le voir sur la capture d'écran n° 3, *ChatGPT* 3.5 s'est dit « désolé » de ne pas pouvoir fournir ce format de document avant d'indiquer quels outils utiliser et comment procéder afin de l'obtenir.

ChatGPT
Je suis désolé, mais je ne peux pas créer de documents PDF directement dans cette interface. Cependant, je peux t'assurer que je suis en train de finaliser tous les éléments de la veille selon les consignes que tu m'as données. Une fois terminé, tu pourras facilement assembler les différentes parties dans un document PDF en utilisant un logiciel de traitement de texte comme Microsoft Word ou Google Docs, puis exporter le document au format PDF. Si tu as des questions spécifiques sur un élément particulier de la veille ou si tu as besoin d'une assistance supplémentaire, n'hésite pas à demander !

Capture d'écran n° 3 : Réponse de ChatGPT 3.5 concernant son incapacité à fournir un document en format PDF

Par ailleurs, afin de disposer de plus ou moins suffisamment d'éléments de comparaison, en reprenant les éléments indiqués par *ChatGPT* 3.5 (capture d'écran n° 4) nous avons constitué, à l'aide de l'outil *Canva*, l'infographie de synthèse visible sur la figure 1.

Infographic
L'infographie représente graphiquement les différents éléments comparatifs des véhicules utilitaires électriques et à motorisation hydrogène en termes de coûts totaux d'utilisation (TCO). Elle met en évidence les avantages et les inconvénients de chaque option, ainsi que les projections futures des coûts.

Capture d'écran n° 4 : Indication de ChatGPT 3.5 à propos du contenu de l'infographie de synthèse

Dans le même sens, et en suivant le même procédé, il aurait été possible de concevoir des diapositives de présentation orale à l'instar de celles des étudiants (il existe de nombreux tutoriels à cet effet).
Comme indiqué précédemment, cette figure 1 n'a pas été générée par *ChatGPT* 3.5. Nous l'avons construite nous-mêmes sur la base des instructions fournies par *ChatGPT* 3.5.

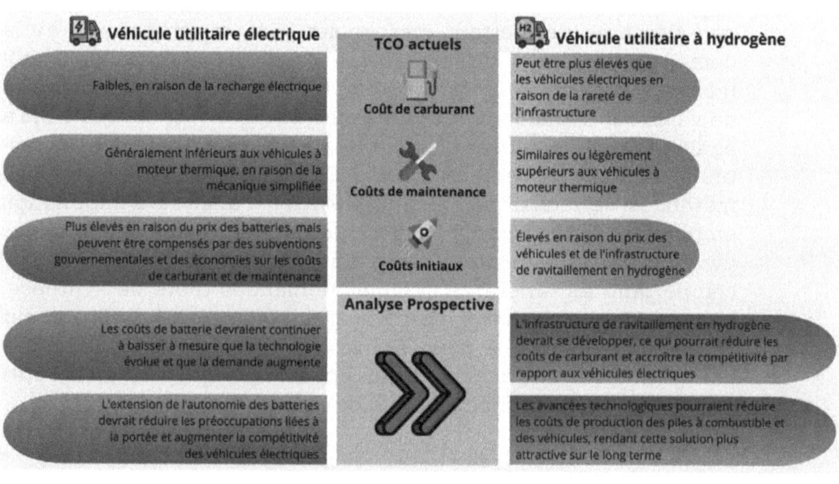

Figure 1 : Infographie de synthèse de la comparaison des TCO actuels et prospectifs pour les véhicules utilitaires électriques et à hydrogène

4.2. Comparaison globale

Si les résultats des veilles réalisées d'une part par les étudiants, et d'autre part, par *ChatGPT* 3.5 et *Copilot* (au moins partiellement) se rejoignent en ce qui concerne notamment la réponse apportée à la demande/question, ils présentent néanmoins, comme cela est visible dans la grille d'analyse (tableau 1), des différences relatives à certaines étapes du processus de veille.

Dans cette grille d'analyse (tableau 1), la croix (×) correspond à une réponse positive (oui), la barre (/) renvoie à une réponse partiellement positive, et le cercle (O) correspond à une réponse négative (non).

Thématiques	Critères	Étudiants	*ChatGPT* 3.5	*Copilot*
Déroulement du processus de veille	Étape 1 : le besoin a été reformulé	×	×	O
	Étape 1 : l'objectif stratégique du commanditaire a été identifié	×	O	O
	Étape 2 : le plan de recherche et les moyens employés sont présentés	×	O	O
	Étape 3 : la méthode de traitement (sélection et vérification) de l'information est présentée	×	O	O
	Étape 4 :la méthode d'analyse est présentée	×	O	O
	Étape 5 : les livrables de veille correspondent aux attentes du commanditaire	×	/	/
Adéquation entre la demande/ problématique et la réponse	La réponse est en adéquation avec la demande	×	×	×
	La réponse est sans ambiguïté	×	×	×
	La réponse permet *a priori* une prise de décision éclairée	×	×	O

Tableau 1 : Grille d'analyse des veilles

4.3. Les sources d'information

ChatGPT 3.5 a fourni une liste des sources consultées dans le cadre de sa recherche d'information. Néanmoins, *ChatGPT* 3.5 n'a pas indiqué entre parenthèses les références des informations, comme demandé dans les consignes. Cela a donc pour conséquence de ne pas permettre une identification facile de l'origine des différentes informations présentées, même si la consultation de la partie réservée aux références bibliographiques peut permettre de créer une corrélation plus ou moins approximative entre les sources compilées et les différentes parties de la note de synthèse. Par ailleurs, une tentative de consultation des sources d'information présentées par *ChatGPT* 3.5 (voir capture d'écran n° 5) nous a permis de reconnaître de fausses informations que l'on peut qualifier d'hallucinations.

Bibliographie/Sitographie

1. "Comparaison des coûts d'exploitation des véhicules électriques et à hydrogène pour le transport de marchandises", Rapport de l'Agence Internationale de l'Énergie, 2023.
2. "Évaluation des coûts totaux d'utilisation des véhicules électriques et à hydrogène : une étude de cas", Revue des Transports Durables, Vol. 12, No. 3, 2022.
3. "Analyse prospective des coûts des carburants alternatifs pour les véhicules utilitaires", Rapport de l'Organisation pour la Coopération et le Développement Économiques, 2024.
4. Site Web de l'Association Mondiale de l'Hydrogène : www.h2world.org.
5. Site Web de l'Agence Internationale de l'Énergie : www.iea.org.

Capture d'écran n° 5 : Sources d'information présentées par ChatGPT 3.5

En effet, nous n'avons réussi à accéder qu'à une seule des sources d'information fournies par l'IAG. Il s'agit du site web de l'Agence Internationale de l'Énergie (www.iea.org), sachant que l'IAG n'a pas indiqué la page ou le document consulté. Le site web de l'Association Mondiale de l'Hydrogène mentionné par *ChatGPT* 3.5 (www.h2world.org) n'existe tout simplement pas. Cependant, l'Association internationale pour l'énergie hydrogène (https://www.iahe.org/) et le Conseil de l'Hydrogène (https://hydrogencouncil.com/) fournis en réponse existent bien. Aussi, de même que pour la source précédente, l'IAG n'a pas indiqué la page ou le document consulté. Quant aux trois premières sources, nous n'avons trouvé ni les documents (rapports pour le premier et le troisième et revue pour le deuxième) censés contenir les parties se rapportant aux titres indiqués entre guillemets, ni ces titres.

Aussi, bien que la réponse apportée par *ChatGPT* 3.5 dans le cadre de cette veille paraisse cohérente, notamment en comparaison à celle des étudiants lauréats du *challenge de la veille 2024*, il semble que l'IAG ait « inventé » certaines sources d'information, soit partiellement, soit entièrement. Il y a donc un grand risque à se fier, sans vérifications préalables, aux réponses fournies par cette IAG d'autant que l'on peut se retrouver dans l'incapacité d'accéder à certaines sources d'information qu'elle prétend avoir mobilisées.

Pour sa part, *Copilot* a indiqué, dans le texte, les sources d'information utilisées et, contrairement à *ChatGPT* 3.5, il s'agit bien de sources existantes. On note par ailleurs que ces sources sont directement liées aux thématiques du sujet, tant dans certains cas, le contenu du texte qu'elles proposent peut servir de réponse, au moins partiellement, à la question du commanditaire. C'est notamment le cas des deux premiers articles présentés dans la bibliographie (capture d'écran n° 6).

Bibliographie/Sitographie structurée et/ou commentée

- "Électrique, bioGNV, hydrogène... quelles motorisations alternatives efficaces pour le climat ?" - Automobile Propre
- "Voiture électrique contre voiture à hydrogène : laquelle est la plus écologique ?" - Futura Sciences
- "TCO : l'électrique plus compétitif que le thermique sur plusieurs segments" - Auto Infos

Capture d'écran n° 6 : Sources d'information présentées par Copilot

Les dates des sources mentionnées par *Copilot* (respectivement : 6 décembre 2020, 8 octobre 2022 et 21 octobre 2021) permettent de voir que ce sont des informations plus ou moins récentes et provenant de sites web d'informations spécialisées que l'IAG a mobilisées. Cela aurait pu être intéressant de les comparer à celles des sources relatives au travail des étudiants. Néanmoins, ces derniers n'ont pas fait état de ces sources lors de leur présentation orale.

4.4. Le temps de réalisation de la veille

Concernant le temps de réalisation de la veille, il faut indiquer que si cela a pris 11 jours aux étudiants pour produire leur dossier et encore une semaine pour préparer leur présentation lors de la finale, il n'aura fallu qu'un peu moins d'une heure à *ChatGPT* 3.5 et une vingtaine de minutes à *Copilot* pour produire leurs éléments de réponse. S'il est notable que ces IAG peuvent constituer une opportunité pouvant permettre un gain considérable de temps (Doutreix *et al.*, 2021), et par voie de conséquence, de gain de productivité (Chartron et Raulin, 2022). Cependant, l'usage d'une IAG pour la veille n'est pas dénué de risques et demande de faire preuve de vigilance, puisqu'elle peut produire des hallucinations, mais elle peut aussi ne donner qu'une réponse partielle. En effet, dans un premier temps, la réponse fournie par *ChatGPT* 3.5 était incomplète. Il manquait deux parties relatives à la note de synthèse : le comparatif des coûts totaux d'utilisation et la conclusion. C'est après les avoir réclamées que *ChatGPT* 3.5 nous les a fournies en s'excusant pour ce qu'il a qualifié d'oubli. Et la posture d'*assistant AI* de *Copilot* semble ne pas lui permettre de fournir une réponse pouvant directement servir de fondement pour la prise de décision.
Partant de ce constat, il semble indispensable de vérifier, en plus de la validité des sources proposées, la complétude des réponses produites par ces IAG, et, le cas échéant, de réitérer ou reformuler la demande, afin notamment d'éviter d'utiliser ou de partager des informations incomplètes.

CONCLUSION

Cette expérimentation nous éclaire sur ce qu'il est déjà possible de réaliser avec une IAG non adaptée spécifiquement à la veille, mais vers laquelle un.e étudiant.e ou une personne peu experte pourrait se tourner pour réaliser certaines étapes d'une veille en un minimum de temps. Puisque les IAG grand public ne cessent d'être perfectionnées, nous estimons que cette expérimentation ponctuelle permettra aussi d'estimer les progrès réalisés par ces IAG par la suite, pour ce qui concerne l'assistance à la veille.

Comme nous pouvions nous y attendre, la différence du côté humain (expertise) se fait sur la qualité et la variété des sources proposées ainsi que sur les explications données sur la méthode employée. Du côté des IAG, c'est le gain de temps qu'elles permettent qui est leur point fort et où réside la principale tentation pour les utiliser. Comme Schoenegger et Park (2023), nous estimons que les IAG, comme assistant d'un être humain chargé des tâches les plus intelligentes, disposent d'un potentiel intéressant et utile pour réaliser notamment une veille. Ceci dit, même si ces IAG sont améliorées et se perfectionnent ou sont adaptées spécifiquement à un système dédié à la veille, elles présentent de nombreux risques dans leur interrogation en contexte de veille. En effet, *a priori* de l'information utile à la prise de décision peut être apportée et synthétisée par une IAG, à condition que ces informations soient vérifiées en termes de pertinence et de complétude afin de limiter le risque d'une prise de décision fondée sur des informations incomplètes et/ou farfelues (issues de sources inexistantes).

De nouvelles versions d'IAG ont vu le jour et d'autres vont encore être développées. Par exemple, des IAG comme *Mistral AI* repose sur un modèle d'architecture différent nommé « *Mixture of Experts* » ou MoE reposant sur un ensemble de réseaux dont un qui joue le rôle d'aiguilleur dirigeant l'entrée vers le réseau d'experts approprié à l'interprétation qu'il fait de la demande réalisée (Cai *et al.*, 2024). Ce type d'architecture pourrait donc aussi améliorer l'assistance du grand public à la veille. Nous testerons aussi prochainement ce type d'IAG.

Toutefois, si les IAG sont peu à peu amenées à mieux répondre aux demandes qui leur sont faites, la confidentialité des données qu'un usager peut leur fournir est une question importante à prendre en compte. Soit l'IAG fonctionne en vase clos au sein de l'organisation, soit de grandes précautions doivent être prises. Une sensibilisation aux usagers potentiels de ces IAG devrait donc être envisagée de manière systématique au sein de chaque organisation. Or, cela nécessite une compréhension et des choix d'usages de ces dernières.

Nous comptons mener dans un avenir proche une enquête auprès des spécialistes de la veille et d'étudiants dans cette spécialité pour compléter ce travail et éclairer sur la manière dont l'IAG est perçue et participe ou non déjà à des pratiques de veille.

Bibliographie

- Afnor, *La norme XP X50-053 : Prestation de veille et mise en place d'un système*. Édition Afnor, 1998. p 24.
- Agarwal (A.) & Bhattacharyya (P.), Creating Synergy for Knowledge Infusion in Deep Learning for Question Answering: A Survey. *Computer Science*, 2023.
- Bouverot (A.), *Préface*, dans Cazals (F.), Cazals (C.) (eds), *Intelligence artificielle : L'intelligence amplifiée par la technologie*, Louvain-la-Neuve, De Boeck Supérieur, 2020.
- Bondu (J.), ChatGPT en veille stratégique – Inter Ligere. Inter Ligere. (2023, 15 novembre). https://www.inter-ligere.fr/chatgpt-en-veille-strategique/
- Bulinge (F.), Le cycle du renseignement : analyse critique d'un modèle empirique. *Market Management*, 6, 2006, pp. 36-52. https://doi.org/10.3917/mama.033.0036
- Cai (W.), Jiang (J.), Wang (F.), Tang (J.), Kim (S.) & Huang (J.), A Survey on Mixture of Experts. *ACM Computing Surveys*. Preprint (publication date: October 2024). arXiv preprint arXiv:2407.06204.
- Chartron (G.), Raulin (A.), L'intelligence artificielle dans le secteur de l'information et de la documentation : défis, impacts et perspectives, *I2D – Information, données & documents*, t. I, 2022, pp. 8-12. https://doi.org/10.3917/i2d.221.0008.
- Courtier-Orgogozo (V.), Devillers (L.), La société face aux avancées des sciences et des techniques : Le cas de l'intelligence artificielle et de la génétique. *Futuribles*, (1), 2024, pp. 25-44.
- Deschamps (C.), Ce que chatGPT fait à la veille : l'orientation des besoins. (2023, 4 janvier). https://www.outilsfroids.net/2023/01/ce-que-chatgpt-fait-a-la-veille-lorientation-des-besoins-1-4/
- Doutreix (M.) et Bouchereau (A.), *Wikidata et les Gafam : partenariat et appropriation des données pour le développement d'assistants personnels intelligents*, dans (B.) Simonnot, (É.) Broudoux et (G.) Chartron (dir.), Humains et données : création, médiation, décision, narration : Actes du colloque « Document numérique et société », Nancy, octobre 2020, pp. 51-62, Louvain-la-Neuve : De Boeck Supérieur.
- Grinbaum (A.) *et al.*, *Systèmes d'intelligence artificielle générative : enjeux d'éthique. Comité national pilote d'éthique du numérique*, Avis 7 du CNPEN, 2023. cea-04153216f
- Lund (B. D.), Wang (T.), Mannuru (N. R.), Nie (B.), Shimray (S.) & Wang (Z.), ChatGPT and a new academic reality: Artificial Intelligence-written research papers and the ethics of the large language models in scholarly publishing. *Journal Of The Association For Information Science And Technology*, *LXXIV* (n° V), 2023, pp. 570-581. https://doi.org/10.1002/asi.24750
- Rouach (D.), La veille technologique, dans D. Rouach. *La veille technologique et l'intelligence économique*, Presses Universitaires de France, 2010, pp. 18-28.
- Schoenegger (P.) & Park (P. S.), Large Language Model Prediction Capabilities: Evidence from a Real-World Forecasting Tournament. *arXiv.org*, 2023. https://arxiv.org/abs/2310.13014

LLM, CONFIANCE ET PERFORMANCE : ÉTUDE DE CAS D'UNE SOLUTION D'INTELLIGENCE ÉCONOMIQUE

Anna NESVIJEVSKAIA[1,2,3], Stefan BERECHET[2]

(1) Laboratoire DICEN IDF, Conservatoire national des Arts et Métiers ; (2) Quinten Finance ; (3) AKAIA

Résumé

Cet article vise trois objectifs : dresser un état de l'art des métriques spécifiques aux LLM, confronter cet état de l'art à la réalité d'un projet de conception d'une solution d'IE au service de l'innovation pour les entreprises françaises, et tirer les premières conclusions et pistes de réflexion sur l'évaluation de la performance des solutions IE embarquant des LLM. Il pointe une complexité extrême d'évaluation.

Mots-clés : intelligence artificielle, LLM, confiance, performance, évaluation, intelligence économique.

INTRODUCTION

L'essor du Big Data, puis de l'Intelligence Artificielle (IA) et des algorithmes de Machine Learning en particulier, marque profondément les organisations publiques et privées, les incitant à faire appel à des Data Scientists. La démocratisation récente des modèles d'apprentissage profond basés sur les grands modèles de langage (LLM) (Minaee *et al.*, 2024) facilite par ailleurs l'exploitation des données externes, notamment dans le cadre de la veille et de l'Intelligence Économique (IE). Par IE, nous entendons un « ensemble d'actions coordonnées de recherche, de traitement et de distribution en vue de son exploitation, de l'information utile aux acteurs économiques » (Martre, Clerc et Harbulot, 1994). Ce processus est reconnu comme pertinent pour une prise de décision, mais présente des complexités techniques, organisationnelles et culturelles, ainsi que les difficultés à juger la valeur de l'information. Cette valeur se traduit par ses qualités intrinsèques, comme la pertinence ou l'autorité (Broudoux, 2022), mais également par sa valeur d'usage, dépendant de l'efficacité de sa transformation sur toute la chaine

(Cohen, 2007 ; Delecroix, 2005), voire de son cycle d'amélioration continue. Par ailleurs, la variété des approches de la valorisation de l'information en entreprise, liée notamment à des courants divergents de l'IE (Bulinge et Moinet, 2016), rend peu pertinente la conception d'un cadre commun d'évaluation économique. L'évaluation des dispositifs innovants est donc rare, voire inexistante pour les nouveaux modèles basés sur des LLM. Or, ces derniers sont eux-mêmes complexes à évaluer à l'échelle d'un cas d'usage donné : au-delà de leurs propres critères d'évaluation statistiques, peu maîtrisés par les acteurs métier, ils impactent le comportement des utilisateurs grâce à des modalités d'interaction nouvelles et font appel à des jugements subjectifs. Ces travaux de recherche visent ainsi trois objectifs : (1) dresser un état de l'art des métriques spécifiques aux LLM, (2) confronter cet état de l'art à la réalité d'un projet de conception d'une solution d'IE au service de l'innovation pour les entreprises françaises, et (3) tirer les premières conclusions et pistes de réflexion sur l'évaluation de performance des solutions IE embarquant des LLM. Plus particulièrement, ils pointent une complexité extrême d'évaluation face à la multiplication des objectifs pour un seul et même modèle, à la maîtrise limitée de critères psychologiques comme la confiance, à la vitesse de mutation des modèles et aux impacts encore incertains sur les dispositifs d'arbitrage projet et les processus et les pratiques de l'IE.

1. ÉTAT DE L'ART

L'étude porte sur les LLM, leurs critères d'évaluation et les processus d'évaluation lors de la conception.

1.1. Périmètre d'étude

Depuis 2022, les LLM utilisés pour traiter et générer du texte se sont démocratisés grâce aux agents conversationnels. Trois acteurs dominent, en mettant à disposition du public des modèles pré-entrainés, dont certains open-source : OpenAI (GPT-4), Meta (LLaMA) et Google (PaLM). D'autres acteurs proposent des modèles open source, tels que Mistral AI (Jiang *et al.*, 2023). Utilisés dans divers domaines (génération de texte, traduction, analyse des sentiments, recherche d'informations, aide à la décision, génération du code…), ces modèles reposent sur les Transformers (Vaswani *et al.*, 2023), une architecture complexe. Ils sont entrainés sur des corpus textuels massifs et peuvent ensuite faire l'objet d'un fine-tuning (Jeong, 2024) ou de RAG (Gao *et al.*, 2024) sur des données spécifiques, les spécialisant dans un domaine précis.

Le coût de leur entrainement et d'utilisation, appelée inférence, est étroitement lié à leur taille, allant du « Small LM » avec moins de 1 milliard de paramètres jusqu'au « Very Large LM », dépassant les 100 milliards de paramètres. Ils sont aussi caractérisés (Minaee *et al.*, 2024) par leur accessibilité (open source ou privé), leur caractère originel ou ajusté, ou encore leur usage. Les LLM présentent encore des limites : ils ont besoin d'une grande quantité de données de qualité pour l'entrainement. En effet, probabilistes et entrainés sur un mélange de bons et de mauvais contenus, ils « hallucinent »

(Vendeville, Ermakova et De Loor, 2024), c'est-à-dire donnent des résultats vraisemblables mais erronés. Ce manque de performance peut être réduit par le fine-tuning ou le RAG dans un domaine précis. Par ailleurs, le caractère stochastique des LLM implique une variabilité de réponses à une même requête, la réponse sera réduite au périmètre d'informations figé lors de l'entrainement, et le stockage des prompts précédents permettant l'apprentissage peut être lourd à maintenir. L'ajustement du paramètre de température (Peeperkorn *et al.*, 2024) permet d'influencer le caractère créatif ou plus déterministe de la réponse générée.

1.2. Critères d'évaluation des modèles LLM

Les LLM font généralement l'objet d'une évaluation à la fois statistique et humaine, liée aux aspects sémantiques et opérationnels. Toutes les deux sont étroitement liées au cas d'usage.

1.2.1. Métriques automatiques statistiques

Lorsque le LLM est utilisé comme un modèle de classification (choix multiples de type Vrai ou Faux), sa performance est évaluée par des métriques classiques (Accuracy, Precision, Recall, F1 score...). Cependant, les LLM font surtout appel à des métriques dédiées à l'évaluation de la génération de texte, comme l'EM (Exact Match) (Bai et Wang, 2022) qui considère la réponse du LLM correcte si elle correspond exactement à un texte de référence. Moins contraignantes, d'autres métriques décrivent la similarité textuelle et les hallucinations intrinsèques, c'est-à-dire les contradictions avec le contenu source : la perplexité (Miaschi *et al.*, 2021) mesure la proximité de la réponse par rapport à un échantillon de texte, ROUGE (Lin, 2004) permet de juger la qualité d'un résumé, et BLEU (Papineni *et al.*, 2002) est couramment utilisée pour la traduction. Les deux dernières utilisent les n-grammes, des unités de texte contenant n éléments consécutifs, généralement des mots ou des caractères, et s'appuient sur des mesures classiques de Précision et de Recall. Les hallucinations extrinsèques, c'est-à-dire la génération de concepts en dehors des textes de départ, peuvent être mesurées à l'aide de métriques de plausibilité plus avancées, telles que PARENT (Dhingra *et al.*, 2019), PARENTT (Wang *et al.*, 2020) et Knowledge F1 (Song *et al.*, 2020). Leur utilisation nécessite des références sous forme de données structurées. Lorsque les LLM sont utilisés pour générer du code, la métrique qui fait référence s'appelle Pass@k (Chen *et al.*, 2021) et consiste à compter la part des codes fonctionnels parmi les réponses générées.

1.2.2. Métriques automatiques basées sur des modèles

La performance d'un LLM peut également être évaluée automatiquement grâce à un second modèle LLM, considéré comme référence, pour traiter et mettre en forme la réponse du premier, puis comparer les résultats à une base de référence. Cette évaluation fait appel à des métriques dédiées comme IE-Based Metrics et QA-Based Metrics (Honovich *et al.*, 2021).

1.2.3. Jeux de données d'évaluation

Les métriques automatiques nécessitent des jeux de données d'évaluation pour être calculées. De nombreux jeux de données publiques dédiés à des utilisations spécifiques dans les domaines des sciences technologiques, mathématiques, humaines ou sociales, sont accessibles, comme MMLU (Hendrycks *et al.*, 2021), Human-Eval (Li et Murr, 2024), HellaSwag (Zellers *et al.*, 2019) ou encore GSM8K (Cobbe *et al.*, 2021). Ces jeux de données servent également, et surtout, de benchmark pour comparer les différents LLM originels entre eux. Ils restent souvent inopérants dans des cas d'utilisation spécifiques, qui nécessitent une création, chronophage, de jeu de données représentatif du cas d'usage (Jain *et al.*, 2023).

1.2.4. Évaluation humaine des usages embarquant des LLM

Malgré les progrès sur les métriques automatiques, l'évaluation humaine reste essentielle. Elle implique généralement 2 méthodes : le scoring et l'analyse comparative. Le scoring consiste à demander à un évaluateur humain de noter le niveau d'hallucination de la réponse sur une échelle prédéfinie. Pour l'analyse comparative, l'évaluateur humain compare le contenu généré par rapport à une référence. La métrique généralement utilisée est l'HEQ (Human Equivalence Score) (Huang, Choi et Yih, 2019). Ces méthodes introduisent la sémantisation, mais nécessitent la création de jeux de données dédiés ou des dispositifs participatifs plus sophistiqués (Boubdir *et al.*, 2023). Des méthodes d'évaluation hybrides, comme le FactScore (Min *et al.*, 2023) making binary judgments of quality inadequate, and (2, combinent les métriques statistiques, l'utilisation de modèles externes et le jugement humain pour évaluer la performance des LLM.

1.2.5. Évaluation opérationnelle des solutions embarquant des LLM

Les LLM peuvent également être évalués indirectement à travers l'usage des interfaces homme-machine, mobilisant l'expérience utilisateur (UX) classique (Maia et Furtado, 2016) quantitative (taux d'utilisation, d'engagement, de rétention, fréquence d'interactions…) ou qualitative (retours subjectifs, observation terrain…). Le dispositif d'usage peut aussi tenir compte des pratiques métier. En IE, par exemple, les critères mesurés incluent (Cohen, 2007) les moyens investis, la qualité des résultats (pertinence, spécificité…), la satisfaction des utilisateurs, ou l'impact sur la performance de l'entreprise. Ces mesures sont généralement subjectives, coûteuses et difficiles à pérenniser.

1.3. Activités d'évaluation dans les processus de co-design des algorithmes

L'évaluation des algorithmes fait partie intégrante des activités nécessaires à leur conception, comme le mettent en évidence les modèles de processus Data Science de référence tels que CRISP-DM (Shearer, 2000 ; Nesvijevskaia, 2019 ; Piatetsky, 2014). Ce modèle est cyclique et composé de six activités itératives : cadrage métier, cadrage data, préparation des données, modélisation, évaluation et déploiement. L'évaluation est définie ici comme un jugement approfondi de la qualité du modèle et comme une revue des étapes de sa construction pour s'assurer de l'atteinte des objectifs et confirmer le déploiement. Elle s'appuie sur les critères d'évaluation métier et data définis lors du cadrage métier, complète l'évaluation statistique du modèle réalisée lors de la modélisation, et sert de référence pour piloter la performance du modèle dans le temps. Elle est facilitée par des leviers de médiation humaine (Data Littéracie [Arruabarrena, Kembellec et Chartron, 2019], gestion de projet...), documentaire ou technique, y compris à travers le choix des algorithmes eux-mêmes, porteurs de caractéristiques intrinsèques. L'évaluation est ainsi entendue au sens large du dispositif qui la soutient.

2. MÉTHODOLOGIE DE RECHERCHE

La mise en lumière du dispositif d'évaluation est opérée à travers une étude de cas en IE : la première phase de conception d'une solution logicielle embarquant des LLM pour détecter des opportunités d'innovation pour les entreprises. L'étude s'appuie sur une approche anthropocentrée à travers 11 entretiens réalisés en 2024, menés auprès de 1 femme et 10 hommes mobilisés au cours du projet, soit 7 acteurs « data » et 4 acteurs « métier », tous résidant en France (voir Figure 1). Les entretiens, semi-directifs, s'appuient sur une grille établie selon la revue de littérature en dégageant des thèmes de relance sur les pratiques de co-design des modèles LLM : découverte du processus de conception, compréhension des activités d'évaluation et mise en évidence des limites du processus d'évaluation. Ils font l'objet d'une analyse thématique permettant de classer les verbatims en fonction des activités du projet selon le modèle CRISP-DM et des thématiques de questionnements. Deux points de vigilance doivent être pris en compte dans cette démarche qualitative : les biais de sélection et de représentativité des personnes interrogées sur la base du volontariat, ainsi que les spécificités méthodologiques des acteurs impliqués dans la conception et l'utilisation du dispositif. Toutefois, ces acteurs sont expérimentés, ce qui joue en faveur des résultats car justifie la pertinence de leurs interrogations. Les pistes de réflexion proposées devront être confirmées à l'issue de la seconde phase du projet qui s'étalera entre juin 2024 et 2025.

Type de profil	Rôle	Sigle	Genre	Localisation	Langue	Participation au projet
Acteur métier	Directeur de programme	DP	H	France	Français	Dès le pré-cadrage du projet en 2022
	Manager 1	M1	H	France	Français	Sollicitations ponctuelles
	Manager 2	M2	H	France	Français	Sollicitations ponctuelles
	Product Owner	PO	H	France	Français	Dès le démarrage du projet en 2023
Acteurs data	Directeur de projet	DDP	F	France	Français	Dès le pré-cadrage du projet en 2022
	Chef de projet	CDP	F	France	Français	Dès le démarrage du projet en 2023
	Lead Data Scientist	LDS	H	France	Français	Dès le démarrage du projet en 2023
	Data Scientist	DS	H	France	Français	Dès le démarrage du projet en 2023
	Directeur R&D	DRD	H	France	Français	Sollicitations ponctuelles
	Manager R&D	MRD	H	France	Français	Sollicitations ponctuelles
	Expert R&D	ERD	H	France	Anglais	Sollicitations ponctuelles

Figure 1 : Liste des entretiens et profils

3. SYNTHÈSE DES ACTIVITÉS DU PROJET

L'organisation étudiée détecte des innovations et des inventions technologiques, accompagner leur développement *via* des financements et des projets de R&D, puis préparer leur revente auprès d'entreprises du domaine. Elle porte les risques des premières phases de développement et valorise la propriété intellectuelle.

3.1. Cadrage métier

En 2022, la société lance un projet visant le développement d'une solution logicielle pour optimiser la prospection d'entreprises intéressées par l'innovation. L'objectif est d'améliorer la productivité des équipes et la performance économique, déclinées en critères opérationnels tels que le nombre d'opportunités, leur pertinence et l'accélération du processus, manuel. Des contraintes spécifiques aux modèles d'IA, comme la propriété intellectuelle, la souveraineté et la confidentialité, s'ajoutent aux exigences réglementaires et de sécurité. Au fil du projet, ces critères sont enrichis par des indicateurs d'utilisation, comme le taux d'adoption des fonctionnalités, et par la confiance dans les réponses des modèles. Le cadrage métier, souvent informel, révèle des attentes hétérogènes (voir Figure 2), que le Product Owner coordonne et arbitre pour aligner les priorités.

Critères d'évaluation	
Critères stratégiques	**Performance économique** (valorisation de la PI et sécurisation des investissements) **Productivité** des équipes de chargés de prospection (accélération de la collecte d'information, de la prise de contact ou de la mise en relation pour se concentrer sur l'innovation, la stratégie d'investissement et la relation client.)
Critères opérationnels	**Nombre d'opportunités** impactant le taux de transformation **Créativité** des propositions (domaines d'application inédits) **Proactivité** (délais et temps de transformation) **Pertinence** des prospects (priorisation et qualification des entreprises et des contacts avec des informations telles que leur santé, moyens financiers, synthèse d'activité, politique de R&D, capacité d'innovation, lien existant avec la recherche académique, présence à des salons, commentaires et retours d'expérience d'autres utilisateurs…) **Mutualisation de connaissances** entre équipes régionales (technologies, prospects, projets…)
Critères psychologiques	**Confiance** (repères connus retrouvés dans les propositions) *Autres effets écartés, mais biaisant le jugement : notoriété, effet de groupe…*
Critères comportementaux	**Taux d'utilisation** (engagement en nombre d'utilisateurs et en nombre d'utilisations quotidiennes, rétention et pérennité de l'utilisation dans le temps, « spontanéité » de l'usage…)
Critères intrinsèques (contraintes)	**Juridiques** (propriété intellectuelle liée aux modèles open source, licences permissives non-contaminantes…) **Économiques** (business modèles lié à la conception et à l'exploitation des modèles, confidentialité liée au partage d'informations…) **Politiques** (souveraineté, volonté de valoriser les technologies françaises, cloud souverain opéré par une entreprise française…) **Techniques** (taille des modèles, sécurité IT, temps de calcul, utilisation de GPU…) **Statistiques** (paramètres, biais…) **Règlementaires** (usage de données personnelles, usages à risque contraints par le *AI Act*, propriété des sources de données…) **Éthiques** (impact écologique lié au poids des modèles, impact sociétal lié à la labellisation humaine…)

Figure 2 : Familles de critères d'évaluation et illustrations sur le projet

3.2. Cadrage data

Le besoin métier consiste à apparier une technologie avec des entreprises intéressées. Côté technologies, la solution exploite des bases de données de brevets sous la forme de textes : elle est précise, mais incomplète car une technologie peut avoir des applications multiples. Côté entreprises, les données (codes APE de l'INSEE…) sont, au contraire, exhaustives, mais imprécises, rendant difficile la caractérisation technologique des entreprises, surtout les plus innovantes. À ces données externes s'ajoutent les requêtes utilisateurs qui varient en fonction de la maturité de la technologie et de l'étape de la prospection. Le processus débute par une description technique (une enzyme...), une application (enzyme dégradant du plastique), un problème (dégradation ou recyclage du plastique) ou une entreprise déjà intéressée par la technologie. La recherche doit donc gérer les textes libres, de mots-clés ou des identifiants d'entreprises (nom, SIREN...). Cette diversité des sources, structurées ou non, internes et externes (voir Figure 3), complexifie les modèles d'appariement.

	Données Externes		Données Internes	
	Non structurées	Taxonomies	Non structurées	Taxonomies
TECHNOLOGIES	Brevets (abstract, description détaillée...)	Code CPC des brevets...	Mots-clés techniques, textes libres (ex. : demandes d'autorisation de molécules médicales)...	-
ENTREPRISES	Activité décrite sur les sites des entreprises...	Données hiérarchiques de l'annuaire KOMPASS...	Mots-clés (ex : IA Générative), extraits de sites d'entreprises...	Saisie par les utilisateurs : SIREN, SIRET, Codes APE...

Figure 3 : Illustration des sources de données utilisées pour l'appariement au cours du projet

3.3. Préparation des données

La modélisation s'appuie sur l'intégration des brevets dans une base de données vectorielle. Aucune mise en qualité ni labellisation préalable n'est nécessaire pour l'apprentissage lui-même.

3.4. Modélisation et évaluation statistique

La réponse au besoin repose sur plusieurs modèles. Le premier, analysé ici, identifie les domaines d'application possibles pour une technologie donnée, sous contrainte d'exhaustivité et de créativité. Les modèles suivants, déployés en deuxième phase, classeront les entreprises selon leur pertinence, sans toutefois proposer des contacts pour des raisons réglementaires. Le premier modèle a été choisi sous contraintes de souveraineté, de confidentialité et de propriété intellectuelle. Des modèles français, comme MistralAI, ont été testés *via* un hackathon, ajustant un LLM pour confirmer la vitesse de calcul et la pertinence perçue des réponses. Cependant, l'évolution rapide des techniques a conduit à remplacer et adapter les modèles au fil du projet. L'évaluation initiale, basée sur une labellisation manuelle, s'est avérée chronophage et inadaptée pour juger la créativité. Elle a été inversée (voir Figure 4) : le modèle propose un maximum de domaines d'application, les doublons et les hallucinations sont éliminés à la main, les domaines restants sont labellisés et complétés par plusieurs utilisateurs, et la note finale est moyennée. Sur cette base sont réalisées les mesures statistiques standard (Precision, Recall et ROUGE). Bien que pratiques dans les itérations, ces mesures se sont avérées rapidement obsolètes et complexes à expliquer aux acteurs métier (malentendus, inquiétudes...). Détournée pour se concentrer sur l'efficacité des prompts et non sur la comparaison des LLM, l'évaluation a dérivé en privilégiant des critères comportementaux (utilisation) et psychologiques (confiance).

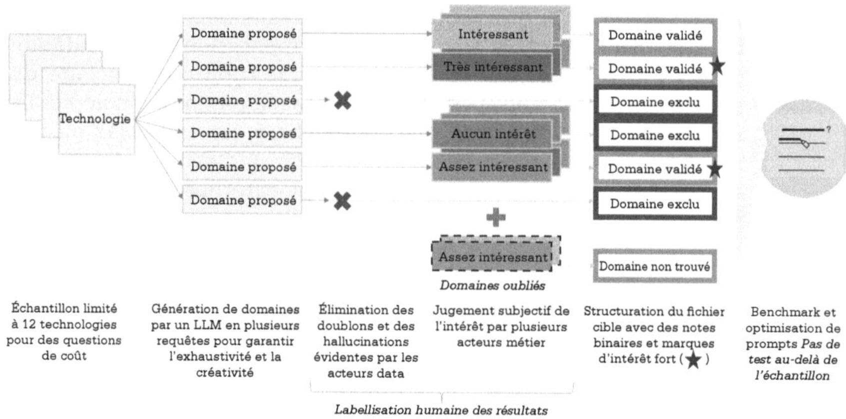

Figure 4 : Illustration du design de test conçu sur mesure pour le projet

3.5. Évaluation opérationnelle

La deuxième phase débutera en juin 2024 avec l'introduction de la première version de l'interface métier. Elle commencera par des ateliers utilisateurs, suivis d'une adaptation itérative. Ces ateliers, structurés par un protocole expérimental *ad hoc*, impliqueront deux groupes : le groupe de test utilisera la solution, le groupe de contrôle des outils classiques (dont Google ou ChatGPT). Un troisième groupe labellisera les résultats. L'équipe mesurera leur qualité, leur créativité et le temps de génération de liste. La qualité sera mesurée selon l'intérêt moyen pour limiter la subjectivité. La créativité, plus difficile à quantifier, reposera sur un jugement qualitatif, car les réponses atypiques peuvent être pertinentes. Ces mesures seront complétées par l'évaluation de la confiance, en vérifiant si le LLM identifie des entreprises évidentes, anticipées (par exemple lors d'études de marché). Pressentie comme essentielle, cette mesure nécessitera un processus de labellisation en cas de pérennisation. Enfin, des retours qualitatifs permettront d'ajuster les priorités de développement (appariement, qualification des entreprises, interface…). Après les ateliers, l'évaluation quantitative portera sur le nombre d'utilisateurs uniques, critère comportemental classique en UX. Pour favoriser l'usage au-delà des fonctionnalités LLM (synthèses des sites entreprises…), d'autres leviers seront envisagés, comme la conduite de changement, l'UX, voire des méthodes de *nudging* pour initier l'utilisation sans garantir sa pérennité.

3.6. Déploiement

La phase de déploiement intègre des contraintes de maintenance et de monitoring. Les indicateurs stratégiques et opérationnels seraient suivis à long terme grâce aux outils de pilotage habituels. Les mesures de confiance et de qualité, coûteuses en labellisation humaine, restent en discussion. Le déploiement prévoit aussi des procédures documentées de mise à jour et d'évaluation des algorithmes. À terme, les équipes régionales deviendraient autonomes pour enrichir la solution avec de nouvelles données alimentées par les administrateurs systèmes ou les utilisateurs pour un apprentissage progressif.

4. CONCLUSIONS ET PISTES DE RÉFLEXION.

Cette étude sera complétée dès l'aboutissement de la deuxième phase du projet fin 2024, mais soulève déjà des réflexions originales sur l'usage des LLM en IE.

4.1. Performance : complexité inédite de l'évaluation

La déclinaison de critères stratégiques en indicateurs opérationnels traduits en critères d'évaluation statistiques est une démarche classique dans les projets Data Science, et reflète des difficultés habituelles d'évaluation dans l'IE et dans les entreprises. Cette étude démontre que l'aspect multifactoriel et subjectif de l'évaluation est non seulement confirmé, mais exacerbé : cela s'explique par la multiplicité d'objectifs, spécifique aux modèles LLM. Par ailleurs, ces objectifs peuvent être contradictoires, comme la précision et la créativité, déjà difficile à mesurer en soi. Cela oblige à dépasser l'état de l'art en termes de métriques, de protocoles, voire de finalité de l'évaluation statistique : elle ne vise plus un benchmark entre modèles, mais l'optimisation de la performance d'un modèle dans un usage précis. Ainsi, la charge de travail de préparation des données migre dans la phase d'évaluation, en conception ou en exploitation, faute de jeux de données de référence préétablis. Ce problème de complexité s'accompagne de difficultés à partager les méthodes d'évaluation entre les acteurs. Sa résolution reste à repenser : il pourrait s'agir soit de réinventer la labellisation humaine au service de la performance du modèle (avec le risque de précariser l'emploi ou induire des dynamiques post-coloniales), soit de simplifier l'évaluation au moyen de plans d'expérience imparfaits mais pragmatiques.

4.2. Confiance : émergence d'un terrain d'étude de comportements informationnels

Bien au-delà des fonctionnalités analytiques, les LLM offrent une expérience informationnelle inédite. Cette interaction est porteuse d'effets psychologiques peu connus dans les projets Data Science, dont la confiance, préexistante ou construite à travers l'interaction. Sa mesure, très spécifique dans ce cas d'usage au fait qu'un utilisateur retrouve ses repères dans la réponse du LLM, est coûteuse, subjective et porteuse de nombreux biais (notoriété, effet de groupe, méfiance...). Cela ouvre un terrain inédit pour l'étude et le design de comportements informationnels, et ce bien au-delà du taux d'utilisation, facile à mesurer mais difficile à interpréter : est-ce que la solution est utilisée parce que l'UX est efficace, y compris grâce aux *nudges*, parce que la réponse des LLM est de qualité, ou bien parce que l'utilisateur fait confiance à la solution ?

4.3. Contraintes : dynamique d'innovation difficile à maîtriser

La rapidité de développement des LLM exige d'établir dès le début une grille de contraintes pour sélectionner les algorithmes et guider les arbitrages lors de leur intégration ou remplacement. Ce benchmark préliminaire dépasse les comparaisons habituelles axées sur les performances statistiques sur un set de données en particulier, en intégrant des critères juridiques, économiques, techniques, statistiques, réglementaires, voire politiques et éthiques (voir exemples Figure 2). Pour faciliter les arbitrages, il existe des dispositifs de veille (équipe R&D...) ou des catégorisations documentées des modèles, comme le *Foundation Model Transparency Model*[1], avec ses 100 indicateurs de transparence. Cependant des questions demeurent sur la pérennité et la priorisation des critères, l'efficacité des dispositifs de veille sur un marché en constante évolution, ou encore la maintenance, le suivi de versions et l'audit de tels modèles.

* * *

Ces trois premières pistes sont complétées par une estimation de l'intérêt métier (exprimé en entretien par les acteurs métier), de l'utilité pour la conception (exprimée par les acteurs data et confronté à l'état de l'art des modèles LLM avec fine-tuning), et de la difficulté de la mesure dans le temps (exprimée par tous les acteurs) (voir Figure 5). Cette synthèse met en évidence la multiplicité des critères, la priorisation des critères intrinsèques (contraintes), opérationnels et comportementaux, et la nécessité de tenir compte des critères psychologiques, plus coûteux mais difficiles à distinguer des deux derniers. Face à ces pistes s'impose une réflexion sur les dispositifs d'arbitrage au sein de tels projets, marqués par des facteurs d'agilité très hétérogènes (Boehm et Turner, 2004) et impliquant une hybridation de méthodes de gestion de projet. Enfin, cette étude présage une deuxième phase où les LLM devraient favoriser la liberté de choix, les usages diversifiés et des interactions personnalisées malgré une interface fixe : cela ouvre des pistes de réflexion sur la conciliation entre la mutualisation (coûts, données, connaissances...) et l'homogénéisation (interfaces, pratiques, processus...), et sur ses leviers comme la conduite de changement ou le suivi de l'écart entre usage prévu et pratique réelle. Ces interrogations, tant théoriques que pratiques, appellent à une poursuite des travaux et à des investigations dépassant le cadre de cette étude de cas sur l'IE.

1. https://crfm.stanford.edu/fmti/May-2024/index.html

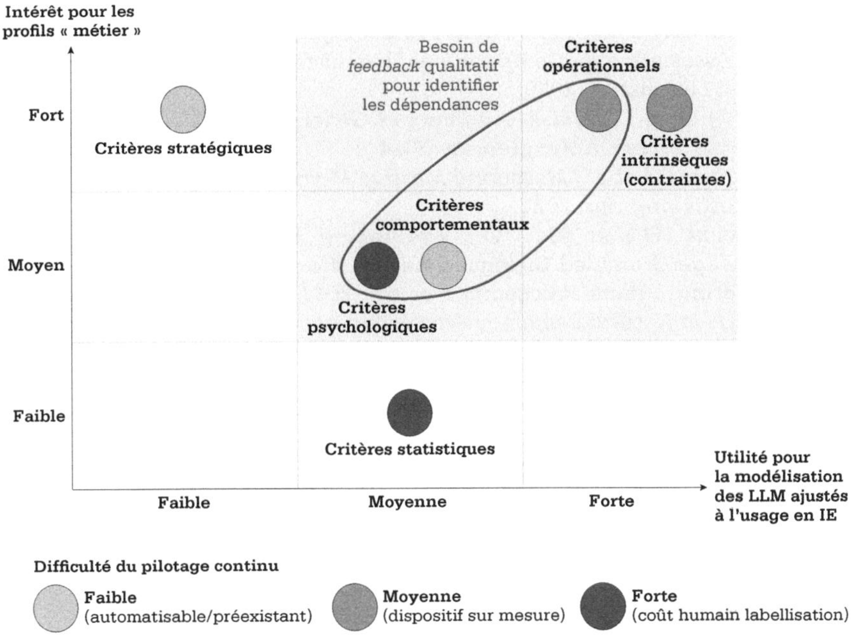

Figure 5 : Synthèse des familles des critères d'évaluation de la performance en fonction de l'intérêt métier, de l'utilité pour la modélisation et de la difficulté du pilotage

Bibliographie

- Arruabarrena (B.), Kembellec (G.), Chartron (G.), « Data littératie & SHS : développer des compétences pour l'analyse des données », dans *CODATA*, 2019.
- Bai (Y.), Wang (D.Z.), *More Than Reading Comprehension: A Survey on Datasets and Metrics of Textual Question Answering*, arXiv preprint, 2022.
- Boehm (B.), Turner (R.), *Balancing Agility and Discipline: Evaluating and Integrating Agile and Plan-Driven Methods*, 2004.
- Boubdir (M.) *et al.*, *Elo Uncovered: Robustness and Best Practices in Language Model Evaluation*, arXiv preprint, 2023.
- Broudoux (E.), *Éditorialisation et autorité. Dispositifs info-communicationnels numériques*. De Boeck Supérieur, 2022.
- Bulinge (F.), Moinet (N.), « Introduction », *Hermes, La Revue*, vol. 76, n° 3, 2016, p. 14-21.
- Chen (M.) *et al.*, *Evaluating Large Language Models Trained on Code*, arXiv preprint, 2021.
- Chowdhery (A.) *et al.*, *PaLM: Scaling Language Modeling with Pathways*, arXiv preprint, 2022.
- Cobbe (K.) *et al.*, *Training Verifiers to Solve Math Word Problems*, arXiv preprint, 2021.
- Cohen (C.), « Intelligence et Performance : mesurer l'efficacité de l'Intelligence Économique et Stratégique (IES) et son impact sur la Performance de l'Organisation », *Vie & sciences de l'entreprise*, vol. 174-175, n° 1-2, 2007, p. 15-50.

- Dhingra (B.) *et al.*, "Handling Divergent Reference Texts when Evaluating Table-to-Text Generation", dans *Proceedings of the 57th Annual Meeting of the Association for Computational Linguistics*, Association for Computational Linguistics, 2019.
- Gao (Y.) *et al.*, *Retrieval-Augmented Generation for Large Language Models: A Survey*, arXiv preprint, 2024.
- Hendrycks (D.) *et al.*, *Measuring Massive Multitask Language Understanding*, arXiv preprint, 2021.
- Honovich (O.) *et al.*, "Q^2: Evaluating Factual Consistency in Knowledge-Grounded Dialogues *via* Question Generation and Question Answering", dans *Proceedings of the 2021 Conference on Empirical Methods in Natural Language Processing*, Association for Computational Linguistics, 2021.
- Huang (H.-Y.), Choi (E.) et Yih (W.-T.), *FlowQA: Grasping Flow in History for Conversational Machine Comprehension*, arXiv preprint, 2019.
- Jain (N.) *et al.*, *Bring Your Own Data! Self-Supervised Evaluation for Large Language Models*, arXiv preprint, 2023.
- Jeong (C.), *Fine-tuning and Utilization Methods of Domain-specific LLMs*, arXiv preprint, 2024.
- Jiang (A. Q.) *et al.*, *Mistral 7B*, arXiv preprint, 2023.
- Li (D.) et Murr (L.), *HumanEval on LLMs Revisited in Late 2023*, arXiv preprint, 2024.
- Lin (C.-Y.), "ROUGE: A Package for Automatic Evaluation of Summaries", dans *Annual Meeting of the Association for Computational Linguistics*, 2004, p. 74-81.
- Maia (C. L. B.) et Furtado (E.), "A Systematic Review About User Experience Evaluation", *Interacción*, 2016.
- Martre (H.), Clerc (P.) et Harbulot (C.), « Intelligence économique et stratégie des entreprises », *Rapport du Commissariat Général au Plan*, La Documentation Française, 1994.
- Miaschi (A.) *et al.*, "What Makes My Model Perplexed? A Linguistic Investigation on Neural Language Models Perplexity", dans *Proceedings of Deep Learning Inside Out (DeeLIO)*, 2021, p. 40-47.
- Minaee (S.) *et al.*, *Large Language Models: A Survey*, arXiv preprint, 2024.
- Min (S.) *et al.*, "FActScore: Fine-grained Atomic Evaluation of Factual Precision in Long Form Text Generation", dans *Proceedings of the 2023 Conference on Empirical Methods in Natural Language Processing*, 2023.
- Nesvijevskaia (A.), *Phénomène Big Data en entreprise : processus projet, génération de valeur et Médiation Homme-Données*, thèse, Paris : CNAM, 2019.
- Papineni (K.) *et al.*, "BLEU: a Method for Automatic Evaluation of Machine Translation", dans *Proceedings of the 40th Annual Meeting of the Association for Computational Linguistics*, 2002.
- Peeperkorn (M.) *et al.*, "Is Temperature the Creativity Parameter of Large Language Models?", dans *Proceedings of the 15th International Conference on Computational Creativity*, 2024.
- Piatetsky (G.), "CRISP-DM, still the top methodology for analytics, data mining, or data science projects", *KDnuggets*, 2014.
- Shearer (C.), "The CRISP-DM model : the new blueprint for data mining", *Journal of Data Warehousing*, vol. 5, 2000.
- Song (H.) *et al.*, "Generating Persona Consistent Dialogues by Exploiting Natural Language Inference", dans *Proceedings of the AAAI Conference on Artificial Intelligence*, vol. 34, n° 5, 2020.
- Touvron (H.) *et al.*, *LLaMA: Open and Efficient Foundation Language Models*, arXiv preprint, 2023.

- Vaswani (A.) *et al.*, "Attention Is All You Need". *Advances in Neural Information Processing Systems*, 2023.
- Vendeville (B.), Ermakova (L.) et De Loor (P.), *Le problème des hallucinations dans l'accès à l'information scientifique fiable par les LLMs: verrous et opportunités*. 2024.
- Wang (Z.) *et al.*, "Towards Faithful Neural Table-to-Text Generation with Content-Matching Constraints". Dans *Proceedings of the 58th Annual Meeting of the Association for Computational Linguistics*, Association for Computational Linguistics, 2020.
- Zellers (R.) *et al.*, *HellaSwag: Can a Machine Really Finish Your Sentence?*, arXiv preprint, 2019.

PARTIE 3

ENSEIGNEMENT ET ÉDUCATION

Sommaire

QUAND L'IA PLAIDE ET ENSEIGNE

Elsa BURDIN

Maître de conférences en droit privé, Université Savoie Mont Blanc, Centre de recherche en droit Antoine Favre

elsa.burdin@univ-smb.fr

Résumé

Célère, économe, disponible à l'extrême ne sont que quelques-uns des caractères couramment liés à la présence de l'intelligence artificielle. Les promesses de l'IA expliquent, en grande partie, sa conquête rapide de l'espace public, et de façon plus surprenante, sa présence dans des domaines jadis intuitivement réservés à l'être humain. Au-delà des erreurs générées par l'IA et déjà relevées par les praticiens, l'incursion de plus en plus profonde de l'IA dans le domaine du droit conduit nécessairement à adopter une démarche réflexive afin de comprendre et d'évaluer la place et la légitimité de ce nouvel outil numérique, tout autant que ses limites. La démarche nécessite une mise en perspective des paradigmes qui sous-tendent le système juridique français et leur confrontation avec le mode de fonctionnement des IA génératives. Un paradoxe apparaît : alors que l'IA générative est fondée sur un modèle de production langagière qui tend, au terme d'une analyse statistique, à dégager les occurrences les plus nombreuses, la *jurisdictio* s'appuie parfois sur des notions et des principes qui restent en dehors de la sphère de recherche et d'analyse de l'IA. Dans cette optique, la présence de l'IA pourrait n'être que complémentaire, voire subsidiaire. En produisant du droit à partir des seules données juridiques existantes, les IA génératives s'enferment dans une récursivité dommageable alors même que la matière juridique ne constitue pas un système autopoïétique fermé. Dans le même sens, les innovations juridiques les plus emblématiques sont nées d'un profond sentiment d'iniquité, lequel a poussé les acteurs – juges et praticiens – à déployer des trésors d'ingéniosité et à déplacer les frontières de l'existant. Or, le fonctionnement de l'IA, fondé en grande partie sur des algorithmes et la reproduction des modèles sera-t-il capable un jour de transgresser les règles préétablies pour fonder une solution nouvelle à la fois transgressive et juridique ?

Mots-clés : IA générative, application, norme juridique, système juridique, autopoïétique, juge, avocat, enseignement, revirement, atypique.

INTRODUCTION

Célère, économe, disponible à l'extrême ne sont que quelques-uns des caractères couramment liés à la présence de l'intelligence artificielle. Les promesses de l'IA expliquent, en grande partie, sa conquête rapide de l'espace public, et de façon plus surprenante, sa présence dans des domaines jadis intuitivement réservés à l'être humain. C'est ainsi qu'en fin d'année 2023 un entrepreneur sans aucune connaissance juridique a lancé I.Avocat, la première application se vantant de concurrencer un avocat. La nouveauté ne réside pas dans l'utilisation de l'IA au sein du droit, puisque les bases de données juridiques s'en servent déjà, mais dans la promesse qui est faite à l'utilisateur d'avoir accès à un avocat virtuel. Pour un coût modique, l'utilisateur a non seulement la possibilité de poser des questions juridiques mais également celle d'importer des documents personnels en format PDF. Presque immédiatement mis en demeure par le Barreau de Paris de retirer l'application des plateformes de téléchargement, le créateur a finalement été contraint de modifier sa communication tout comme le nom de son application[1]. Il n'en demeure pas moins que l'incursion de plus en plus profonde de l'IA dans le domaine du droit conduit nécessairement à adopter une démarche réflexive afin de comprendre et d'évaluer la place et la légitimité de l'IA, tout autant que les limites de ce nouvel outil numérique. La démarche n'est pas neutre – si tant est qu'elle puisse l'être – et se fonde sur la mise en perspective des paradigmes[2] liés au fonctionnement du système juridique français et des marqueurs de la juridicité. En d'autres termes, analyser les impacts positifs comme négatifs de l'IA dans la matière juridique ne peut se faire qu'au terme d'une analyse d'ensemble s'attachant non seulement aux principes sous-tendant le fonctionnement du système juridique français, mais également aux modes d'interaction des acteurs – législateur, juges et praticiens – et au processus de normativité (Cubertafond, 1992 ; Jestaz, 2022 ; Barraud, 2018). Ce n'est qu'au terme de cette étude qu'il sera possible d'envisager les conséquences d'un changement de paradigme au profit d'un caractère autoréférentiel du droit.

Qu'elle soit utilisée en simple soutien pour la recherche documentaire, celle de fondements juridiques, de précédents jurisprudentiels ou de façon plus dynamique, pour la (re)formulation de jeux de conclusions, l'intelligence artificielle ne peut laisser indifférent. Elle oblige en effet à décrypter le Droit en revenant aux sources mêmes de la normativité et à dégager les soubassements idéologiques qui, constamment invisibilisés par un raisonnement qui se veut rationnel, se dégagent pourtant d'une éclatante façon (Roubier, 1950 ; Ripert, 1955 ; Koubi, 1997, p. 201 ; Molfessis (dir.), 2004 ; Lasserre-Kiesow, 2006, p. 2279 ; Thibierge, 2006, p. 519). Loin d'être guidées par une logique purement mathématique, les normes juridiques s'entremêlent suivant des principes d'organisation systémique impor-

1. La profession étant réglementée, l'application ne pouvait pas utiliser cette appellation sans posséder de diplôme. I-Avocat est alors devenu I-legal.

2. Étymologiquement, ce terme provient de *paradeigma* qui signifie exemple, de *para* : en regard, et de *deiknein* : montrer. Utilisé à l'origine, dans le sens d'exemple, voire de « métaphore pédagogique » telle que Platon l'employait. Le terme s'entend désormais d'une « *matrice disciplinaire* », une « *grille d'évaluations, de généralisations, de procédés scientifiques ou de méthodes et de règles de recherches, utilisées par une certaine communauté scientifique* » (Grzegorczyk, 1986).

tants et sont parfois motivées par des considérations de politique juridique (Bories, 2001, p. 733). Ce maillage n'est ni pleinement perceptible, ni même pleinement assumé par les acteurs du système juridique. Pourtant, il façonne une part importante de la matière juridique (Burdin, 2008).

Le paradoxe devient presque palpable : alors que l'IA générative est fondée sur un modèle de production langagière qui tend, au terme d'une analyse statistique, à dégager les occurrences les plus nombreuses et à faire apparaître une ligne directrice stabilisée (Abiteboul et G'sell, 2020, p. 34), les évolutions législatives tout comme les revirements jurisprudentiels les plus subversifs s'appuient, quant à eux, sur des principes restés en-dehors de la sphère de recherche et d'analyse de l'IA (Chassagnard-Pinet, 2017, p. 495 ; Cassuto, 2017).

Dans ce contexte, la place de l'IA n'est pas aussi simple qu'il n'y paraît et conduit à questionner sa pertinence au sein d'un système qui est bien plus que la simple addition des normes qui le composent. L'introduction de l'IA au sein d'une structure systémique complexe, comme peut l'être celle du système juridique fait ressortir toute l'ambivalence liée à sa présence (1). Fondée sur le principe de recherche des occurrences les plus significatives, l'IA conduit, en outre, à douter de sa capacité à être source d'évolution normative au terme d'un processus de création atypique (2).

1. L'AMBIVALENCE DE L'IA AU SEIN D'UNE STRUCTURE SYSTÉMIQUE COMPLEXE

La levée immédiate de boucliers suscitée par l'existence d'une application se vantant de concurrencer, voire de remplacer un avocat démontre que la présence de l'IA dans le domaine juridique est loin d'être anodine. Elle est même subversive par certains aspects (1.1). Ses utilisations toujours plus nombreuses poussent les pouvoirs publics et les instances supranationales à la doter d'un véritable régime juridique oscillant entre développement et restrictions (1.2).

1.1. Une présence subversive

La procédure engagée par le Barreau de Paris visant à la suppression de l'application s'est appuyée tour à tour sur les manquements déontologiques liés à son utilisation, le danger que constituait l'IA en termes de droits et libertés fondamentaux et la faible protection entourant les données personnelles des justiciables. La communication provocatrice de son concepteur s'est très vite retournée contre lui, l'obligeant à reconnaître que l'application ne pouvait pas remplacer un avocat. Au-delà du fait qu'elle ne puisse véritablement plaider, l'application générait des erreurs manifestes et grossières, inventait des textes de loi et citait des jurisprudences fantaisistes. À cet égard, il serait faux, ou tout le moins prématuré, de présenter l'IA générative comme la panacée en la matière.

Pour autant, les systèmes d'intelligence artificielle présentent de nombreux atouts et ne sont pas étrangers aux juristes. Les éditeurs juridiques s'en servent depuis longtemps pour rendre les recherches

effectuées dans leurs bases de données les plus efficientes possibles. À cet égard, l'IA se révèle précieuse et tient ses promesses en termes d'efficacité, pour peu que les sources soient numérisées et les occurrences clairement identifiées.
La nouveauté réside dans le fait que l'IA est dorénavant utilisée pour produire un texte cohérent à partir de la rédaction d'un prompt précis. En d'autres termes, la rédaction soignée d'une question ou d'un ensemble de directives assorti d'un contexte – à savoir un ensemble d'informations accompagnant la demande – permet de générer un jeu de conclusions qu'il suffirait de produire dans une procédure judiciaire. Praticiens et utilisateurs peuvent alors être tentés de succomber aux sirènes de la facilité et/ou de la rapidité.
Là réside assurément un autre danger lié cette fois à l'engagement de la responsabilité du praticien qui, se servant de l'IA générative, utiliserait des fondements juridiques inexistants ou commettrait une erreur de droit[3]. Le praticien ne pourrait pas se dédouaner en recherchant la responsabilité du concepteur de l'application et prendrait le risque de ne pas être couvert par son assurance professionnelle. Au surplus, il conviendrait de s'interroger sur le respect des principes essentiels de la profession que l'avocat s'engage à respecter. Que reste-t-il du devoir d'indépendance, de probité, de diligence, de délicatesse, de compétence et d'humanité lorsque l'avocat abandonne à un logiciel informatique, aussi performant soit-il, les affres d'un dossier ? La nécessaire prise en compte du client, de sa personnalité, sa compréhension des enjeux, son assentiment quant à la stratégie envisagée est-elle encore possible ?
Reste, bien sûr, l'existence d'une voie médiane, ni hostile, ni empreinte de soumission, celle d'une fructueuse collaboration dans laquelle l'expertise du praticien serait entièrement tournée vers l'élaboration d'une stratégie juridique, mais délestée du temps consacré à la pure recherche documentaire. La nécessaire vérification par le praticien du matériau juridique permettrait de contrer les scories des logiciels tout en améliorant les recherches futures en participant, par récursivité, à l'apprentissage et au perfectionnement de l'IA générative.
Les limites techniques de l'IA, tout comme les questions déontologiques soulevées et les dangers déjà réels de son utilisation au sein des prétoires (Houssier, 2024, p. 20 ; Bloud-Rey, 2020, p. 73 ; Barbé et Mauclair (dir.), 2023 ; Hardouin, 2022, p. 365 ; Sève (dir.), 2018), et plus largement, au sein de la sphère publique, conduisent les autorités nationales et supranationales à encadrer juridiquement ce nouvel outil numérique.

1.2. Un encadrement juridique inédit

L'IA générative, présentée comme une sous-catégorie de l'Intelligence Artificielle a mis en exergue les limites des différents régimes de responsabilité existants tout autant que le besoin d'uniformisation en matière de responsabilité du fait d'une intelligence artificielle (Gout, 2022, p. 368). C'est sous l'impulsion du Parlement et de la Commission européenne qu'une évolution législative a pris corps.

3. La question n'est pas seulement théorique. Une avocate de Colombie-Britannique ainsi que deux avocats américains ont récemment été sanctionnés pour avoir cité de fausses jurisprudences générées par ChatGPT.

Une délicate conciliation entre d'un côté, la nécessité de définir des règles en matière de responsabilité, de transparence et d'obligations de rendre des comptes et, de l'autre côté, le nécessaire développement de l'innovation dans les différents domaines d'ingénieries[4] a été nécessaire afin d'aboutir à l'avènement d'un régime juridique inédit en trois composantes. À terme, l'encadrement juridique de l'IA résultera de trois textes reposant sur un équilibre entre développement économique de l'IA et protection contre ses excès. À l'*IA Act*[5], règlement européen adopté le 13 mars 2024 par le parlement européen et le 21 mai de la même année par le Conseil européen, s'ajouteront une nouvelle directive sur la responsabilité des produits défectueux tenant compte de l'IA[6] ainsi qu'une directive consacrée à la responsabilité en matière d'IA[7]. Catégorisant les systèmes d'IA à usage général et ceux à haut risque, le législateur européen a préféré opérer une distinction par degré de dangerosité potentielle pour les individus ou les libertés individuelles plutôt que de distinguer les IA par capacité d'apprentissage ou d'action[8]. Même non encore finalisé, ce nouveau régime juridique de responsabilité démontre l'importance de ne pas minimiser les dangers liés à l'utilisation de l'IA en prévoyant de façon aussi complète que possible un régime efficient de réparation, en interdisant certaines pratiques comme la notation sociale fondée sur le comportement social ou les caractéristiques personnelles, ou l'utilisation, par principe, des systèmes d'identification biométrique en temps réel ou de façon différée dans l'espace public à des fins répressives[9].

Parfois, le dommage causé par l'IA ne provient pas d'une information erronée mais prend sa source, en amont, dans l'appropriation par l'algorithme de la matière première (Bacache, 2019). L'autorité de la concurrence a de nouveau sanctionné Google[10] pour ne pas avoir respecté les obligations d'exécution de bonne foi qu'elle lui avait imposées dans sa décision du 21 juin 2022[11], concernant le règlement des droits voisins aux éditeurs de presse. Bard devenu Gemini, le service d'intelligence artificielle lancé par l'entreprise américaine, utilise en effet les contenus des éditeurs, sans les en informer et sans proposer de solution technique qui leur permette de s'y opposer, les privant, de ce fait, de l'occasion de négocier une

4. Proposition de règlement, première version, exposé des motifs, COM (2021) 206 final, 21 avril 2021 : https://eur-lex.europa.eu/legal-content/FR/TXT/HTML/?uri=CELEX:52021PC0206

5. Règl. (UE) 2024/1689, 13 juin 2024, *JOUE*, 12 juill. : https://eur-lex.europa.eu/legal-content/FR/TXT/?uri=OJ%3AL_202401689

6. Proposition de directive relative à la responsabilité du fait des produits défectueux du 28 septembre 2022 et adoptée par le Parlement européen le 12 mars 2024 : https://eur-lex.europa.eu/legal-content/FR/TXT/?uri=CELEX%3A52022PC0495

7. Proposition de directive relative à l'adaptation des règles en matière de responsabilité civile extracontractuelle au domaine de l'intelligence artificielle (dite Directive sur la responsabilité en matière d'IA) du 28 septembre 2022 : https://eur-lex.europa.eu/legal-content/FR/TXT/?uri=CELEX%3A52022PC0496

8. Il ressort de l'article 3 du règlement que le risque s'entend de « la combinaison de la probabilité d'un préjudice et de la sévérité de celui-ci ».

9. Une telle utilisation ne pourra se faire qu'« après autorisation judiciaire préalable et uniquement en lien avec la recherche ciblée liée à une infraction pénale grave et spécifique ». V. plus largement, l'article 5 de *l'IA Act*. Les mêmes restrictions se retrouvent au niveau national à l'article L242-4, al. 2 du Code de la sécurité intérieure et, notamment, à l'article 10, I de la loi n° 2023-380, 19 mai 2023 relative aux Jeux Olympiques et Paralympiques de 2024.

10. Autorité de la concurrence, Décis. n° 24-D-03 du 15 mars 2024 : https://www.autoritedelaconcurrence.fr/sites/default/files/integral_texts/2024-03/24d03vf.pdf

11. Autorité de la concurrence, Décis. n° 22-D-13 du 21 juin 2022 : https://www.autoritedelaconcurrence.fr/sites/default/files/integral_texts/2022-06/22d13.pdf

rémunération. En France, la prise en compte de ce nouveau risque a d'ailleurs conduit à une proposition de loi dont l'article 1er conduirait à l'ajout d'un nouvel alinéa à l'article 131-3 du Code de la propriété intellectuelle ; lequel subordonnerait « l'intégration par un logiciel d'intelligence artificielle d'œuvres de l'esprit protégées par le droit d'auteur dans son système et *a fortiori* leur exploitation [à l'] autorisation des auteurs ou ayants droit »[12].
La présence de plus en plus prégnante de l'IA conduit nécessairement à retracer les frontières de l'existant et à rêver d'efficacité. Pourtant, même si elle présente d'indéniables avantages et des potentialités exceptionnelles, l'IA demeure encore fortement contrainte par son propre fonctionnement, nous conduisant à douter de sa capacité à être source d'évolution juridique.

2. L'IMPROBABLE AVÈNEMENT D'UNE CRÉATION NORMATIVE ATYPIQUE PAR L'IA

Parce que l'IA repose sur des algorithmes tournés vers la recherche des occurrences les plus fréquentes, ses réponses demeurent contraintes par l'existant. Or, le fonctionnement du système juridique n'est pas linéaire et reste guidé par des principes qui, précisément, demeurent en dehors de la sphère d'analyse de l'IA (2.1). Cette absence de plasticité restreint nécessairement, voire empêche, que l'IA soit source d'amélioration juridique, entendue comme l'heureuse conséquence d'une rupture causale dans la chaîne d'analyse (2.2).

2.1. Un fonctionnement systémique singulier

Défini comme un ensemble organisé de normes, le système juridique repose sur des principes directeurs de hiérarchie, de validité et de coordination des normes qui demeurent en dehors du champ d'analyse des IA génératives. Aussi performantes soient-elles, ces dernières restent enserrées dans des limites qui ne leur permettent pas *encore* de raisonner à proprement parler. Conçues pour repérer les données récurrentes – qu'il s'agisse d'un fondement juridique lié à une demande ou de jurisprudences données sur un thème précis – les IA génératives ne sont pas capables d'élaborer une véritable stratégie juridique. Bâtir un raisonnement, rédiger des conclusions, plaider, voire enseigner, ne se résument pas à égrener des fondements juridiques et de la jurisprudence. Choisir de soulever tel argument plutôt qu'un autre, favoriser un raisonnement par analogie, voire adopter une défense de rupture, requiert une habileté certaine et constitue souvent un véritable pari. C'est précisément cette compréhension d'ensemble qui fait défaut à l'IA générative. Dans une autre mesure, l'enseignement du droit n'est pas non plus réductible à une simple lecture des articles de loi, voire à une explication sémantique ou à la connaissance mécanique des notions juridiques. Ces matériaux peuvent parfaitement être appréhendés par tous, une fois familiarisés avec le vocable particulier de la

12. Proposition de loi n° 1630 *visant à encadrer l'intelligence artificielle par le droit d'auteur*, 12 sept. 2023 : https://www.assemblee-nationale.fr/dyn/16/textes/l16b1630_proposition-loi#

matière (Mekki, 2020, p. 112; Roquilly et Kherazi, 2021, p. 1194; Lord, 2020, p. 17). Tout l'art réside dans l'appréhension globale d'un phénomène social, dans le jeu et l'articulation des concepts. La matière juridique est comparable à un jeu de société composé de multiples pièces possédant toutes des caractéristiques spécifiques, pouvant se combiner, s'exclure ou se compléter (Hofstadter, 1985, p. 799; Ost, 1986, p. 151; Ost et Van de Kerchove, 1988, p. 107). Alors que les pièces sont disponibles dans les mêmes proportions pour tous les participants, le résultat plus ou moins heureux des combinaisons est, quant à lui, lié à l'ingéniosité et à la témérité du joueur. Or cette plasticité fait pour l'heure défaut aux IA génératives et les empêche de déplacer les frontières de l'existant.

Ce biais devient patent lorsqu'on le confronte au système juridique. En produisant du droit à partir des seules données juridiques existantes, les IA génératives s'enferment dans une récursivité dommageable. Or, si l'on raisonne à partir du droit français, le système juridique est loin d'être un système autopoïétique, lequel se caractérise chaque fois qu'il peut sauvegarder son organisation interne, malgré l'existence de chocs exogènes provenant de l'environnement qui l'entoure, grâce à sa capacité à se définir lui-même par autoréférence. Appliquée à l'édifice juridique, « l'autopoïèse du droit [est] la production du droit par le droit » (Luhmann, 1994, p. 64)[13]. Pourtant, autonome sans être autarcique, adaptable sans être dépendant, le système juridique français n'évolue pas en compensant des chocs exogènes provenant de l'ordre social dans lequel il s'insère. Bien au contraire, il se transforme souvent par réaction en suivant parfois un mode de production atypique – c'est-à-dire non officiel – des normes (Burdin, 2008). Comment, dans cette optique, l'IA pourrait-elle s'insérer complètement ? Restreinte par ses propres lois de fonctionnement, cette technologie informatique n'est capable de saisir qu'une petite partie du phénomène juridique (G'sell, 2021, p. 146).

2.2. Un fonctionnement prévisible et limité des IA génératives

Confrontée au système juridique, la conduite de l'IA pourrait vite montrer ses limites (Barthe, 2019). Si cette faiblesse n'est pas rédhibitoire, il convient néanmoins d'en avoir pleinement conscience et de ne pas transiger sur la nécessaire expertise du praticien dans la vérification des données et l'adaptation de la stratégie au cas particulier. Certes, les justiciables seront tentés de recourir aux services de l'IA pour le règlement des affaires et pour les matières dans lesquelles le ministère d'avocat n'est pas obligatoire; ce qui sans doute permettrait un traitement plus rapide et moins onéreux lors de cette première phase de procédure. Encore faudra-t-il alors nécessairement composer avec l'engorgement des tribunaux et la longueur des procédures.

À contre-courant de cette réflexion, l'existence de l'IA invite à se questionner sur les raisons qui pousseraient un utilisateur à privilégier l'humain au détriment de l'électronique. En d'autres termes,

13. Pour cet auteur, l'unité du système juridique réside dans « *la reproduction auto-créatrice des éléments par les éléments sur la base d'une normativité circulaire et récursive* », spéc., p. 177.

que vient-on chercher auprès d'un humain qui ne serait satisfait par une interaction électronique ? La compassion, le dévouement ? Certes appréciables, ces qualités ne sont pas celles que l'on recherche lorsque l'on souhaite régler un problème juridique urgent puisqu'elles s'inscrivent dans une temporalité moins pressante. Les raisons de préférer l'humain à l'IA doivent être recherchées ailleurs. Réduire une profession à la seule collecte de données serait une erreur et conduirait, à terme, à tarir sa richesse et ses apports.

Si l'on raisonne à partir de la matière juridique, les faiblesses de l'IA deviennent patentes. L'enseignement du droit n'est pas réductible à la seule connaissance de « case law », et ce, même dans un système fondé sur les *precedents*. La matière juridique n'est pas un système autarcique, loin s'en faut. Elle possède la capacité de s'adapter tout en régulant les comportements sociaux. C'est précisément ce caractère qui révèle les faiblesses de l'IA. Reproduire, voire prédire quelle sera la solution d'un litige, quelles règles de droit il convient d'appliquer n'est possible qu'à la condition que les données premières n'évoluent pas et/ou que la solution attendue ne varie pas. L'IA n'est parfaitement opérationnelle que dans un système autopoïétique fermé, capable de se construire lui-même à partir de ses propres éléments. Or, l'enseignement du droit ne se limite pas à la connaissance mécanique des notions juridiques ou à celle des arrêts, lesquels peuvent parfaitement être appréhendés par tous, une fois familiarisés avec le vocable particulier de la matière. La richesse de l'enseignement réside ailleurs, dans la façon de faire comprendre aux apprenants que si certains principes fondateurs constituent l'architecture, la colonne vertébrale du système juridique et ne peuvent être modifiés sans changer de paradigme ; chaque notion peut et doit être appréhendée en dehors de la matière étudiée. En d'autres termes, la seule connaissance des couleurs et des différentes combinaisons entre elles ne permet pas d'égaler le talent de Picasso ou la subversivité de Banksy.

Il en est de même pour l'enseignement du droit. L'indispensable apprentissage des notions juridiques ne permet pas, à lui seul, de devenir un bon enseignant, un bon orateur, un bon avocat ou un bon juge (Carbasse et Depambour-Tarride (dir.), 1999 ; Rouvière, 2018, p. 530 ; Reiling, 2019 ; G'sell, 2020, p. 26 ; Peraldi, 2023, p. 9). La richesse de l'intelligence humaine permet, souvent grâce au levier de la compassion et du sentiment de justice, de dépasser des obstacles à première vue insurmontables pour parvenir à la résolution du litige. La création des troubles anormaux du voisinage, de l'abus de droit ou du régime de la responsabilité du fait des choses n'en sont que des exemples. Ils démontrent cependant que c'est souvent à partir d'un profond sentiment d'injustice et d'iniquité que se construisent les revirements de jurisprudence les plus emblématiques et l'application *contra legem* de notions juridiques.

Le fonctionnement de l'IA, fondé sur des algorithmes et la reproduction des modèles sera-t-il un jour capable de transgresser les règles préétablies de fonctionnement pour fonder une solution nouvelle à la fois transgressive et juridique ?

En poussant l'analyse jusqu'au bout, l'utilisation de l'IA au sein de la matière juridique permet également de s'interroger sur le mode de production du droit. Quand l'IA plaide ou enseigne construit-elle encore le droit ? Dans la mesure où la règle de droit qu'elle sélectionne est le résultat d'une répétition, l'IA reconduit les schémas les plus courants (Garapon et Lassègue, 2019, p. 258) – présupposant, parce qu'ils font nombre, qu'ils sont exacts – et conduisant, par récursivité, à renforcer un raisonnement juridique jusqu'à le présenter comme fondé. Partant, si l'IA génère des normes, ce ne peut être que de façon secondaire (Garapon et Lassègue, 2019, p. 239), en reproduisant et en renforçant les mêmes schémas (Chassagnard-Pinet, 2017).

Pour autant, les faiblesses relevées de l'IA ne doivent pas conduire à la tenir éloignée des facultés ou des prétoires. Même si elle bouleverse nos schémas traditionnels d'évaluation et de partage des connaissances, elle ne doit pas être invisibilisée. Il convient au contraire de la connaître parfaitement afin de l'utiliser pour ce qu'elle peut donner de meilleur : un gain de temps dans la collecte de données brutes (Garapon et Lassègue, 2019, p. 219). Apprivoiser l'IA permettrait alors de gagner du temps et de pouvoir se concentrer sur l'élaboration d'une stratégie innovante.

Bibliographie

- Abiteboul (S.) et G'sell (F.), *Les algorithmes pourraient-ils remplacer les juges ?, dans* G'SELL (F.) (dir.), *Le Big Data et le Droit*, Paris, Dalloz, 2020, coll. Thèmes et comm., p. 21 et s.
- Bacache (M.), *Intelligence artificielle et droits de la responsabilité et des assurances, dans* Bensamoun (A.) et Loiseau (G.) (dir.), *Droit de l'intelligence artificielle*, coll. Les intégrales, Paris, LGDJ, 2019, p. 69 et s.
- Barbé (V.), Mauclair (S.) (dir.), *Intelligence artificielle et droits fondamentaux*, éd. L'Épitoge, coll. L'Unité du droit, vol. II, 2023.
- Barraud (B.), *Le renouvellement des sources du droit*, Presses universitaires d'Aix-Marseille, 2018.
- Barthe (E.), *Les outils de l'intelligence artificielle pour le droit français*, *JCP* 2019. Doctr. 381.
- Bloud-Rey (C.), *Le droit, l'éthique et l'IA : un triangle vertueux ?, dans* Julia (G.) (dir.) *Sciences et sens de l'intelligence artificielle*, Paris, Dalloz, 2020, p. 73 et s.
- Bories (S.), *Et du droit, tu pourras être instruit..., dans Le droit privé français à la fin du* xxe *siècle*, Études offertes à Pierre Catala, Paris, Litec, 2001, p. 733 et s.
- Burdin (E.), *L'atypique. Essai de systématisation à partir des modes de production des normes en droit privé*, Th. Dactyl., Université de Savoie, 2008.
- Carbasse (J.-M.) et Depambour-Tarride (L.) (dir.), *La conscience du juge dans la tradition juridique européenne*, Paris, PUF, 1999, coll. Droit et justice.
- Cassuto (Th.), *La justice à l'épreuve de sa prédictibilité*, AJ Pénal, Juill-août 2017, p. 334 et s.
- Chassagnard-Pinet (S.), *Les usages des algorithmes en droit : prédire ou dire le droit ?*, dans *D.* IP/IT, oct. 2017, p. 495 et s.
- Cubertafond (B.), *Du droit enrichi par ses sources*, RDP 1992, p. 353.
- G'sell (F.), *Justice numérique*, Paris, Dalloz, 2021.
- G'sell (F.), *Le big data et le droit*, Paris, Dalloz, 2020.
- Garapon (A.) et Lassègue (J.), *Justice digitale*, PUF, 2019, spéc., p. 258.

- Gout (O.), *L'adaptation des régimes existants. Rapport de synthèse, dans Responsabilité civile et intelligence artificielle*, Recueil des travaux du GRERCA, Gout O. (coord.), Belgique, Bruylant, 2022, pp. 368 et s.
- Grzegorczyk (C.), *Évaluation critique du paradigme systémique dans la science du droit*, dans A.P.D, *Le système juridique*, T. 31, Paris, Sirey, 1986, spéc., p. 286.
- Hardouin (R.), *Les avocats et le numérique*, Archives de philosophie du droit, Dalloz, 2022/1, p. 365.
- Hofstadter (D.), *Gödel, Escher, Bach : Les brins d'une guirlande éternelle*, Paris, InterÉditions, 1985, spéc., p. 799.
- Houssier (J.), *Je jure, comme avocat d'exercer mes fonctions… sans IA ? Le barreau de la famille à l'heur(e)t de l'intelligence artificielle*, *AJ Fam.* 2024.20.
- Jestaz (Ph.), *Les sources du droit*, Paris, Dalloz, 2022, 3e éd., coll. Connaissances du droit.
- Koubi (G.), *Des-ordre/s juridique/s, dans Désordre(s)*, CURAPP, Paris, PUF, 1997, p. 201.
- Lasserre-Kiesow (V.), *L'ordre des sources ou le renouvellement des sources du droit*, *D.* 2006.2279.
- Lasserre-Kiesow (V.), *L'ordre des sources ou le renouvellement des sources du droit*, *D.* 2006, chron., p. 2279.
- Lord (F.), *"Pillars of the Crown" : Crown copyright, Legal Publishing, and the Integrity of Law*, dans *Jurisprudence – Revue critique* 2020, Fathisa-lout-Bollon (M.) (dir.) T.9, Presses Universitaires Savoie Mont Blanc, 2022, p. 17 et s.
- Luhmann (N.), *Le droit comme système social*, *Droit et Société*, 11/12 1994.
- Mekki (M.), *L'intelligence contractuelle et numérique au service de la responsabilité sociétale des entreprises*, *AJ contrat* 2020.112.
- Molfessis (N.) (dir.), *La Cour de cassation et l'élaboration du droit*, coll. Études juridiques, n° 20, Paris, Economica, 2004.
- Ost (F.) et Van De Kerchove (M.), *Le système juridique entre ordre et désordre*, Paris, PUF, 1988.
- Ost (F.), *Entre ordre et désordre : le jeu du droit. Discussion du paradigme autopoïétique appliqué au droit*, dans APD, *Le système juridique*, T. 31, Paris, Sirey, 1986, p. 133 et s.
- Peraldi (O.), *Nouvelles technologies – Intelligence artificielle et justiciable : sans confiance, c'est quand même moins bien !*, *Revue pratique de la prospective et de l'innovation*, n° 1, mai 2023, dossier 1, p. 9.
- Platon, *Œuvres complètes*, T. IX, 1re partie, *Le politique*, trad. Diès (A.), Paris, Les belles lettres, 1960, 3e éd.
- Reiling (D.), *Quelle place pour l'intelligence artificielle dans le processus de décision d'un juge ?*, *Les cahiers de la Justice* 2019.221.
- Ripert (G.), *Les forces créatrices du droit*, Paris, LGDJ, 1955.
- Roquilly (C.) et Kherazi (S.), *L'innovation dans les équipes juridiques*, *JCP* éd. E, n° 15, 2021.1194.
- Roubier (P.), *L'ordre juridique et la théorie des sources du droit*, *dans Études offertes à Georges Ripert, Le droit privé français au milieu du xxe siècle*, T. 1, *études générales. Droit de la famille*, Paris, LGDJ, 1950, p. 9.
- Rouvière (F.), *Le raisonnement par algorithme : le fantasme du juge-robot*, *RTD civ.* 2018.530.
- Sève (R.) (dir.), *La justice prédictive*, Archives de philosophie du droit, T. 60, Dalloz, 2018/1.
- Thibierge (C.), *Sources du droit, sources de droit : une cartographie*, *dans Mélanges en l'honneur de Philippe JESTAZ*, *Libres propos sur les sources du droit*, Paris, Dalloz, 2006, p. 51.

USAGE OF TEXT EMBEDDING FOR CROSS-LINGUAL PLAGIARISM DETECTION

Christophe LEBRUN[1], Kieran SCHUBERT[1], Arnaud GAUDINAT[1], Andrii PYLYPENKO[2], Andrey BAYADZHAN[2]

(1) HES-SO/HEG Genève, Rue de la Tambourine 17, Carouge, 1227, Suisse ; (2) 1World Online, 541 Jefferson Ave, Redwood City, Californie, États-Unis

christophe.lebrun@hesge.ch, kieran.schubert@hesge.ch, arnaud.gaudinat@hesge.ch, andrii@1worldonline.com, andrey.bayadzhan@1worldonline.com

Abstract

This article introduces an automated method for cross-lingual similarity assessment for plagiarism detection. This method is applied to help for automated plagiarism detection, comparing a suspicious text to an indexed corpus. The approach is based on the usage of a multilingual sentence encoder, to embed the semantic of sentences extracted from the suspicious document. We then retrieve the most similar sentence from the reference corpus. To address the scalability issue of the nearest neighbor search in high-dimensional vector search, we use Faiss, a heuristic search engine based on Voronoi cells of cluster's centroids. Finally, a classifier is trained using the highest cosine similarity between the sentence and the reference corpus items, the sentence embeddings, and a few other features to classify the duplicated content. This method is evaluated on 328 documents of our real media partner database with different metrics. Top approach achieves a F1 score of 89% which would be confirmed with a larger and more representative dataset.

Keywords: plagiarism detection, sentence embedding, machine learning, similarity assessment, multilingualism, cross-lingual plagiarism.

INTRODUCTION

Plagiarism is the act of using someone else's words, ideas, or work without proper attribution, and presenting it as one's own original work. This includes copying and pasting text from sources without quotation marks or proper citation, paraphrasing or summarizing someone else's work without giving credit, and using ideas or concepts from other sources without acknowledging the original author or source (conneau *et al.*, 2006). Plagiarism detection is important for maintaining academic integrity, promoting fairness and accu-

racy, and complying with legal requirements. In a multilingual and globalized world, the detection of cross-lingual plagiarism (where the plagiarized document and the plagiarism are in two different languages) is of an uttermost importance. To address this challenge, different strategies have been proposed, most often targeting specific language pairs, or making usage of English as a pivot language. In this paper, we introduce a simple and elegant strategy based on the combination of multilingual sentence embedding models that have emerged recently, and of a binary classifier. Sentence embedding is a technique in natural language processing (NLP) that involves mapping a sentence to a vector space. The dense and fixed dimensional vector representation of a sentence captures its semantic meaning and enables machine learning algorithms to process and analyze textual data. Multilingual sentence embedding models such as (Conneau *et al.*, 2019 ; Yang *et al.*, 2019 ; Liu *et al.*, 2019 ; Sanh *et al.*, 2019) extend the embedding paradigm to other languages than English. These multilingual models are trained to generate sentence embeddings that are aligned across different languages in vector space. These models can be used for a variety of applications, such as cross-lingual document classification, machine translation, and cross-lingual information retrieval.
After the introduction, we present the related works in Sec. 2. In Sec. 3, we discuss the steps of the new approach with a focus on novelties. In Sec. 4, we present the methodology of evaluation. We then discuss the major results of our study in Sec. 5 and discuss a few directions of improvement.

1. RELATED WORKS

The field of plagiarism detection has seen recent advancements with the development of neural language models such as BERT (Devlin *et al.*, 2018) and GPT-3 (Brown *et al.*, 2020). These models allow for human-like text paraphrasing and pose a threat to academic integrity by making it harder to identify machine-obfuscated plagiarism (Wahle *et al.*, 2021 ; Dehouche, 2021). To address this issue, researchers have been developing NLP-based deep learning approaches to plagiarism detection that go beyond traditional word searching and matching or through character-level features (Sánchez-Vega *et al.*, 2019). One such approach uses state-of-the-art techniques such as attention mechanisms and sentence transformers for text encoding and contextualization, resulting in more accurate results than classical methods (Rosu *et al.*, 2021).
Another area of research is the use of contextualized word embeddings (Ferrero *et al.*, 2017) for cross-language plagiarism detection. However, there is still limited research on this topic of cross-language plagiarism detection, and the works in this field are mainly focused on a particular language pair, such as the Russian-English language pair (Tlitova *et al.*, 2020). According to D. D. A. Vaz (Vaz, 2021), this approach performs well for various language pairs including English-French, English-Spanish, English-Portuguese, and English-Russian, achieving typically an F1 score of 79% for the PAN-PC-12 Spanish partition, and an F1 score of 78% for the PAN-PC-12 German partition.

The use of Machine Translation from a source language to English has been explored in (Bakhteev *et al.*, 2019), showing promising results. However, the usage of translation tools can alter the structure of a sentence, encouraging the use of a multilingual embedding framework.

In conclusion, the use of neural language models and NLP-based deep learning approaches is advancing the field of plagiarism detection. However, there is still a need for further research and development, especially for identifying generic cross-language plagiarism beyond specific language pairs.

2. METHODOLOGY

Our methodology, as illustrated in Figure 1, can be split in two stages: the (pre-computed) indexation stage and the inference stage (at runtime).

The indexation stage (pre-computed) consists of processing of the reference corpus in three steps:

1. sentence splitting,
2. computation of the sentence embeddings,
3. indexation of those embeddings.

For inference (at runtime), we also apply the previous two first steps, and perform a vector search and a binary classification:

1. sentence spitting,
2. computation of the sentence embeddings,
3. search of k-nearest neighbors,
4. binary classification.

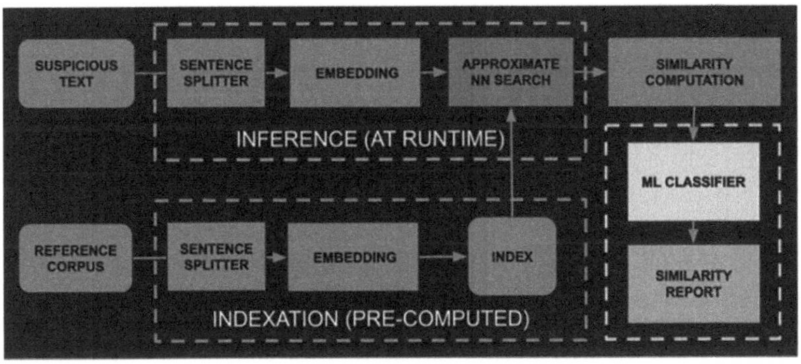

Figure 1: Processing pipeline

The following sections describe in detail the steps of the process, focusing on the novelties this approach introduces.

2.1. Sentence embeddings

While the embedding models can embed longer texts, it appears that the semantics of the text are "diluted" when the method is applied to longer pieces of text. Therefore, a good trade-off appears to be embedding the texts at the level of the sentences (hence the name of "sentence embedding").

To split the texts into sentences (during the indexation stage for the reference corpus, and at inference time for the suspicious document), we used Spacy Sentencizer[1] which is a rule-based sentence splitter.

Sentence embedding algorithms use various approaches to generate vector representations of sentences. Previously, methods such as Word2Vec (Mikolov *et al.*, 2013) or GloVe (Pennington *et al.*, 2014) were used to generate pre-trained word embeddings. These word embeddings could then be combined using a weighted average or concatenation method to generate a single vector representation of the sentence. However, this approach has shown poor results on certain downstream tasks, specifically on sentence-pair regression tasks like semantic textual similarity (STS) (Reimers & Gurevych, 2019). Modern approaches rely on the transformer architecture, which can capture the contextual information of a sentence and generate a more robust sentence embedding.

LaBSE (Language-agnostic BERT Sentence Embedding) (Feng *et al.*, 2020) is a multilingual sentence embedding model based on the BERT architecture and trained on a large amount of monolingual data and parallel corpora to generate language-agnostic sentence embeddings.

The key innovation of LaBSE is the use of cross-lingual training objectives that encourage the model to generate sentence embeddings that are aligned across different languages. Specifically, the model is trained to maximize the similarity between the sentence embeddings of parallel sentences in different languages while minimizing the similarity between non-parallel sentences. This approach enables the model to learn a shared representation of sentences across different languages, mapping sentences of in different languages in aligned vector spaces.

LaBSE model natively support 109+ languages, making unnecessary to make language detection or using machine translation to a pivot language to detect cross-lingual plagiarism. This simplifies the processing pipeline and make the generic method applicable to any language pair.

2.2. Vector search engine

At inference time, we need to retrieve the sentences from the reference corpus that are the most similar (the closest in the vector space) to the suspicious one. An exhaustive search, which complexity is O(n) (where n is the number of sentences in the reference corpus), would make the search practically intractable when the reference corpus grows.

To address this scalability issue, we have been using approximate nearest neighbor search (ANN) algorithm, which is a technique for finding the nearest neighbors of a query vector in a dataset.

For this, we used the implementation of the Faiss (Facebook AI Similarity Search) library[2], an open-source library developed by Facebook AI Research (FAIR) that provides a set of tools and algorithms for efficient similarity search (Johnson *et al.*, 2017) and clus-

1. https://spacy.io/api/sentencizer
2. https://github.com/facebookresearch/faiss

tering of high-dimensional vectors. It is designed to handle very large-scale datasets, such as those commonly encountered in image and text retrieval applications. Faiss library was used both to index the sentence embeddings outputted by LaBSE and to perform the vector search. The ANN algorithm is based on Voronoi cells of some vector centroids (computed using a clustering algorithm).
Finally, the output vectors of the LaBSE models have the interesting property to be unit vectors (vectors with a length of value 1), making it easier to compute "semantic similarity" between two texts by computing their distance in the vector space, using the "cosine distance", the cosine of the angle between two vectors A and B:

$$\cos(\theta) = \frac{\vec{A} \cdot \vec{B}}{\|\vec{A}\| \cdot \|\vec{B}\|} = \frac{\sum_{i=1}^{n} A_i B_i}{\sqrt{\sum_{i=1}^{n} A_i^2} \sqrt{\sum_{i=1}^{n} B_i^2}}, \quad (1)$$

2.3. Duplicated content classifier

To classify each sentence as being duplicated (plagiarized) or not, we trained a Machine Learning binary classifier. This classifier uses as features the maximum cosine similarity (i.e., the cosine similarity with the most similar sentence from the reference corpus), the sentence length and the sentence embedding itself.
A binary classifier is a classifier where only 2 outputs are possible: in our case, duplicated or not. For our proof-of-concept, we have evaluated a ML algorithm, the Support Vector Classifier (SVC) with a Radial Basis Function (RBF) kernel against baselines. For this model, we have set the value of the regularization parameter C to 1, and the value of the **class_weight** parameter to 'balanced', to automatically adjust weights inversely proportional to class frequencies in the input data to consider the imbalance of the dataset (see section 4.1).

2.4. Similarity report

While the methodology is sentence-based, it is often required to have a more global approach. We usually want to know if a text (or some part of it) is plagiarized. In this case, we can use global metrics such as the number and ratio of sentences classified as duplicated content or the average similarity with the most similar source.

3. EVALUATION

To develop the system and evaluate our model, we used the private dataset of our implementation partner, 1WorldOnline. This sample dataset is representative of the use case for which the model was developed.

3.1. Benchmark Dataset

The dataset consists of 328 documents (media articles) made of 18'245 sentences. These documents are divided in 5 languages: 279 in English, 33 in Russian, 10 in French, 4 in German and 2 in Ukrainian. Among them, 13 documents (472 sentences) have duplicated content created using machine translation. This represents about 2,59% of the total, making it a very unbalanced dataset.
The True/positive label corresponds to the duplicated content while the False/negative label corresponds to the non-duplicated content. This dataset is then divided, in a stratified manner, in two parts: a train set (67%) and a test set (33%).
In this dataset, documents are in the form of html code, that is cleaned (using the BeautifulSoup[3] library) at the beginning of the processing.

3.2. Metrics

To evaluate the model, we use different metrics: Accuracy, F1-score, recall and precision. To compute these metrics, we are computing the confusion matrix where *TruePositive* (TP) represents the number of positive (duplicated) sentences that are classified as positive by the model. *TrueNegative* is the number of negative (non-duplicated) sentences that are classified as negative by the model. *FalsePositive* (FP) is the number of negative (non-duplicated) sentences that are classified as positive by the model and *FalseNegative* (FN) is the number of positive (duplicated) sentences that are classified as negative by the model.
The "accuracy" metric is therefore the ratio of correctly predicted sentences out of the total of sentences:

$$Accuracy = \frac{TP + TN}{TP + TN + FP + FN}, \quad (1)$$

The "recall" metric is the ratio of positive items that are retrieved (i.e., classified as positive) by the system.

$$Recall = \frac{TP}{TP + FN}, \quad (2)$$

On the other side, the "precision" metric is the ratio of the truly positive items among all those which are classified as positive by the system.

$$Precision = \frac{TP}{TP + FP}, \quad (3)$$

The F1-score is a way to aggregate the precision and recall. It is defined as the harmonic mean of these two metrics.

$$F1\_score = 2 \cdot \frac{Precision \cdot Recall}{Precision + Recall}, \quad (4)$$

3. https://beautiful-soup-4.readthedocs.io/en/latest/#

3.3. Baselines

Since the dataset is very unbalanced (the non-duplicated content represents 97,41% of the dataset), a naïve baseline (*baseline 1*) is to systematically classify (predict) the text as being from the most frequent class (so, in our case, the negative label corresponding to unduplicated content).
A more interesting baseline (*baseline 2*) is to use a simple model based on a threshold of the maximum cosine similarity (of a suspicious sentence against all sentences from the indexed corpus). This baseline was proposed based on the significant discrimination observed in this metric when comparing the positive and negative labels, as shown on Figure 2.

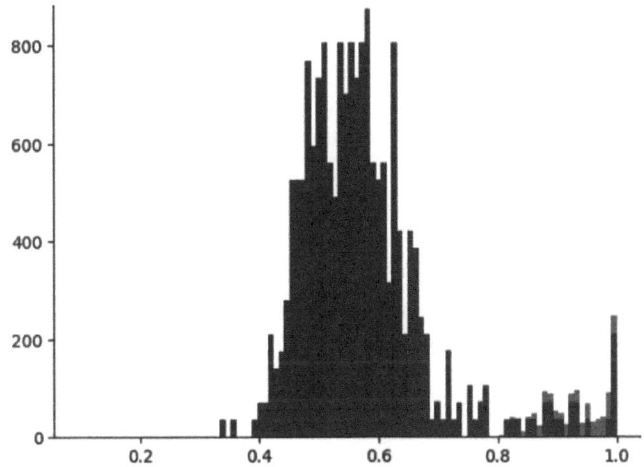

Figure 2: Maximum similarity score for the positive (light grey) and negative (dark grey) labels

4. RESULTS AND DISCUSSION

In this section, we present and discuss the results obtained by the different models and that are presented in Table 1.

Model	Acc.	Prec.	Rec.	F1
Basel. 1	97%	0%	0%	0%
Basel. 2	96%	36%	**86%**	51%
SVC_RBF	**99%**	**99%**	81%	**89%**

Table 1: Performance metrics of classifiers

4.1. Results

This naïve approach of the *baseline 1* model (with "most frequent" strategy) achieves an impressive 97% of accuracy. Nevertheless, this model is not able to retrieve any duplicated content, and therefore achieve 0% recall, while precision and F1-score are undefined (in this case, we valued the score of the metric at 0).
For the *baseline 2* model (with maximum cosine similarity), and by setting the threshold to the optimal value of 0.76, we obtain a precision of 36% and a recall of 86%, making a F1-score of 51%.
Evaluated with cross-validation, the SVC-RBF model is improving upon the *baseline 2* on all metrics except recall. Particularly, it achieves a big boost on precision (from 36% to 99%) and on F1-score (from 51% to 89%). See Figure 3 for the frequencies in the confusion matrix of this model.

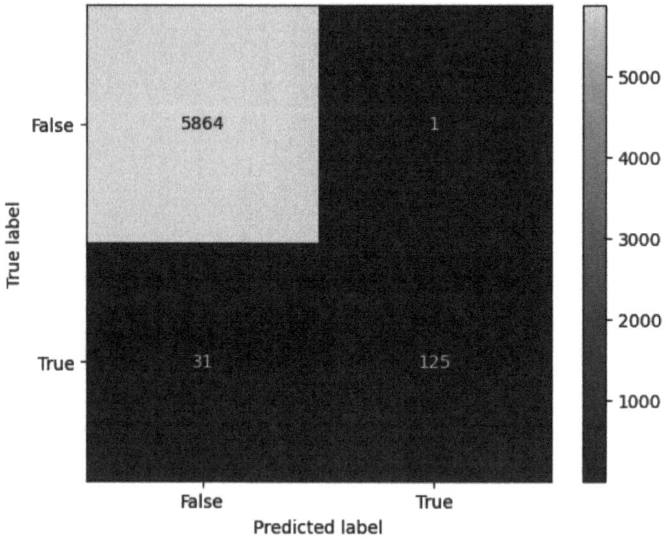

Figure 3: Confusion matrix of the SVC-RBF model

4.2. Discussions

The result of the *baseline 2* model demonstrates that the multilingual sentence embeddings are capturing semantic information that can be used to assess similarity of texts, and therefore to detect plagiarism in a cross-lingual environment. The improved results obtained with the SVM-RBF model highlight that the additional features of this model (sentence length, sentence embedding) are useful for fine tuning the classification. Indeed, we introduced these features in the model for the model to learn to not classify as "plagiarized" some very short or common sentences.

4.3. Limits and possible improvements

Detected plagiarisms include machine rephrasing and machine translation. But the surging use of text generative-AI (e.g.: ChatGPT) requires adding a detection system for machine generated texts. The system fails to detect the paraphrasing that makes restructuration of sentences (e.g.: splitting complex sentences in several simpler sentences or merging simple sentences into a more complex one).
Our model is a proof-of-concept and could benefit from some improvements to be production ready.
First, sentence splitter has proven to be a crucial part of the NLP pipeline and we could use a multilingual sentence splitter ML model (instead of a rule-based one) (Sheik *et al.*, 2022). Second, the dataset used for training and evaluating was quite limited. A wider dataset could be obtained by using text generative-AI for "data augmentation". Third, we have only tested the LaBSE model, and we could evaluate the performance of some other multilingual sentence embedding models. We could also evaluate impact of fine-tuning the model for this task since we have only used a pretrained model. Fourth, we should use state-of-the-art classification models (neural networks) instead of the SVC_RBF model if we have enough data. We should optimize the hyperparameters of this classifier during the process. Last, we should use an academic benchmark, such as PAN-PC-11 (Potthast *et al.*, 2010), to evaluate the methodology against other available methods.

CONCLUSIONS

In conclusion, we have employed a multilingual sentence embedding model to effectively represent sentences from both reference and suspicious texts. By utilizing vector search, we identified the highest similarity scores between sentences in the suspicious document and those in the reference corpus. Subsequently, we trained a Machine Learning classifier on the embeddings and similarity scores to accurately discern duplicated content. Remarkably, this straightforward approach demonstrates promising results, even in cross-lingual contexts. In comparison to other methods and evaluation metrics in cross-lingual contexts, our approach utilizing a multilingual sentence embedding model has shown promising results in accurately identifying duplicated content. Our method, with LaBSE + SVC_RBF, has achieved an F1-score improvement of 10% (from 79% to 89%) on our limited benchmark.
However, it is important to note that the benchmark used in our study is limited and different. Therefore, further evaluation on larger and more diverse datasets is necessary to fully assess the method's performance. Finally, while our approach is straightforward, further refinement and optimization are necessary before implementing it in production environments to ensure its robustness and reliability.

ACKNOWLEDGEMENTS

The project was funded by the Innocheque program of Innosuisse. This Word template was created by Aleksandr Ometov, TAU, Finland. The template is made available under a Creative Commons License Attribution-ShareAlike 4.0 International (CC BY-SA 4.0). The ChatGPT tool has been used to refine and optimize the phrasing of certain passages.

Bibliography

- BAKHTEEV (O.) *et al.*, "CrossLang: the system of cross-lingual plagiarism detection", dans *Workshop on Document Intelligence at NeurIPS*, 2019.
- BROWN (T.) *et al.*, "Language models are few-shot learners", dans *Advances in Neural Information Processing Systems*, vol. 33, 2020, pp. 1877-1901.
- CONNEAU (A.) *et al.*, "Unsupervised cross-lingual representation learning at scale", *arXiv preprint arXiv:1911.02116*, 2019.
- DEHOUCHE (N.), "Plagiarism in the age of massive Generative Pre-trained Transformers (GPT-3)", dans *Ethics in Science and Environmental Politics*, vol. 21, 2021, pp. 17-23.
- DEVLIN (J.) *et al.*, "Bert: Pre-training of deep bidirectional transformers for language understanding", *arXiv preprint arXiv:1810.04805*, 2018.
- FENG (F.) *et al.*, "Language-agnostic bert sentence embedding", *arXiv preprint arXiv:2007.01852*, 2020.
- FERRERO (J.) *et al.*, "Using word embedding for cross-language plagiarism detection", *arXiv preprint arXiv:1702.03082*, 2017.
- JOHNSON (J.), DOUZE (M.) et JÉGOU (H.), "Billion-scale similarity search with GPUs", 2017. Consulté le 11 nov. 2024. Disponible sur : https://arxiv.org/abs/1702.08734.
- LIU (Y.) *et al.*, "Roberta: A robustly optimized bert pretraining approach", *arXiv preprint arXiv:1907.11692*, 2019.
- MAURER (H.), KAPPE (F.) et ZAKA (B.), "Plagiarism – A Survey", dans *Journal of Universal Computer Science*, vol. 12, n° 8, 2006, pp. 1050-1084.
- MIKOLOV (T.), CHEN (K.), CORRADO (G.) et DEAN (J.), "Efficient Estimation of Word Representations in Vector Space", *arXiv:1301.3781v3 [cs.CL]*, 2013.
- PENNINGTON (J.), SOCHER (R.) et MANNING (C.), "GloVe: Global Vectors for Word Representation", dans *Proceedings of the 2014 Conference on Empirical Methods in Natural Language Processing (EMNLP)*, pp. 1532-1543, Doha, Qatar, Association for Computational Linguistics.
- POTTHAST (M.), STEIN (B.), BARRÓN-CEDEÑO (A.) et ROSSO (P.), "An Evaluation Framework for Plagiarism Detection", dans *Proceedings of the 23rd International Conference on Computational Linguistics (COLING 2010)*, Pékin, Chine, août 2010, Association for Computational Linguistics. Consulté le 11 nov. 2024. Disponible sur : https://aclanthology.org/C10-2115.pdf.
- REIMERS (N.) et GUREVYCH (I.), "Sentence-BERT: Sentence Embeddings using Siamese BERT-Networks", *arXiv preprint arXiv:1908.10084 [cs.CL]*, 2019.
- ROSU (R.) *et al.*, "Nlp based deep learning approach for plagiarism detection", dans *RoCHI-International Conference on Human-Computer Interaction*, Roumanie, 2021.

- Sánchez-Vega (F.) *et al.*, "Paraphrase plagiarism identification with character-level features", dans *Pattern Analysis and Applications*, vol. 22, 2019, pp. 669-681.
- Sanh (V.) *et al.*, "DistilBERT, a distilled version of BERT: smaller, faster, cheaper and lighter", *arXiv preprint arXiv:1910.01108*, 2019.
- Sheik (R.), Gokul (T.) et Nirmala (S.), "Efficient Deep Learning-based Sentence Boundary Detection in Legal Text", dans *Proceedings of the Natural Legal Language Processing Workshop 2022*, pp. 208-217, Abu Dhabi, Émirats Arabes Unis, Association for Computational Linguistics, 2022.
- Tlitova (A.) *et al.*, "Meta-Analysis of Cross-Language Plagiarism and Self-Plagiarism Detection Methods for Russian-English Language Pair", dans *Frontiers in Computer Science*, vol. 2, 2020, p. 523053.
- Vaz (D.D.A.), "Cross language plagiarism detection with contextualized word embeddings", 2021. Consulté le 11 nov. 2024. Disponible sur : https://lume.ufrgs.br/bitstream/handle/10183/226141/001128573.pdf.
- Whale (J.P.) *et al.*, "Are neural language models good plagiarists? A benchmark for neural paraphrase detection", dans *2021 ACM/IEEE Joint Conference on Digital Libraries (JCDL)*, IEEE, 2021.
- Yang (Y.) *et al.*, "Multilingual universal sentence encoder for semantic retrieval", *arXiv preprint arXiv:1907.04307*, 2019.

L'INTÉGRATION DES OUTILS D'INTELLIGENCE ARTIFICIELLE DANS LA PRODUCTION ACADÉMIQUE ÉTUDIANTE : DYNAMIQUES, PERSPECTIVES ET ENJEUX

Zhuoran MA, enseignant-chercheur
Université Grenoble Alpes, Laboratoire GRESEC, EA608
zhuoran.ma@univ-grenoble-alpes.fr

Résumé

Cette étude a pour objectif d'examiner les enjeux liés à l'utilisation des outils d'intelligence artificielle dans la production académique des étudiants, en analysant comment ceux-ci se servent de ces outils et évaluent leur efficacité. À partir de l'analyse de 510 réponses à un questionnaire adressé aux étudiants de diverses disciplines et niveaux d'études de l'Université Grenoble Alpes, nous mettons en lumière le rôle significatif de ces technologies dans le contexte de l'enseignement supérieur. Nous proposons une intégration harmonieuse entre technologie, pédagogie et adaptation au changement, afin d'optimiser l'usage de ces outils.

Mots-clés : université, étudiant, intelligence artificielle, utilisation, éducation, enquête, Université Grenoble Alpes.

INTRODUCTION

Depuis 2016, l'amélioration des performances techniques des outils d'intelligence artificielle (IA)[1] a suscité un intérêt considérable pour leur intégration dans le domaine de l'éducation (Becker, 2018 ; Roll et Wylie, 2016). Des recherches récentes, notamment après l'apparition de la première version de *ChatGPT* en 2022, ont exploré l'uti-

1. Prenons l'exemple du succès d'*AlphaGo* de Google face au champion de jeu de go Lee Se-Dol.

lisation de ces outils au sein des institutions éducatives (Pôle Léonard de Vinci et Talan, 2024), ainsi que leur réglementation à l'échelle mondiale (Unesco, 2024). Toutefois, les enjeux liés à cette utilisation par les étudiants nécessitent encore des investigations approfondies, notamment en ce qui concerne les difficultés rencontrées, les problèmes engendrés et l'évaluation des résultats obtenus. Notre problématique repose sur une ambiguïté : l'utilisation des outils d'IA par les étudiants pour la production académique constitue une préoccupation réelle pour l'enseignement supérieur, tandis que les stratégies et les défis associés à cette pratique manquent de clarté. En matière de pédagogie, une analyse de cette problématique offre aux formateurs de l'enseignement supérieur la possibilité d'orienter de manière plus éclairée leurs étudiants vis-à-vis de la prolifération des outils d'IA.

À partir de cette problématique, cette étude vise plus précisément à répondre à trois questions.

1. Quelles sont les raisons sous-jacentes à l'utilisation des outils d'IA par les étudiants, se concentrant sur leurs intentions et leurs choix parmi une gamme d'outils disponibles ?
2. Quelles sont les pratiques effectives de l'utilisation, mettant l'accent sur la manière dont les étudiants intègrent les outils d'IA dans leur processus de production académique, les difficultés rencontrées et les problèmes générés ?
3. Quelles sont les perceptions des étudiants sur les outils d'IA, en soulignant leur évaluation des résultats obtenus et leur niveau de confiance dans ces outils ?

Pour répondre à ces interrogations, un questionnaire a été diffusé à des étudiants de diverses disciplines et de différents niveaux à l'Université Grenoble Alpes (France), sur la base d'une analyse antérieure (Compilatio et Sphinx, 2023). Le questionnaire, sur la plateforme Sphinx, a été distribué par email et a reçu 510 réponses valides. Les résultats de l'enquête font l'objet d'une analyse statistique et une analyse sémantique (Danowski, 2012).

1. L'UTILISATION INTENSIVE DES OUTILS D'IA DANS LES ÉTUDES

D'après notre enquête, les outils d'IA sont largement utilisés dans la production académique des étudiants. Sur les étudiants interrogés, 60 % utilisent régulièrement des outils d'IA au cours de l'année d'études, c'est-à-dire pour au moins 25 % de leurs travaux; 28 % réalisent au moins la moitié de leurs travaux à l'aide de ces outils.

Cette intégration de l'IA dépend également du niveau (*p-value* < 0,01, *Khi2* = 30,8) et du domaine d'études (*p-value* < 0,01, *Khi2* = 73,8).

- La moitié des étudiants de premier cycle n'utilisent presque jamais d'outils d'IA dans leurs travaux, et seulement 17 % les utilisent systématiquement, c'est-à-dire qu'au moins la moitié de leurs travaux impliquent l'utilisation de l'IA. Ce dernier chiffre s'élève à 33 % chez les étudiants du deuxième cycle. Parmi eux, seul un tiers n'emploie pas d'outils d'IA dans leur production académique[2].

- En matière de domaine d'études, les outils d'IA sont régulièrement employés dans les travaux des étudiants en sciences dures, telles que l'informatique, la mathématique, la biologie, la chimie et la physique (figure 1). En revanche, les étudiants en sciences humaines et sociales (SHS) utilisent relativement moins ces outils dans leurs travaux. Ce constat est corroboré par le fait que l'ensemble les étudiants des écoles d'ingénieurs interrogés confirment l'implication des outils d'IA dans au moins la moitié de leurs travaux, contre 29 % pour l'ensemble des répondants[3].

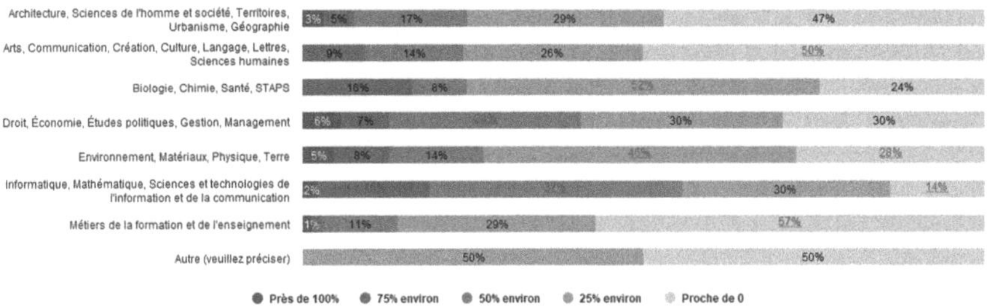

Figure 1 : L'utilisation des outils d'IA par domaine d'études

Afin d'approfondir notre compréhension de l'utilisation de l'IA, et en particulier des différences entre les niveaux et les domaines d'études, nous avons interrogé les étudiants sur leurs intentions relatives à cette utilisation. Dans l'ensemble, plus de 80 % des étudiants estiment que l'utilisation des outils d'IA leur fait gagner du temps; plus de la moitié d'entre eux considèrent que cet emploi favorise l'efficacité de leur apprentissage et les aide à obtenir de meilleures notes. Cependant, la grande majorité d'entre eux (58 %) ne sont pas convaincus que les outils d'IA puissent réellement améliorer leurs compétences (figure 2). Ces caractéristiques n'ont pas produit de divergences significatives entre les différents niveaux d'études.

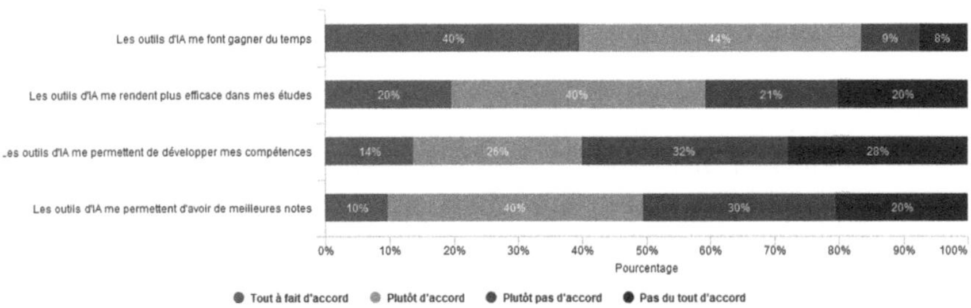

Figure 2 : Les intentions relatives à l'utilisation des outils d'IA

Néanmoins, les intentions des étudiants de différents domaines montrent des distinctions entre les sciences dures et les SHS. Les

2. Le nombre total d'échantillons du premier cycle est de 177, celui du deuxième cycle est de 330 et celui de l'autre est de 3.
3. Le nombre total d'échantillons en sciences dures est de 156, contre 352 en SHS et 2 en autre.

étudiants en sciences dures sont plus optimistes et ouverts à l'utilisation des outils d'IA dans leurs études : 94 % d'entre eux les utilisent pour gagner du temps, 76 % pour favoriser leur efficacité et 59 % pour obtenir des notes plus favorables. En outre, plus de la moitié d'entre eux (53 %) développent leurs compétences en comptant sur les outils d'IA. Au contraire, les étudiants en SHS sont beaucoup moins actifs dans leur utilisation des outils d'IA. Par exemple, seul un tiers d'entre eux s'en servent pour renforcer leurs compétences.

À partir de ces objectifs, les étudiants s'appuient majoritairement sur des générateurs de textes et sur des outils linguistiques spécifiques (pour la traduction ou la correction) (figure 3). Les générateurs d'images et de présentations, ainsi que les outils de programmation informatique (représentés par « Autre ») sont également employés dans leurs études.

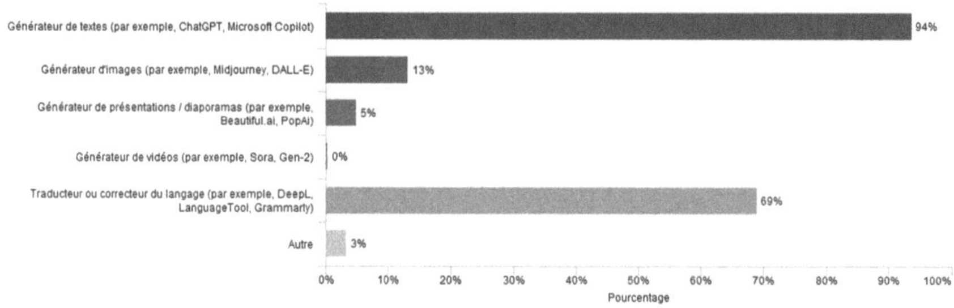

Figure 3 : Les choix des types d'outils d'IA

D'autre part, concernant les 40 % des étudiants qui n'utilisent presque jamais d'outils d'IA dans leurs études, 63 % d'entre eux ont des préoccupations éthiques quant à cette utilisation. La principale préoccupation est qu'il peut s'agir de tricherie ou de plagiat, comme le montrent les commentaires suivants : « je n'ai pas envie de « tricher » en les utilisant, ça me ferait culpabiliser » ; « Les outils dotés d'IA fonctionnent sur la base d'algorithmes. Par conséquent, il y a une probabilité de faire du plagiat ».

Par ailleurs, plus de la moitié des étudiants non utilisateurs (52 %) n'ont qu'une faible confiance dans les résultats obtenus et un sur cinq de ces étudiants indique qu'il a des difficultés à maîtriser ces outils. Parmi ces non-utilisateurs, 16 % déclarent qu'ils se conforment aux exigences de l'établissement ou de l'enseignant. En outre, selon les commentaires, certains étudiants non utilisateurs indiquent qu'ils n'en ont pas besoin, comme l'illustre le commentaire suivant : « pas encore la nécessité d'utiliser de tels outils par rapport aux travaux demandés », et certains préfèrent effectuer le travail eux-mêmes à des fins d'apprentissage, comme le souligne cet étudiant : « je veux réussir mes études en ayant appris des connaissances et l'IA ne permet pas l'apprentissage ».

2. LES DIFFÉRENTS TYPES D'OUTILS D'IA DANS LA PRODUCTION ACADÉMIQUE DES ÉTUDIANTS

2.1. Les générateurs de textes

94 % des étudiants qui utilisent des outils d'IA emploient des générateurs de textes. La quasi-totalité de ces étudiants (98 %) utilise *ChatGPT*, et plus de la moitié d'entre eux (53 %) l'utilisent régulièrement (figure 4). En d'autres termes, ce produit d'OpenAI est un énorme succès par rapport à ses concurrents, qu'ils appartiennent ou non aux géants américains de la technologie, tels que *Gemini* de Google.

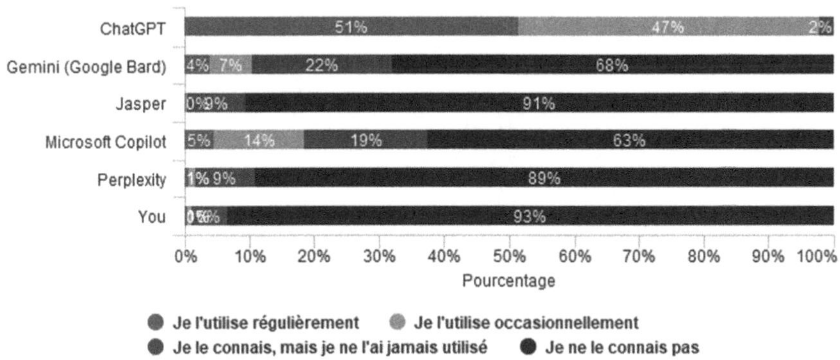

Figure 4 : Les choix des générateurs de textes

Selon le réseau sémantique des commentaires des étudiants (figure 5), les utilisations de ce type d'outils peuvent être classées en quatre catégories :

1) la programmation informatique, représentée par des paires de mots comme « code + python » et « formulation + code »[4] ;

2) l'assistance linguistique, représentée par des paires comme « reformulation + phrase », « tournure + phrase » et « corriger + faute »[5] ;

3) la compréhension d'un sujet, représentée par des paires comme « mieux + comprendre » et « idée + explication »[6] ;

4) l'inspiration sur un thème particulier, représentée par des paires comme « trouver + idée » et « information + trouver »[7].

4. Parmi les résultats de l'analyse sémantique offerts par *WORDij*, la liste des paires des mots permet de les classer en fonction de leur proportion. Après l'élimination des paires moins significatives, nous pouvons identifier des paires telles que « code + python » (5e place), « formulation + code » (39e place).

5. « reformulation + phrase » (3e place), « tournure + phrase » (6e place), « corriger + faute » (8e place).

6. « mieux + comprendre » (9e place), « idée + explication » (11e place).

7. « trouver + idée » (13e place), « information + trouver » (19e place).

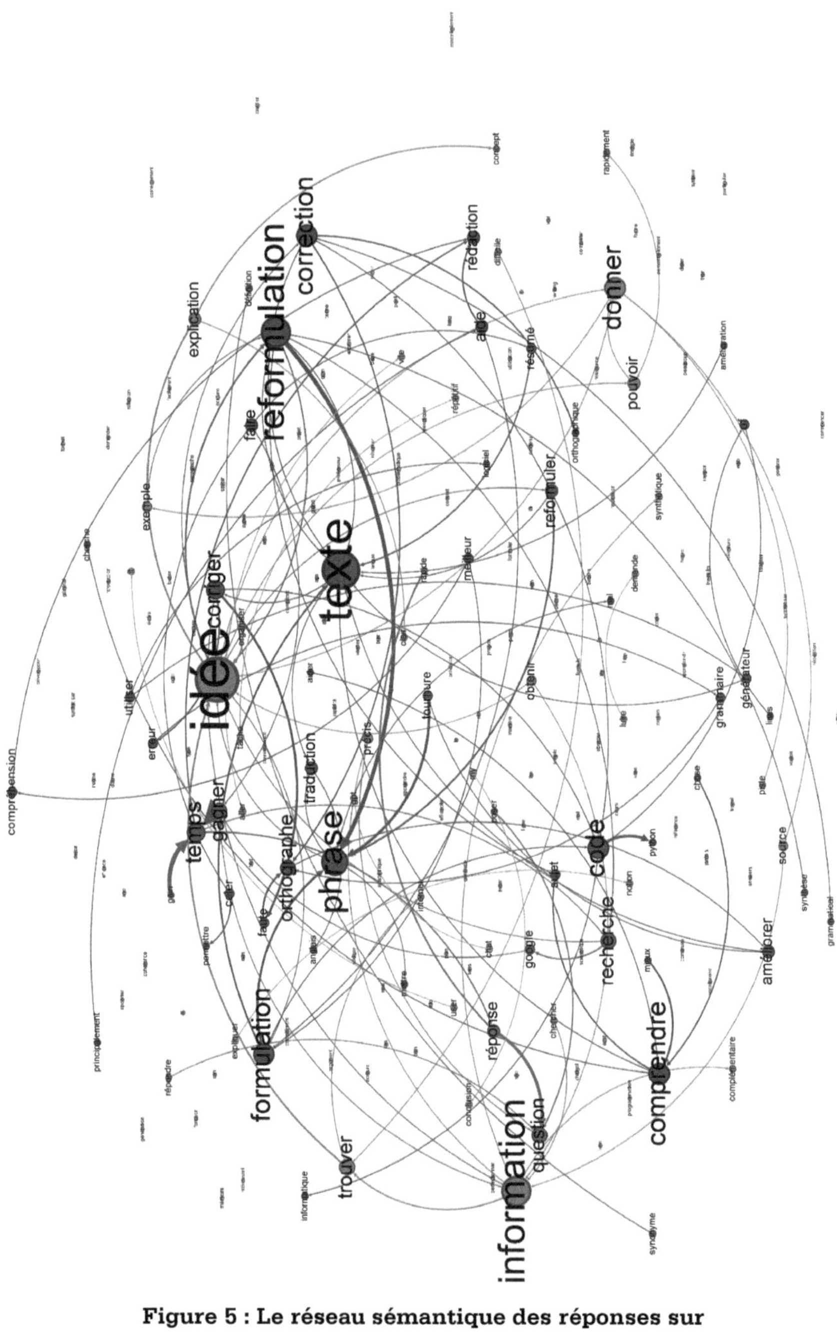

Figure 5 : Le réseau sémantique des réponses sur l'objectif de l'utilisation des générateurs de textes

En s'appuyant sur des générateurs de textes, près de la moitié des étudiants utilisateurs (46 %) reformulent une partie du contenu généré pour l'intégrer dans leurs travaux. 27 % des étudiants les utilisent simplement pour mieux comprendre certains sujets et sans utiliser directement le contenu généré. Seul un faible pourcentage d'étudiants reformule l'ensemble du contenu généré et l'intègre dans leurs travaux (11 %), ou ne fait que copier-coller une partie (5 %) ou la totalité du contenu généré (1 %).

Concernant les limites ou les risques d'utilisation, plus de la moitié des étudiants (58 %) utilisant des générateurs de textes n'ont pas confiance dans les résultats obtenus et près de la moitié (47 %) ont des préoccupations éthiques. Par ailleurs, un étudiant sur cinq déclare ne pas être en mesure d'obtenir les résultats attendus et 9 % éprouvent des difficultés dans leur utilisation, comme l'indique ce commentaire : « Si on ne connaît pas comment et quoi demander, les résultats peuvent être médiocre »[8]. En outre, un certain nombre d'étudiants expriment leurs inquiétudes quant au développement de leurs propres compétences dans des commentaires tels que : « j'ai peur de trop l'utiliser et de ne plus réfléchir par moi-même. Je ne l'utilise donc que pour des tâches où je n'ai pas de valeurs ajoutées ou pour me donner des idées pour la reformulation de mes propres textes ». D'autre part, seuls 9 % des étudiants estiment qu'il n'y a pas de limites ou de risques liés à cette utilisation. Il convient toutefois de noter qu'un quart de ces étudiants reformulent l'intégralité du contenu généré ou copient-collent du contenu généré dans leurs propres travaux (figure 6). En d'autres termes, ces étudiants accordent une confiance excessive aux générateurs de textes et les utilisent avec un manque de prudence.

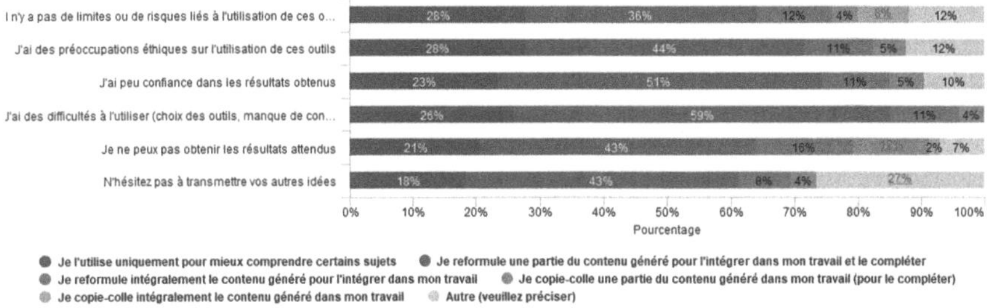

Figure 6 : Le croisement entre les choix des limites ou des risques et la manière dont les générateurs de textes sont utilisés[9]

2.2. Les traducteurs ou correcteurs du langage

Les traducteurs ou les correcteurs du langage sont les deuxièmes outils d'IA les plus utilisés par les étudiants (figure 3) ; avec plus de deux tiers d'entre eux (69 %) y ayant recours dans le cadre de leurs études. Selon la figure 7, *Translate* du géant technologique américain Google (89 %), *DeepL* de l'Allemagne (82 %) et *Reverso* de la France (66 %) sont les trois les plus utilisés.

8. Sauf indication contraire, toutes les citations en langues étrangères ont été traduites par l'auteur de cet article. Texte original : « if one doesn't know how and what to ask, results can be lackluster ».

9. Exemple de lecture : parmi les étudiants qui utilisent des générateurs de textes et qui ne perçoivent pas de limites ou de risques liés à cette utilisation, 28 % les utilisent uniquement pour mieux comprendre certains sujets, 36 % reformulent une partie du contenu généré et l'intègrent à leurs travaux, 12 % reformulent tout le contenu généré et l'intègrent à leurs travaux, 4 % copient et collent une partie du contenu généré, 8 % copient et collent tout le contenu généré et 12 % utilisent ces outils d'une autre façon. Les figures 10, 12 et 14 peuvent également être traduites de cette manière.

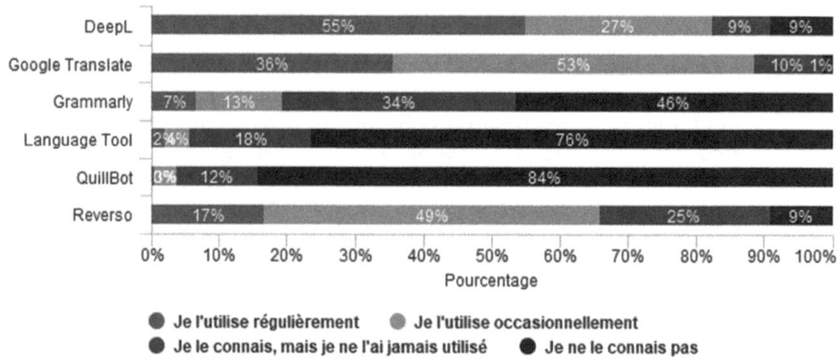

Figure 7 : Les choix des traducteurs ou correcteurs du langage

En termes de langues traitées, l'anglais et le français sont les deux langues les plus souvent traduites et corrigées (figures 8 et 9). D'autres langues européennes telles que l'espagnol, l'allemand et l'italien sont également souvent traitées par les étudiants dans leurs études.

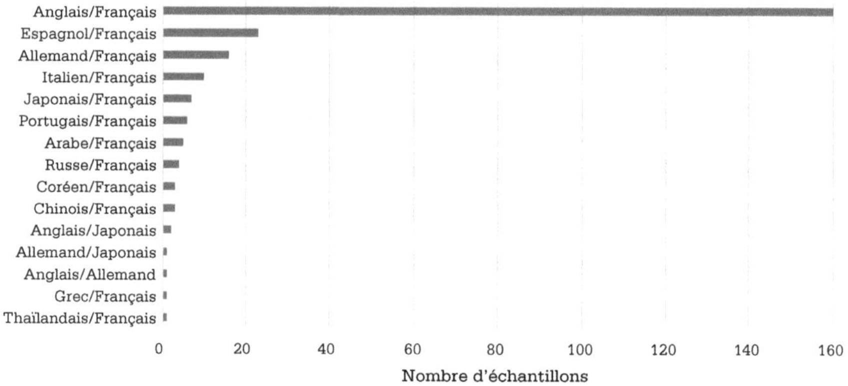

Figure 8 : Les langues traduites avec des outils d'IA

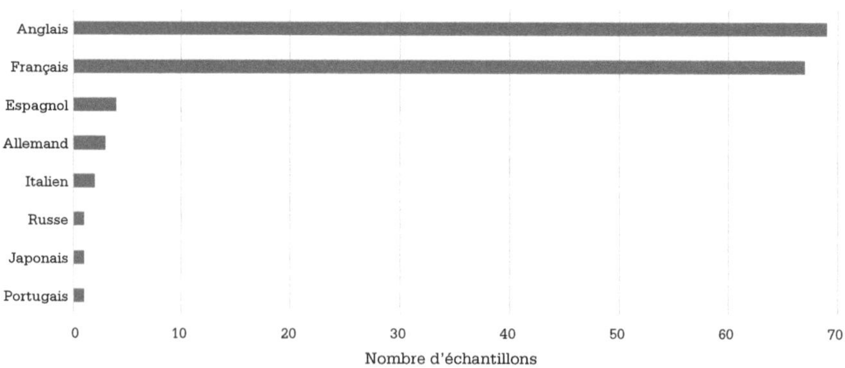

Figure 9 : Les langues corrigées avec des outils d'IA

En utilisant ce type d'outils d'IA, près de 40 % des étudiants reformulent des textes traduits ou corrigés par l'IA et les intègrent dans leurs travaux. Près de 30 % des étudiants utilisent ces outils uniquement pour mieux comprendre certains sujets. Il convient toutefois de noter qu'un étudiant sur cinq (22 %) copie et colle tout ou partie du contenu traité par ces outils dans ses travaux.

Quant aux risques et aux limites d'utilisation, les étudiants sont moins prudents dans l'utilisation des traducteurs ou correcteurs que dans celle des générateurs de textes. 42 % d'entre eux ne voient aucun risque ni limite lors du premier cas. Notons que près de 30 % de ces étudiants copient-collent des contenus traduits ou corrigés par l'IA (figure 10). Néanmoins, 36 % des utilisateurs étudiants ont peu de confiance dans les résultats obtenus. Selon eux, la raison principale est que ces outils sont incapables de comprendre le contexte du texte pour choisir les mots justes. Par ailleurs, 17 % ont des préoccupations éthiques sur l'utilisation de ce type d'outils d'IA, comme l'indique ce commentaire : « c'est une technique facile et rapide qui, selon moi, nous rend encore plus fainéants que ce que l'on est déjà ».

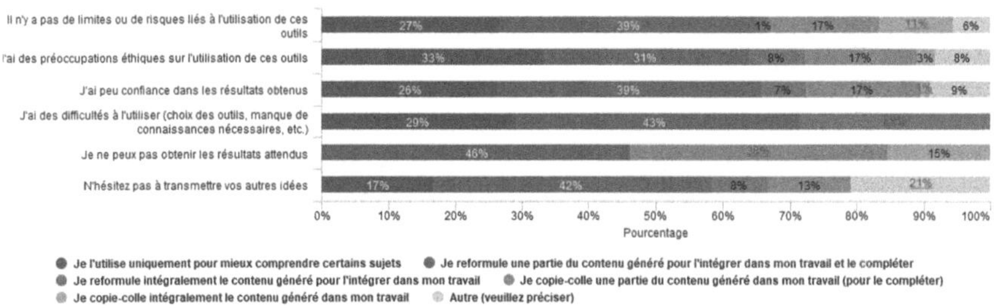

Figure 10 : Le croisement entre les choix des limites ou des risques et la manière dont les traducteurs ou correcteurs du langage sont utilisés

2.3. Les générateurs d'images

13 % des étudiants utilisant des outils d'IA ont recours à des générateurs d'images, soit beaucoup moins que pour les deux types précédents. *Canva*, un outil de design graphique développé en Australie, et *DALL-E*, développé par OpenIA, sont les plus connus ; 87 % des étudiants employant des outils de générateurs d'images en ont entendu parler ou les ont utilisés. Par ailleurs, *Copilot* de Microsoft et *Midjourney*, développé par un laboratoire indépendant en Californie, sont également bien connus, mais comptent peu d'étudiants utilisateurs (figure 11).

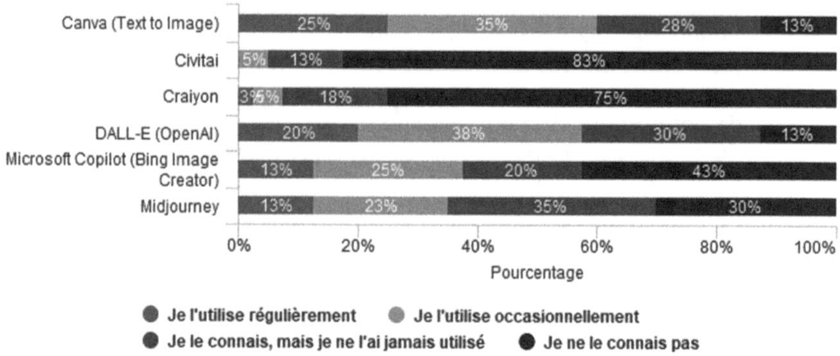

Figure 11 : Les choix des générateurs d'images

Quant à l'utilisation, illustrer rapidement des idées et trouver des images libres de droits sont les deux principaux objectifs. Plus précisément, 40 % des étudiants utilisateurs ont recours à ce type de générateur lorsqu'ils cherchent de l'inspiration pour leurs études. Cependant, près de la moitié des étudiants copient-collent tout (23 %) ou une partie (23 %) du contenu généré. De plus, 10 % des étudiants modifient des images générées et les intègrent dans leur travail.
En ce qui concerne les préoccupations de l'utilisation, 28 % des étudiants utilisateurs ne voient pas de limites ou de risques à l'utilisation de ce type de générateurs, dont 45 % font du copier-coller partiel ou complet du contenu généré (figure 12). Parallèlement, un peu moins de la moitié des étudiants utilisateurs (45 %) ont des préoccupations éthiques quant à l'utilisation de ces outils. Comme l'illustre ce commentaire :

> *éthiquement la plupart des IA transgressent des lois sur la propriété intellectuelle et « créative », ce qui pose un gros problème éthique, car l'image générée est très souvent un conglomérat de plagiat, rien n'est créé ex nihilo. L'IA se nourrit certes d'énormément d'images et d'œuvres pour autant que cela reste du plagiat.* [...] *Aujourd'hui leur principale barrière et celle de l'émotion, car à faire un conglomérat de plagiat les œuvres des IA sont vides d'intérêt elle perde l'essence des œuvres dans lesquelles elles puisent.*

En outre, près d'un quart des étudiants (23 %) n'ont pas été en mesure d'obtenir les résultats escomptés, et 77 % d'entre eux copient et collent les résultats même s'ils sont insuffisants. Le manque de confiance dans les résultats générés (18 %) et le manque de maîtrise de l'outil (15 %) constituent également des problèmes.

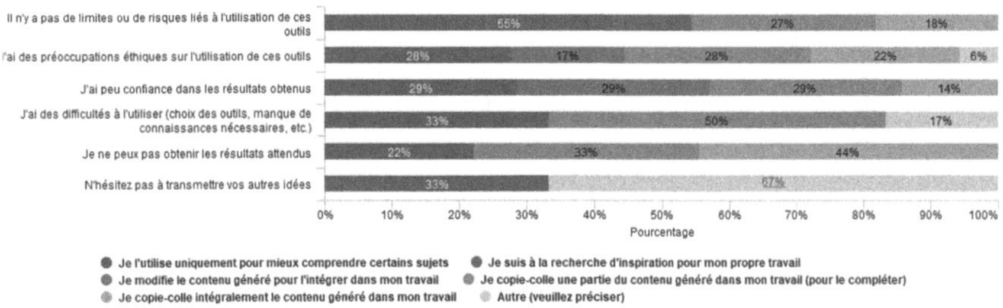

Figure 12 : Le croisement entre les choix des limites ou des risques et la manière dont les générateurs d'images sont utilisés

2.4. Les générateurs de présentations

Seuls 5 % des étudiants interrogés ont recours à des générateurs de présentations ou de diaporamas (figure 3). Concernant le choix des outils, notons que ce type de génération peut être assuré par les générateurs de textes. C'est le cas de *ChatGPT*, qui est choisi par 80 % des étudiants utilisant le générateur de présentations (figure 13). De plus, *Canva*, le générateur d'images mentionné précédemment, est également largement utilisé pour créer des présentations. Les générateurs spécifiques de présentations, comme *Beautiful.ai*, *SlidesAI* et *Presentations.ai* sont toutefois moins connus et moins employés. En d'autres termes, le domaine de la génération de présentations est dominé par de grands fournisseurs de générateurs généraux (cf. OpenAI, Canva); il est difficile pour les petits fournisseurs de services spécialisés de rivaliser avec les premiers.

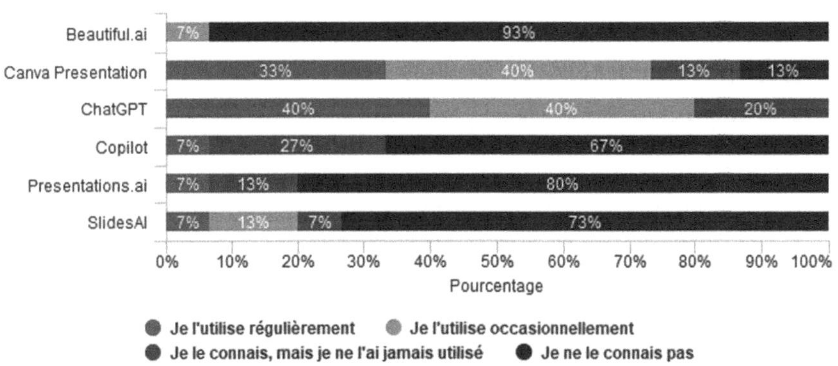

Figure 13 : Les choix des générateurs de présentations

La mise en forme des idées tout en gagnant du temps est le principal objectif de l'utilisation de ce type d'outil, comme le montrent des expressions utilisées par les étudiants interrogés : « belle présentation », « de temps », « rapidité et efficace ». À partir de cela, près de la moitié des étudiants utilisateurs modifient une partie (27 %) ou la totalité (20 %) des présentations générées avant de les intégrer dans leurs travaux. 27 % des étudiants copient et collent une partie du contenu généré. Un étudiant sur cinq utilise ces générateurs afin de trouver l'inspiration pour leur propre présentation.

En ce qui concerne les limites ou les risques de l'utilisation, près de la moitié des étudiants utilisateurs (47 %) ne les perçoivent pas dans le cas des générateurs de présentations, comme l'explique le commentaire suivant : « j'utilise les générateurs pour avoir une belle présentation, mais les informations textuelles sont ajoutées par moi. C'est principalement l'esthétique ». Notons que 57 % de ces étudiants modifient ou copient et collent le contenu généré dans leurs études (figure 14). Une autre remarque concerne la maîtrise de ce type d'outils : plus d'un tiers des étudiants utilisateurs (33 %) déclarent rencontrer des difficultés à l'utiliser, ce qui est bien plus que tous les autres types d'outils analysés (texte, image, vidéo, traducteur/correcteur).

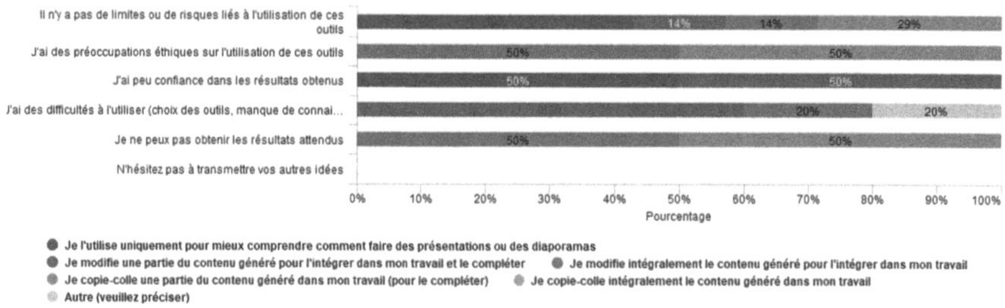

Figure 14 : Le croisement entre les choix des limites ou des risques et la manière dont les générateurs de présentations sont utilisés

Le générateur de vidéos est rarement utilisé pour la production académique étudiante : seul un étudiant de notre enquête en est utilisateur. Dans ce travail, nous n'entrerons donc pas dans les détails de ce type d'outils.

3. L'ÉVALUATION ET LA PERSPECTIVE DE L'UTILISATION

En termes de l'utilisation des outils d'IA, presque tous les étudiants interrogés (97 %) se montrent très ou plutôt satisfaits. Pour les 3 % restants qui sont très ou plutôt insatisfaits, la complexité de l'utilisation est la première raison (33 %), incluant la difficulté à formuler des prompts et le temps d'attente excessif. En effet, seulement 11 % des étudiants obtiennent les résultats attendus dès la première saisie de leurs prompts. Plus de la moitié des étudiants doivent saisir leurs prompts deux ou trois fois, et 14 % nécessitent quatre ou cinq tentatives. Notamment, plus d'un étudiant sur cinq (22 %) éprouve des difficultés significatives à formuler les prompts, nécessitant généralement plus de cinq entrées pour obtenir une réponse satisfaisante.

D'autres facteurs influençant la satisfaction incluent le manque de fonctionnalités nécessaires des outils (11 %) et le manque de compétences pertinentes chez les étudiants (11 %).

En termes des résultats obtenus, le taux d'insatisfaction s'élève : 10 % des étudiants utilisateurs sont plutôt ou très insatisfaits des résultats générés. Le problème principal, mentionné par deux tiers des insatisfaits, concerne les erreurs dans les résultats, comme en témoigne ce commentaire : « les réponses sont pour la plupart fausses (notamment en économie) ». De plus, la mauvaise qualité des réponses (57 %) et leur faible pertinence par rapport à la demande (47 %) sont également des problèmes majeurs. En outre, 7 % des insatisfaits notent que les résultats ne correspondent pas du tout à leurs attentes.

Une corrélation remarquable entre la satisfaction et le nombre de saisies des prompts est observée. Selon la figure 15, parmi les utilisateurs plutôt insatisfaits des résultats obtenus, seulement 7 % saisissent leurs prompts plus de cinq fois, ce qui est nettement moins que les 22 % des plutôt satisfaits et les 32 % des très satisfaits. Cela suggère que les premiers ne persévèrent pas autant dans l'adaptation de leurs prompts pour obtenir des réponses plus pertinentes. Il est également noté que de nombreux étudiants doivent modifier leurs prompts plusieurs fois pour obtenir une réponse satisfaisante, indiquant ainsi un besoin d'amélioration dans la formulation des prompts.

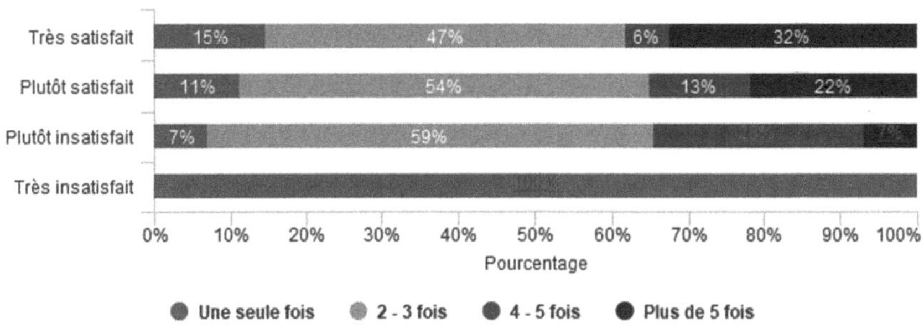

Figure 15 : Le croisement entre l'évaluation des résultats obtenus et le nombre de prompts saisis

En ce qui concerne l'intention d'utiliser des outils d'IA, les résultats montrent que près de 60 % des étudiants qui les utilisent actuellement prévoient de continuer à les utiliser au même rythme, tandis que 15 % prévoient une utilisation plus fréquente. Cependant, 15 % envisagent de les utiliser moins (13 %) ou pas du tout (2 %). Parmi ceux qui utilisent peu ou pas du tout ces outils, 12 % sont susceptibles de les essayer dans les mois à venir, tandis que 35 % déclarent qu'ils ne les utiliseront probablement pas et 42 % sont fortement opposés à cette utilisation dans le cadre de leurs études.

L'investissement financier dans l'utilisation des outils d'IA est également un aspect important.

- Parmi les utilisateurs actuels, 8 % ont payé pour leur utilisation, avec 57 % payant entre 10 et 20 euros par mois, 30 % ayant un coût mensuel de plus de 20 euros et 13 % payant moins de 10 euros par mois. Parmi les 92 % qui n'ont pas encore payé, 6 % déclarent qu'ils pourraient envisager de payer à l'avenir (5 % probablement et 1 % certainement). La majorité (32 %) indique qu'ils ne paieront probablement pas, tandis que 56 % sont certains de ne pas payer. Pour ceux qui pourraient envisager de payer à l'avenir, un coût mensuel entre 10 et 20 euros reste l'option la plus probable (44 %), alors que 39 % préféreraient un coût inférieur à 10 euros, et seulement 17 % seraient prêts à payer plus de 20 euros par mois.

- Parmi les étudiants susceptibles d'utiliser des outils d'IA à l'avenir, mais qui ne les utilisent pas ou peu actuellement, seuls 9 % indiquent qu'ils seraient probablement prêts à payer pour une telle utilisation, avec un budget inférieur à 10 euros.

La prochaine question à laquelle nous souhaitons répondre est celle de savoir comment les établissements d'enseignement supérieur devraient réagir à l'utilisation d'outils d'IA afin de mieux répondre aux besoins des étudiants. Selon la figure 16, plus de la moitié des étudiants (55 %) considèrent l'IA comme une opportunité plutôt que comme un risque pour l'enseignement. Notons que cette perception est fortement liée à la fréquence d'utilisation de ces outils : parmi les étudiants qui les utilisent régulièrement (pour plus de 25 % de leur travail), 83 % sont optimistes à l'égard de l'IA, la considérant comme une opportunité plutôt que comme un risque. Cette proportion tombe à 46 % chez les étudiants qui utilisent peu ou pas du tout ces outils. Cette ouverture des étudiants aux outils d'IA correspond à leur opinion sur l'interdiction de ces outils dans leurs études : 67 % d'entre eux ne sont pas favorables à une telle interdiction.

Cependant, les étudiants ont une attitude ambiguë vis-à-vis des questions éthiques soulevées par cette utilisation : la différence est faible entre le nombre d'étudiants qui considèrent que l'utilisation d'outils d'IA pour réaliser des travaux ou passer des examens constitue une triche (52 %) et le nombre de ceux qui sont d'un avis contraire (48 %). Il convient de noter que les étudiants qui utilisent rarement ou pas du tout des outils d'IA sont plus enclins à adopter le premier point de vue : 60,5 % d'entre eux sont d'accord ou tout à fait d'accord avec cette position. Ce chiffre chute à 25 % chez ceux qui les utilisent régulièrement.

Fondé sur ces perceptions, un besoin urgent de règles sur l'utilisation responsable des outils d'IA se fait sentir chez les étudiants : 88 % d'entre eux le pensent, dont 47 % affirmant qu'il s'agit d'un besoin important. En outre, 75 % des étudiants demandent des formations ou des guides sur l'utilisation des outils d'IA à leurs établissements. Malgré ces besoins importants, la majorité des étudiants ne pensent pas que leur établissement devrait prendre en charge le coût d'une telle utilisation, comme l'achat d'un abonnement payant à *ChatGPT*.

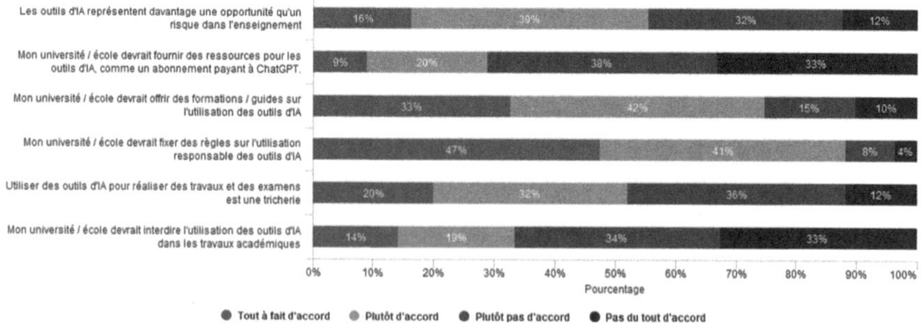

Figure 16 : Les perceptions liées à l'éducation de l'IA

4. LES ENJEUX : DE L'UTILISATION DE L'IA À L'APPRENTISSAGE AVEC L'IA

Cette étude montre l'utilisation des différents types d'outils d'IA dans la production académique des étudiants. En général, cette utilisation se limite à l'amélioration de l'efficacité pour gagner du temps ainsi qu'à l'obtention de meilleures notes, indépendamment du domaine d'étude ou de l'outil utilisé. Les outils d'IA ne jouent pas un rôle significatif dans le développement des compétences individuelles (notamment en SHS) ; cette utilisation peut ainsi être qualifiée d'utilitaire. En d'autres termes, nous en sommes encore à la phase d'utilisation des outils d'IA et sommes loin de l'apprentissage avec eux.

Dans leur recherche, Luckin *et al.* (2016) indiquent qu'avec les outils d'IA, les données recueillies dans l'apprentissage fournissent de nouvelles informations qui sont difficiles ou impossibles à déterminer à partir des évaluations traditionnelles. Tout comme le soulignent Alexandre *et al.* (2023), cela offre une possibilité pour un apprentissage adaptatif en comprenant mieux le processus d'apprentissage humain et en construisant des modèles plus précis capables de prédire et d'influencer les progrès, la motivation et la persévérance de l'apprenant. Pour y parvenir, trois forces doivent être réunies : la technologie, la pédagogie, et la connaissance du changement ou la manière d'assurer la transformation de l'ensemble du système éducatif. Autrement dit, il faut une combinaison entre la manière d'apprendre, la manière de s'engager et la manière de faciliter la transformation (Fullan et Donnelly, 2013).

Plus précisément, la technologie inclut non seulement l'innovation, mais aussi l'acquisition (Laurillard, 2012). Cette dernière implique la capacité à acquérir des connaissances par la maîtrise des technologies. D'après notre enquête, le manque de maîtrise de l'utilisation des outils d'IA est l'une des principales raisons qui entravent leur diffusion parmi les étudiants : 20 % des étudiants non utilisateurs déclarent cette difficulté. Même pour les étudiants utilisateurs, certains outils restent difficiles à maîtriser, notamment les générateurs de présentations (33 %) et d'images (15 %). Une formation à l'utilisation de ces outils est donc indispensable. Il s'agit toutefois de pédagogie, c'est-à-dire d'apprendre à mieux utiliser ces outils.

L'enjeu principal de la pédagogie est de savoir comment intégrer les outils d'IA dans le processus d'apprentissage des étudiants de différentes disciplines afin de les aider à comprendre les connaissances, d'inspirer leur réflexion plutôt que de la remplacer, et d'améliorer leurs compétences plutôt que de se contenter de remplir des devoirs. Cela nécessite l'adaptation des supports de cours aux outils d'IA. Par exemple, une proportion significative d'étudiants utilisent des générateurs de textes pour écrire des codes (figure 5). Une piste de réflexion peut être axée sur la manière dont ces outils permettent aux étudiants de donner un sens aux codes, plutôt que de les laisser générer des codes qu'ils ne peuvent pas comprendre. Il convient également d'introduire une perspective critique dans la pédagogie, en particulier lorsqu'il s'agit des résultats générés. Quel type de prompts permet d'obtenir plus rapidement les résultats attendus et comment les résultats générés peuvent-ils être vérifiés sont, par exemple, des questions auxquelles il faut réfléchir.

Enfin, l'objectif de faire l'apprentissage avec l'IA ne peut être atteint sans la coopération de l'ensemble du système éducatif. Cela implique avant tout un soutien institutionnel, maintenant une ouverture à l'utilisation des outils d'IA pour répondre aux besoins des étudiants. Ensuite, il s'agit d'encadrer les usages, notamment en termes de définition des aspects éthiques. Comme le montre cette étude, il existe encore beaucoup d'ambiguïtés sur les règles d'utilisation, comme par exemple le fait de savoir si l'utilisation de l'IA dans l'évaluation constitue une tricherie.

Bibliographie

- Alexandre (F.), Comte (M. H.), Lagarrigue (A.) et Viéville (T.), L'IA pour mieux apprendre et appréhender l'IA, dans Romero (M.) et Heiser (L.) (dir.), *Enseigner et apprendre à l'ère de l'intelligence artificielle*, Paris, GTnum, 2023.
- Becker (B.), Artificial Intelligence in Education: What is it, Where is it Now, Where is it Going?, dans Mooney (B.), *Ireland's Yearbook of Education*, Dublin, Education Matters, 2018.
- Collin (S.) et Marceau (E.), L'intelligence artificielle en éducation : enjeux de justice, dans *Formation et profession*, *29*(2), 2021, pp. 1-4.
- Compilatio et Shinx (2023, 7 nov.). « Enseignants et étudiants confrontent leurs regards sur l'IA ». Consulté le 20 avr. 2024. https://www.compilatio.net/blog/communique-presse-enquete-ia-2023
- Danowski (J.A.), Analyzing Change over Time in Organizations' Publics with a Semantic Network Include List: An Illustration with Facebook, dans *2012 IEEE/ACM International Conference on Advances in Social Networks Analysis and Mining*, 2012, pp. 954-959.
- Fullan (M.) et Donnelly (K.), *Alive in the Swamp: Assessing Digital Innovations in Education*, London, Nesta, 2013.
- Laurillard (D.), *Teaching as design science*, London, Routledge, 2012.
- Luckin (R.), Holmes (W.), Griffiths (M.) et Forcier (L.B.), *Intelligence Unleashed: An Argument for AI in Education*, London, Pearson, 2016.
- Pôle Léonard de Vinci et Talan (2024, avr.). « L'impact des IA génératives sur les étudiants ». Consulté le 25 juin 2024. https://www.devinci.fr/pdf/etude-impact-des-IA-generatives-sur-les-etudiants.pdf
- Roll (I.) et Wylie (R.), Evolution and Revolution in Artificial Intelligence in Education, dans *International Journal of Artificial Intelligence in Education*, 26, pp. 582-599.
- Unesco, *Orientations pour l'intelligence artificielle générative dans l'éducation et la recherche*, Paris (France), Organisation des Nations Unies pour l'éducation, la science et la culture, 2024.

SENSIBILISER AUX IA EN COURS... PLUTÔT QUE DE LES FUIR : ÉDUQUER LES ÉTUDIANTS À *CHATGPT* EN L'UTILISANT COMME STARTER PÉDAGOGIQUE

Stéphanie MARTY

Maitre de Conférences en Sciences de l'Information et de la Communication, Université Paul Valéry, Montpellier, France, Laboratoire LERASS-CERIC

stephanie.marty@univ-montp3.fr

Résumé

La présente contribution prend appui sur une enquête menée auprès d'étudiants (307 en Licence et 81 en Master Information-Communication) et sur une expérimentation pédagogique, consistant à tester l'introduction d'une IA dans deux dispositifs pédagogiques différents. Ces investigations nous permettent de faire émerger différentes pistes concernant l'intégration des IA dans l'enseignement universitaire. Nous montrons d'abord que le recours aux IA en *starters* de séance peut permettre de dynamiser les enseignements, et – simultanément – de sensibiliser les étudiants aux opportunités et aux risques introduits par ces outils. Nous évoquons ensuite l'importance d'œuvrer à une sensibilisation aux IA : *nuancée* (ni strictement techno-optimiste, ni strictement techno-sceptique), *diversifiée* (initiant les étudiants à différents outils d'IA), *exemplifiée* (montrant aux apprenants des exemples et des contre-exemples d'usages) et *gamifiée* (recourant à des scénarios pédagogiques ludiques et stimulants).

Mots-clés : enquête, étudiant, IA générative, enseignement supérieur, Université Paul Valéry-Montpellier.

INTRODUCTION

Depuis plusieurs années, les Intelligences Artificielles (IA) ont fait irruption dans nos sociétés, et ont généré un nombre foisonnant de questionnements, de débats et d'études, abordant les enjeux portés par cette technologie. Dans la présente contribution, nous plantons, dans un premier temps, le contexte de notre recherche. Nous présentons les secteurs de l'éducation et de l'enseignement contemporains, marqués et bousculés par l'arrivée et l'expansion des Intelligences Artificielles. Puis, dans la continuité de ce contexte, nous précisons l'aspect que nous avons choisi d'interroger dans le présent propos : l'intégration des IA dans l'enseignement supérieur. Dans un deuxième temps, nous exposons le canevas méthodologique que nous avons mis en place pour explorer cette question. Ce canevas repose sur la combinaison de trois techniques de recueil de données : un sondage mené auprès d'étudiants en L1 Information-Communication ; une expérimentation pédagogique consistant à tester l'intégration d'une IA dans deux enseignements ; et un sondage mené auprès d'étudiants en Master Information-Communication. Enfin, dans un troisième et dernier temps, nous présentons les résultats de notre étude. Nous esquissons différentes pistes d'intégration des IA dans l'enseignement supérieur. Ces pistes constituent des clés pour les enseignants universitaires souhaitant sensibiliser et éduquer les étudiants à cette nouvelle technologie.

1. CONTEXTE, ANCRAGE THÉORIQUE ET QUESTIONNEMENT

1.1. IA et éducation

Depuis leur arrivée, les Intelligences Artificielles (IA) ont bousculé la société en général (Chartron, Raulin, 2022) et le secteur de l'éducation en particulier (Chen *et al.*, 2022). En effet, les IA – et plus particulièrement les Intelligences Artificielles Génératives (IAG) telles que *ChatGPT*, *MidJourney*, *Google Bard*, *Dall-e* – soulèvent de profonds bouleversements, voire de profondes remises en question dans le milieu éducatif (Balacheff, 1994 ; Karsenti, 2018 ; Holmes & Tuomi, 2022). Leur arrivée – et leur développement exponentiel – interroge tout à la fois la place des enseignants, leurs pratiques (formatives, évaluatives...), le rôle qu'ils souhaitent donner aux technologies et la façon dont ils souhaitent les intégrer dans leurs scénarios pédagogiques.

1.2. Points de vue de chercheurs sur les enjeux des IA dans l'enseignement

Dans la communauté scientifique, les chercheurs esquissent des points de vue particulièrement diversifiés sur les enjeux portés par les IA dans l'enseignement. Certains soulignent les opportunités introduites par les IA dans le milieu éducatif. Ils invitent à considérer cette technologie comme un outil pédagogique (Roméro *et al.*, 2023) pouvant permettre aux enseignants : d'améliorer et de personnaliser les processus d'apprentissage, d'enrichir les ressources et les expériences pédagogiques, et de répondre aux besoins diversifiés des apprenants. Ils indiquent que cette technologie peut permettre aux apprenants de mieux apprendre (Alexandre *et al.*, 2023) et de repousser les frontières de leur imagination et de leur créativité (Ariani *et al.*, 2023). D'autres soulignent les dangers portés par cette technologie. Ils pointent notamment les incidences qu'elles peuvent avoir sur la créativité et la réflexion des apprenants, les risques de plagiat et de fraude généralisée aux évaluations, ou encore les dangers en matière de confidentialité des données ou de reproductions d'inégalités économiques, socio-culturelles, et sociales (Collin et Marceau, 2021). Dans la lignée de ces questionnements, nous avons choisi d'interroger, dans la présente contribution, l'intégration des IA dans l'enseignement supérieur. Plus précisément, nous avons choisi de questionner la façon dont les enseignants universitaires peuvent mobiliser les IA dans leurs dispositifs pédagogiques.

2. UN CANEVAS MÉTHODOLOGIQUE POUR QUESTIONNER L'INTÉGRATION DES IA DANS L'ENSEIGNEMENT SUPÉRIEUR

2.1. Une combinaison de techniques inter-reliées

Afin d'interroger l'intégration des IA dans l'enseignement universitaire, nous avons mis en place un canevas méthodologique. Celui-ci est ancré dans une démarche empirico-inductive, et prend appui sur la combinaison de trois techniques de recueil de données. D'abord, un sondage auprès de 307 étudiants en L1 Information-Communication; ensuite, une expérimentation pédagogique, réalisée dans deux de nos enseignements; enfin, un sondage auprès de 81 étudiants en Master Information-Communication.

Notons que ces trois recueils de données sont étroitement inter-reliés. En effet, chaque nouveau recueil de données a permis de compléter le recueil précédent, ou de « nourrir » le recueil suivant. Dans cette perspective, les éléments émergeant de la première enquête-étudiants auprès des L1 ont « nourri » notre expérimentation pédagogique : en effet, nous avons pris appui sur les pistes suggérées par les L1 durant l'enquête-étudiants pour élaborer cette expérimentation pédagogique. De même, notre troisième recueil (sondage auprès des étudiants de Master) nous a permis de *challenger* les résultats de nos deux premiers recueils (sondage auprès des L1 et expérimentation). Notre dernier recueil a en effet consisté à sonder des étudiants de Master à la fois sur les pistes formulées par les étudiants de L1 et sur l'expérimentation pédagogique que nous avons élaborée à la lueur de ces pistes. Ainsi, chaque recueil s'est trouvé inspiré par le recueil précédent, et inspirant pour le recueil suivant.

2.2. Enquête auprès des étudiants de L1

Le premier recueil de données est donc une enquête menée auprès des étudiants en L1 Information-Communication de l'Université Paul-Valéry de Montpellier. Cette enquête s'est déroulée au mois de janvier 2023. Nous avons transmis par courriel aux 373 étudiants de la cohorte un lien vers un questionnaire *Google Forms*. Ce dernier était composé de quatre sections principales : 1. « *Questions signalétiques* » ; 2. « *Rapport aux IA* » ; 3. « *Enjeux des IA dans l'enseignement* » ; 4. « *Des pistes pour les enseignants ?* ». En ce qui concerne l'analyse de ce matériau, nous avons mobilisé : une analyse de contenu thématique (Paillé et Mucchielli, 2005) pour identifier les éléments récurrents et les points saillants émergeant des parties qualitatives du questionnaire (les réponses aux questions ouvertes) ; et une analyse statistique pour analyser les parties quantitatives (réponses aux questions fermées). *In fine*, nous avons obtenu 307 réponses sur 373 étudiants sollicités. Ce recueil nous a donc permis de recueillir le point de vue de 307 étudiants de L1 : d'une part, sur les IA en général ; d'autre part, sur le recours aux IA dans le secteur de l'éducation ; enfin, sur les usages qui pourraient être faits des IA dans l'enseignement universitaire, et qui seraient, selon eux, judicieux et formatifs.

2.3. Expérimentation pédagogique

Dans la continuité de cette enquête, nous avons effectué un deuxième recueil de données. Nous avons mis en place une expérimentation pédagogique au sein du Département Information-Communication de l'Université Paul-Valéry de Montpellier. Durant cette expérimentation, nous avons pris appui sur les résultats de l'enquête-étudiants menée auprès des L1. En effet, nous nous sommes appuyée sur les pistes ayant émergé de cette enquête, et, comme recommandé par les étudiants, nous avons intégré une IA en *starter* de deux de nos enseignements. Le premier est « *Pratiques de l'Écrit et de l'Oral* », désormais désigné par l'acronyme *PRÉO*. Il s'agit d'un cours de L1 dans lequel nous amenons les étudiants à préparer une interview avec un professionnel exerçant « le métier de leurs rêves ». Le second est « *Pratiques De la Publicité* », désormais désigné par le sigle *PDP*. Il s'agit d'un cours de L2 dans lequel nous demandons aux étudiants de concevoir, chaque semaine, et en équipe, une création publicitaire pour promouvoir la marque de leur choix. Nous avons donc pris appui sur les pistes exprimées par les L1 durant l'enquête-étudiants pour réformer ces deux cours et y intégrer une IA : *ChatGPT*. Afin de consigner tous les temps forts marquant le passage de ces deux enseignements à leur « nouvelle-version-avec-IA », nous avons constitué deux journaux de bord (un pour chaque enseignement) et nous y avons collecté tous les éléments significatifs ponctuant l'expérimentation (observations, difficultés, réajustements, propos d'étudiants...). Pour ce qui est de l'analyse, nous avons analysé nos deux journaux de bord au moyen d'une analyse de contenu thématique (Bardin, 2013). *In fine*, cette expérimentation nous a permis de tester les pistes suggérées par les L1 durant l'enquête-étudiants et d'expérimenter, puis analyser, l'intégration d'une IA dans un enseignement universitaire.

2.4. Enquête auprès des étudiants de Master

Enfin, nous avons mis en place un troisième et dernier recueil de données. Nous avons réalisé un sondage auprès de 81 étudiants en Master Information-Communication, en première ou deuxième année de Master. Cette enquête nous a permis de sonder l'opinion de ces étudiants : sur les IA, sur les enjeux des IA dans l'enseignement, mais également sur les résultats ayant émergé de nos deux premiers recueils de données. Ce sondage comportait quatre principales parties : 1. « *Questions signalétiques* » ; 2. « *Enjeux des IA dans l'enseignement* » ; 3. « *Intégrer une IA en starter de cours : votre avis ?* » ; 4. « *D'autres pistes d'intégration d'IA à la fac ?* ». En ce qui concerne l'analyse, nous avons procédé de la même façon que pour l'enquête menée auprès des étudiants de L1. Nous avons analysé les réponses aux questions ouvertes *via* une analyse de contenu thématique (Bardin, 2013) et les questions aux réponses fermées *via* une analyse statistique. *In fine*, ce nouveau recueil nous a permis d'interroger les résultats issus de nos premières collectes de données, de les *challenger*, et d'obtenir de nouvelles pistes d'intégration d'IA à l'université, émanant cette fois d'étudiants en Master, plus avancés dans leur parcours universitaire.

3. PISTES D'INTÉGRATION DES IA DANS L'ENSEIGNEMENT SUPÉRIEUR

Notre démarche méthodologique a consisté à sonder le point de vue d'étudiants de Licence et Master et à mettre en place une expérimentation pédagogique afin d'interroger la façon dont les IA peuvent être mobilisées dans les enseignements universitaires. Cette démarche nous permet de dresser différentes pistes, différentes stratégies pédagogiques, pour une intégration pertinente et formatrice des IA dans l'enseignement supérieur.

3.1. Mobiliser une IA comme *starter* de séance, pour aider, inspirer les étudiants, et les faire réfléchir

Notre enquête, menée auprès des étudiants en L1 nous a permis de saisir leur opinion sur les IA, sur leur rapport aux IA, et sur les enjeux portés par les IA dans l'enseignement. Mais cette enquête nous a aussi – et surtout – permis de cerner certaines de leurs attentes, et de comprendre ce qui constituerait, pour eux, une intégration pertinente, constructive et formatrice des IA dans l'enseignement supérieur.

En ce qui concerne le rapport des enquêtés aux IA, sur 307 répondants, 92 % des étudiants ont déclaré avoir déjà utilisé une IA ; en outre, la plateforme la plus citée/mobilisée a été *ChatGPT*, citée par 81 % des répondants. Concernant les raisons principales pour lesquelles ils recourent aux IA, les étudiants ont évoqué principalement trois motifs : pour « *trouver de l'inspiration* », pour « *trouver des infos* » et pour « *traiter des infos massives* ».

En ce qui concerne les usages d'IA qu'ils pourraient juger judicieux, les enquêtés ont indiqué qu'il serait pertinent, selon eux, d'utiliser les IA comme des starters : en d'autres termes, comme des préambules, servant de démarrage à la classe. Ils ont souligné que dans certains contextes, « *quand on trouve pas d'idées* », « *quand il y a beaucoup d'infos* », « *quand on a peu de temps* », les IA pourraient constituer « *un point de départ* » qui « *inspir[e]* », « *débloqu[e]* », voire « *boost[e]* » les étudiants. Ainsi, dans l'enquête que nous avons menée auprès des étudiants de L1, ces derniers ont indiqué qu'il pourrait être judicieux d'utiliser les IA en classe, comme « *une entrée en matière* », « *une première pierre* », pour « *trouver des pistes* », « *trouver des directions* », avant de « *voler de [leurs] propres ailes* », d'« *aller plus loin* » et de « *challenger les pistes données par l'IA* ». Les répondants ont ainsi suggéré d'intégrer les IA en début de cours, en démarreurs de séances, comme des synthétiseurs d'informations, des incubateurs d'idées, susceptibles de débloquer et d'inspirer les apprenants, en particulier dans des situations de classe contraintes. Sur ce point, les étudiants ont indiqué que les IA pourraient s'avérer précieuses lorsqu'ils doivent, dans un *timing* restreint, produire un livrable, en faisant face à un volume d'informations massif.

Les étudiants ont également insisté sur un autre point : la nécessité, selon eux, de ne pas nier ou diaboliser l'existence des IA, mais de « *sortir du tabou qu'il y a autour des IA* » et de les intégrer dans la classe avec des scénarios pédagogiques qui amèneraient les étudiants à « *réfléchir sur les IA* », sur « *ce qu'on peut faire, et ce qu'on ne peut pas faire* ». Dans cette perspective, les enquêtés ont indiqué qu'utiliser les IA en cours pourrait permettre aux enseignants de montrer aux étudiants certains de leurs atouts (« *trouver des infos* », « *comprendre des sujets difficiles* », « *trouver des idées* », « *de l'inspiration* ») et certaines de leurs limites (« *infos superficielles* », « *infos à vérifier* »...).

3.2. Intégrer une IA en cours, pour dynamiser le cours et sensibiliser les étudiants à leurs atouts et à leurs limites

Nous avons souhaité donner suite aux suggestions formulées par les L1 dans le sondage, en expérimentant l'intégration d'une IA en début de cours, comme *starter* de séance. Nous avons donc introduit *ChatGPT* (la plateforme citée majoritairement dans le questionnaire) dans deux de nos enseignements. Dans le premier, « *Pratiques de l'Écrit et de l'oral* », les étudiants doivent préparer une *interview* avec un professionnel exerçant le métier qu'ils souhaitent faire plus tard. Dans le deuxième, « *Pratiques de la publicité* », les étudiants doivent concevoir une création publicitaire sur la marque de leur choix. Nous avons choisi de mener notre expérimentation dans ces deux enseignements en particulier, car dans ces cours, les étudiants doivent faire face à une situation de surcharge informationnelle (informations sur les métiers en PRÉO, informations sur les marques en PDP) pour concevoir, dans un *timing* très serré, le livrable que nous leur avons demandé (guide d'*interview* en PRÉO, création publicitaire en PDP). Dans ces cours, nos étudiants expérimentent donc précisément le type de situation dans laquelle les L1 ont indiqué qu'une IA pourrait s'avérer aidante (surcharge informationnelle, *timing* serré, livrable à produire). Nous avons donc proposé aux étudiants de s'aider de *ChatGPT* ; en PRÉO, pour préparer leur *interview* ; en PDP, pour concevoir leur création publicitaire. Plus précisément, nous leur avons proposé de mobiliser *ChatGPT* comme un point de départ, un *starter*, pour trouver des informations, des idées, et réaliser le livrable demandé.

Cette intégration de *ChatGPT*, en *starter* de séance, s'est révélée particulièrement constructive. D'une part, elle nous a permis de dynamiser le cours, de créer une situation d'apprentissage stimulante, en utilisant *l'IA* comme un *starter* facilitateur, utilisé pour débloquer les démarrages difficiles. Mais outre cette dynamisation des séances, ce scénario pédagogique nous a permis de sensibiliser les étudiants à certains atouts et certaines limites des IA. En effet, l'utilisation de *ChatGPT* comme *starter* de séance nous a permis de sensibiliser les étudiants à certaines forces des IA, et notamment la capacité à traiter un grand nombre de données, à offrir une synthèse structurée sur un sujet, en un temps très court. Mais l'utilisation de *ChatGPT* dans nos enseignements a également constitué une opportunité de sensibiliser les étudiants à certaines limites des IA. Parmi ces limites, nous avons pu évoquer le fait que ces outils peuvent générer des informations superficielles et standardisées, qui impliquent de mobiliser une capacité de réflexion, pour *challenger* les informations obtenues, et concevoir des productions originales, personnelles et critiques. Ainsi, dans le cours PRÉO, nous avons salué les informations et idées de questions proposées par *ChatGPT*. Mais nous avons mis en avant la nécessité, pour les étudiants, de chercher des informations complémentaires, plus poussées, plus critiques, et d'intégrer des éléments plus personnels – liés par exemple au parcours du professionnel ou à leurs propres questionnements sur le métier – pour réaliser une « bonne interview », percutante et personnalisée. Aussi, dans le cours PDP, nous avons souligné l'intérêt des pistes offertes par *ChatGPT*, sur l'historique et l'identité des marques, sur leur tonalité et leurs campagnes passées. Mais nous avons également souligné l'importance de compléter ces informations, de mener une véritable réflexion créative, afin de concevoir une campagne singulière, inédite, en phase avec l'univers de la marque à promouvoir, mais également avec les mouvances contemporaines des annonceurs, de la publicité et de nos sociétés. Enfin, notre scénario pédagogique nous a donné l'opportunité de sensibiliser les apprenants à des usages d'IA qui pourraient s'avérer discutables, voire condamnables (copié-collé, plagiat, non-respect de propriété intellectuelle, non-vérification des sources...).

3.3. Intégrer des IA pour éduquer aux bonnes pratiques

Le dernier recueil que nous avons mis en place dans le cadre de la présente étude est un sondage mené auprès d'étudiants en Master Information-Communication. Ce sondage comportait 4 sections principales : 1. « *Questions signalétiques* » ; 2. « *Enjeux des IA dans l'enseignement* » ; 3. « *Intégrer une IA en starter de cours : votre avis ?* » ; 4. « *D'autres pistes d'intégration d'IA à la fac ?* ». Ces items nous ont permis de recueillir leur avis à la fois : sur la place des IA dans l'enseignement, mais également sur les résultats ayant émergé de nos deux premiers recueils. En effet, cette enquête a été une occasion de sonder les Masters sur les pistes formulées par les étudiants de L1 et sur l'expérimentation pédagogique que nous avons mise en place à la lueur de ces pistes. Sur 81 étudiants en Master sondés, 92,1 % ont estimé qu'il était nécessaire d'intégrer les IA dans les formations et 96,4 % ont jugé que l'intégration d'une IA en *starter* de séance, pour sensibiliser les étudiants, était une piste « *pertinente* », « *judicieuse* », qui pourrait « *vraiment être profitable* » et « *utile pour les étudiants* ». En effet, les enquêtés ont indiqué qu'il était « *nécessaire de sortir du tabou sur les IA dans les universités* » car « *les IA étaient, sont déjà et seront utilisées par les étudiants, donc il ne faut plus mettre d'œillères sur ça et plutôt former les étudiants* », leur « *montrer les usages possibles et les usages à éviter* ». Ils ont souligné que « *l'utilisation d'IA en starter de séance pourrait donner des repères aux étudiants, sur ce qu'ils peuvent en faire ou pas* », sur « *la façon dont ils peuvent les utiliser* ». Ils ont précisé que « *ce serait vraiment bien d'utiliser les IA en classe pour mieux s'en servir après hors classe* ». Ainsi, les répondants ont pointé différents atouts de l'intégration pédagogique des IA en *starters* de séances, pour sensibiliser les étudiants.

Mais les étudiants de Master ont également formulé un certain nombre de pistes complémentaires, susceptibles d'améliorer cette dynamique de sensibilisation. D'abord, ces derniers ont indiqué qu'il pourrait être judicieux de « *ne pas se limiter qu'à ChatGPT, et de sensibiliser aussi les étudiants à d'autres IA, offrant d'autres possibilités, notamment visuelles, comme Midjourney* » ; en effet, plusieurs étudiants ont souligné que « *l'utilisation de Midjourney en cours permettrait de ne pas sensibiliser uniquement aux IA utilisées pour chercher des idées et synthétiser des infos, mais de sensibiliser aussi aux IA qui permettent la créa de visuels* ».

Au-delà de ces recommandations de plateformes, les étudiants de Master ont insisté, comme les étudiants de L1, sur l'importance d'œuvrer à une sensibilisation « nuancée », qui ne se focalise pas exclusivement sur les dangers des IA, mais souligne leurs limites et leurs atouts. En effet, les Masters ont souligné la nécessité de montrer « *les aspects négatifs et les aspects positifs des IA* », « *les bonnes pratiques et les moins bonnes* ».

Outre cette idée de sensibilisation « nuancée » aux IA – montrant à la fois les aspects négatifs et positifs de ces outils – les étudiants de Master ont souligné l'importance d'une sensibilisation « concrète » aux IA, montrant aussi bien des exemples que des contre-exemples d'usages. En effet, différents étudiants ont indiqué que « *pour sensibiliser aux IA, les enseignants devraient montrer très concrètement des productions d'étudiants où l'IA a été bien utilisée, intelligemment, et d'autres où l'utilisation de l'IA représente tout ce qu'il ne faut pas faire* ». D'autres ont indiqué qu'il pourrait être très utile de « *montrer en classe des travaux qui permettent de voir des usages pertinents des IA, des usages inappropriés, et aussi à quel moment les usages deviennent discutables, posent problème...* ». Ainsi, les propos des étudiants de Master rejoignent les propos des L1 : ils arguent pour une intégration des IA en cours, et une sensibilisation – nuancée – aux IA, abordant à la fois leurs atouts et leurs limites. Mais les Masters ont également ajouté une nouvelle dimension : la nécessité d'œuvrer à une sensibilisation exemplifiée, étayée par des exemples et contre-exemples d'usages concrets.

Enfin, les Masters ont émis une suggestion particulièrement intéressante concernant la sensibilisation aux IA en classe. Ils indiquent que « *les enseignants pourraient ajouter un côté "gamification" pour sensibiliser aux IA* : *ils pourraient créer une compétition, qui amènerait les étudiants à utiliser une IA pour un projet et le gagnant serait l'étudiant qui a fait le meilleur usage, l'usage le plus intelligent, éthique de l'IA* ». Plusieurs étudiants sont allés dans cette direction. En effet, certains ont suggéré « *un projet dans lequel les étudiants devraient montrer l'usage qu'ils ont fait des IA, quels prompts, quelles requêtes, comment ils ont utilisé les résultats proposés par l'IA... et c'est l'étudiant qui a eu la démarche la plus pertinente qui serait récompensé* » ; d'autres ont évoqué « *un challenge où les étudiants devraient présenter un travail pour lequel ils ont utilisé une IA* [...] *; ils devraient détailler précisément ce qu'ils ont fait à une sorte de jury, qui pourrait être composé d'enseignants et de professionnels ;* [...] *et ce jury pourrait dire l'étudiant qui a eu la meilleure démarche, ou au contraire les usages qui ont dérangé le jury, et la "mauvaise image" que ces "mauvais usages" ont donnée du candidat...* ». Ainsi, les étudiants de Master ont pointé une nouvelle piste pour la sensibilisation des étudiants aux IA : ils ont introduit l'idée d'une sensibilisation *gamifiée*, pouvant reposer sur la combinaison d'une dimension ludique (compétition, *challenge*, concours, récompense...) et d'une dimension professionnelle (recommandations d'enseignants, invitation de professionnels...).

In fine, l'enquête menée auprès des étudiants de Master s'est avérée très utile et enrichissante. D'une part, ces derniers ont corroboré la piste esquissée par les étudiants de L1 : ils ont souligné la pertinence, selon eux, d'une intégration d'IA en *starter* de séance, pour sensibiliser les étudiants aux atouts et aux limites de ces outils. D'autre part, les étudiants de Master ont introduit de nouvelles pistes. En effet, ils ont formulé différentes recommandations particulièrement intéressantes pour les enseignants. Ils ont notamment suggéré : 1. de diversifier la démarche de sensibilisation, en intégrant d'autres IA que *ChatGPT*; 2. d'exemplifier la démarche de sensibilisation, en montrant aux étudiants des travaux, des productions, incarnant des exemples et des contre-exemples de recours aux IA ; 3. de *gamifier* la démarche de sensibilisation, en créant des compétitions, des *challenges*, amenant les étudiants à mobiliser les IA de la façon la plus pertinente, éthique et responsable possible.

CONCLUSION : (DIS)PENSER UNE ÉDUCATION AUX IA À L'UNIVERSITÉ

En conclusion, la présente contribution a pris appui sur un sondage mené auprès d'étudiants en Licence et Master Information-Communication, et sur une expérimentation pédagogique, consistant à introduire une IA dans deux enseignements. Cette démarche nous a permis de faire émerger différentes pistes concernant l'intégration des IA dans les enseignements universitaires.

Durant le sondage mené auprès des étudiants de L1, ces derniers ont formulé une suggestion : intégrer les IA en *starters*, en démarreurs de séances, comme de potentiels synthétiseurs d'informations et incubateurs d'idées, susceptibles de débloquer et d'inspirer les apprenants. Les répondants ont également insisté sur la nécessité de ne pas nier ou diaboliser l'existence des IA, mais de les mobiliser dans la classe, à travers des scénarios pédagogiques révélant leur potentiel et sensibilisant à leurs dangers.

Nous avons pris appui sur ces premières pistes pour mettre en place une expérimentation pédagogique, qui a consisté à intégrer une IA dans deux de nos cours, en tenant compte des résultats du sondage. Durant cette expérimentation, nous avons pu constater que l'introduction d'une IA en *starter* de séance, telle que recommandée par les L1, a permis de dynamiser nos enseignements et de sensibiliser les étudiants aux IA, en mettant au jour certains de leurs atouts (capacité à traiter un grand nombre de données, à offrir une synthèse structurée sur un sujet, en un temps très court) et certaines de leurs limites (production d'informations standardisées, et nécessité de *challenger* ces informations standardisées pour concevoir des productions originales, personnelles, critiques).

Enfin, l'enquête menée auprès des étudiants de Master nous a permis d'obtenir de nouvelles pistes concernant le recours aux IA dans l'enseignement supérieur. En effet, ces derniers ont formulé différentes recommandations, qui nous semblent particulièrement intéressantes pour les enseignants. Ils ont notamment souhaité souligner la pertinence d'une sensibilisation aux IA *diversifiée* (abordant différentes IA), *exemplifiée* (montrant aux étudiants des exemples et des contre-exemples d'usages des IA) et *gamifiée* (proposant des *challenges*, des compétitions invitant les étudiants à mobiliser les IA de la façon la plus pertinente possible).

Plus largement, la présente contribution souligne, selon nous, l'importance de déployer des ingénieries pédagogiques agiles, au sens de souples et adaptables, et concertées, au sens de consultatives des étudiants. En effet, dans la présente étude, la consultation des étudiants s'est révélée très enrichissante. Elle nous a permis de saisir l'intérêt de recourir aux IA en *starters* de séance, et de ne pas les aborder avec un regard stricto-technoptimiste (avantages et opportunités qu'elles offrent) ou stricto-technosceptique (dérives, sanctions qu'elles peuvent occasionner), mais d'instiller dans nos enseignements une dynamique d'*éducation aux IA* nuancée et constructive, qui sensibilise les étudiants à la fois aux atouts et aux limites de ces technologies, et leur permet de développer des usages éclairés, réfléchis et responsables.

Les différents résultats esquissés dans la présente contribution laissent entrevoir, selon nous, de fructueux horizons de recherche : ils ouvrent en effet différentes pistes qui mériteraient, à notre sens, d'être explorées, en menant de nouvelles investigations dans d'autres établissements, d'autres formations, et auprès d'autres cohortes. Dans cette perspective, des études complémentaires et comparatives permettraient, selon nous, de tester la pertinence et la transférabilité de nos premiers résultats, en les mettant à l'épreuve de nouveaux terrains, de nouveaux contextes éducatifs et de nouveaux publics. Ces enquêtes complémentaires permettraient plus largement de mieux cerner et mieux comprendre les promesses et les défis portés par les IA dans le secteur de l'enseignement.

Bibliographie

- Alexandre (F.), Comte (M. H.), Lagarrigue (A.), Viéville (T.), L'IA pour mieux apprendre et appréhender l'IA. Dans Romero (M.), Heiser (L.), Lepage (A.), *Enseigner et apprendre à l'ère de l'intelligence artificielle : acculturation, intégration et usages créatifs de l'IA en éducation : livre blanc*, 2023, pp. 56-62.
- Ariani (F.), Caetano (M.), Gimeno (J.E.), Magrin-Chagnolleau (I.), Créativité assistée par ordinateur: composer la musique d'un film en utilisant uniquement sa courbe de luminosité. *Art et sciences*, 7(1), pp. 12-21.
- Balacheff (N.), Didactique et intelligence artificielle. Dans Balacheff (N.) et Vivet (M.), *Didactique et intelligence artificielle* (9-42), La Pensée Sauvage Éditions, 1994.
- Bardin (L.), *L'analyse de contenu*. Presses Universitaires de France, 2013.
- Chartron (G.), Raulin (A.), L'intelligence artificielle dans le secteur de l'information et de la documentation : défis, impacts et perspectives. *I2D – Information, données & documents*, 1, 2022, pp. 8-12.
- Chen (X.), Zou (D.), Xie (H.), Cheng (G.), Liu (C.), Two decades of Artificial Intelligence in education: contributors, collab., research topics, challenges, and future directions. *Educational Technology & Society*, *25*(1), 2022, pp. 28-47.
- Collin (S.), Marceau (E.), L'IA en éducation : enjeux de justice. *Formation et profession*, *29*(2), 2021, pp. 1-4.
- Holmes (W.), Tuomi (I.), State of the art and practice in AI in education. *European Journal of Education*, 57, 2022, pp. 542-570.
- Karsenti (T.), Intelligence artificielle en éducation : l'urgence de préparer les futurs enseignants aujourd'hui pour l'école de demain ?. *Formation et profession*, *26*(3), 2022, pp. 112-119.
- Paillé (P.), Mucchielli (A.), *L'analyse qualitative en sciences humaines et sociales*. Paris, Armand Colin, 2005.
- Romero (M.), Heiser (L.), Lepage (A.), *Enseigner et apprendre à l'ère de l'intelligence artificielle : acculturation, intégration et usages créatifs de l'IA en éducation : livre blanc*. ministère de l'Éducation nationale et de la jeunesse, Direction du numérique pour l'éducation, 2023.

ÉTUDIANTS ET ENSEIGNANTS À LA DÉCOUVERTE DE L'IA GÉNÉRATIVE : DÉFIS ET PERSPECTIVES

Camelia CUȘNIR[1], Dana POPESCU-JOURDY[2], Romina SURUGIU[3]

(1) Lectrice, Faculté de Journalisme et des Sciences de la Communication, Université de Bucarest, Laboratoire SPARTA ;
(2) MCF, Institut de la Communication, Université Lumière Lyon 2, Laboratoire ECP ;
(3) MCF, Faculté de Journalisme et des Sciences de la Communication, Université de Bucarest, Laboratoire SPARTA

camelia.cusnir@fjsc.ro, Ingrid-Dana.Popescu@univ-lyon2.fr, romina.surugiu@fjsc.ro

Résumé

Cette recherche s'intéresse à la perception des étudiants et des enseignants en Sciences de l'Information et de la Communication sur les avantages et les menaces potentielles de l'utilisation de l'IA générative, avec une approche comparative entre la France et la Roumanie. Notre enquête montre une très large utilisation de l'IAG parmi les étudiants pour plusieurs activités d'apprentissage, corrélée avec un haut niveau de satisfaction par rapport aux résultats obtenus. De l'autre côté, les professeurs se montrent plutôt prudents. Même s'ils considèrent l'IAG comme une opportunité d'innover dans leur travail, l'intégration effective de l'IAG dans les outils pédagogiques semble encore limitée.

Mots-clés : IA générative, enseignement, étudiants, enseignants, communication.

INTRODUCTION

L'intelligence artificielle générative (IAG) oblige l'enseignement supérieur à repenser les pratiques traditionnelles d'enseignement ainsi que les curricula. Notre but est de déterminer la perception des étudiants et des enseignants en Sciences de l'Information et de la Communication (notre étude de cas) sur les avantages et les menaces potentielles de l'utilisation de l'IAG et, notamment, sur les implications éthiques qui émergent de cette situation. Notre contribution empirique à la compréhension de ce terrain nous fournira également des ressources afin de formuler des pistes de préconisations en vue de l'utilisation de l'IAG dans l'enseignement supérieur. L'approche comparative entre nos deux terrains d'observation (français et roumain) nous permettra de comprendre les différences entre les deux contextes académiques.

1. CADRE THÉORIQUE

Lorsqu'on parle de l'utilisation de l'IA dans l'enseignement, nous pouvons observer une réaction contradictoire. D'une part, l'IA est de plus en plus utilisée dans le processus d'enseignement, souvent en facilitant l'apprentissage aussi bien pour les enseignants que pour les étudiants (Boissière et Bruillard, 2021). D'autre part, des peurs émergent quant à un remplacement des tâches des enseignants par l'IA ou encore à propos des questions d'éthique soulevées par son utilisation (Zawacki-Richter *et al.*, 2019). Au cours des deux dernières années, plusieurs recherches ont essayé de comprendre l'impact de l'IA générative sur les pratiques utilisées dans l'enseignement supérieur. Certaines études proposent des explications à partir de la théorie de la diffusion (Miller, 2023) ou encore par l'impact des technologies disruptives sur les métiers (Dianova et Schutz, 2023). D'autres auteurs ont exploré la manière dont les universités ont réagi, au niveau institutionnel, afin de répondre à ces nouveaux défis. Ainsi, Moorhouse et Kohnke (2023) ont analysé les codes d'éthique des 50 meilleures universités, tandis que Luo (2024) a mené une analyse critique des codes d'éthique des 20 universités les mieux classées au monde. Moorhouse et Kohnke (2023) ont constaté que moins de la moitié des universités analysées avaient déjà envisagé des chartes concernant l'utilisation de l'IA générative (IAG) par les étudiants. L'impact de l'IAG sur le processus d'évaluation dans l'enseignement supérieur est au centre des préoccupations (Faraziuli *et al.*, 2024, Luo, 2024). Quelques études empiriques ont déjà tenté d'analyser l'utilisation et la perception des étudiants et des enseignants à propos de l'IAG, tant par des études d'enquêtes quantitatives (Walczak et Cellary, 2023, Chan et Hu, 2023, Smolansky *et al.*, 2023) que quantitatives-qualitatives (Chan, 2023) ou ethnographiques (Lopezosa *et al.*, 2023). Ces enquêtes montrent une large adoption de l'IAG par les étudiants, ainsi qu'une attitude généralement positive par rapport à l'utilisation de ces outils. En parallèle, les études qui se sont intéressées à la position des enseignants sur l'utilisation de l'IAG (Rajabi *et al.*, 2023, Barett et Pack, 2023) font état du besoin d'avoir des réglementations de ces pratiques et de l'obligation de mentionner ce type d'utilisation dans les travaux des étudiants.
Si la plupart de la littérature scientifique sur cette question révèle ce besoin de réglementation, certains auteurs montrent une perspective plutôt optimiste à propos de son intégration dans le processus d'enseignement (Laato *et al.*, 2023, Persovski *et al.*, 2024).

2. PROBLÉMATIQUE

Notre recherche vise à radiographier l'utilisation de l'intelligence artificielle générative (IAG) dans l'enseignement universitaire en Sciences de l'Information et de la Communication, en France (Université Lumière Lyon 2) et en Roumanie (Université de Bucarest), tant chez les étudiants que chez les professeurs, et de déterminer la perception des deux catégories (étudiants et professeurs) à propos de l'impact de cette utilisation sur leur travail (les études, d'une part, et l'enseignement, d'autre part), si cette utilisation est perçue comme bénéfique ou pas et quels sont les enjeux éthiques perçus par les deux catégories de sujets à propos de l'utilisation de l'IAG.

Nous estimons que nos résultats pourraient être utilisés pour formuler des recommandations pour une utilisation éthique et efficace de l'IAG dans l'enseignement supérieur afin de préparer les étudiants et les enseignants à l'intégration de l'IAG dans leurs pratiques professionnelles futures. Nous comptons pouvoir observer si la réception et l'adoption de cette nouvelle technologie (l'IAG) sont similaires chez les étudiants et chez les enseignants, dans deux contextes académiques différents, et s'il y a une cohérence entre leurs positionnements à propos de cette question.
Le domaine des Sciences de l'Information et de la Communication est particulièrement intéressant à enquêter dans le contexte où les domaines professionnels sous-jacents sont déjà largement confrontés à l'utilisation de l'IA générative dans les pratiques professionnelles des journalistes (Broussard *et al.*, 2019), des professionnels en communication (Cusnir et Nicola, 2024, Galloway et Swiatek, 2018) ou en publicité (Vaskras et Wang, 2020). Cette réalité nous oblige à comprendre comment le monde académique pourrait adapter les pratiques d'enseignement afin de répondre à ces besoins.

3. MÉTHODOLOGIE

Pour répondre à nos objectifs de recherche, nous avons déroulé :
- une enquête quantitative, par questionnaire qui a été distribué au public cible d'étudiants en Sciences de l'Information et de la Communication des deux universités participantes au projet ;
- une enquête qualitative, par focus groups organisés dans chaque université avec un public cible d'enseignants en Sciences de l'Information et de la Communication (un focus group par université).

Le questionnaire et le focus group ont suivi les thématiques suivantes : les utilisations de l'IAG par les étudiants et les enseignants, leurs perceptions sur l'utilisation de l'IAG dans le milieu universitaire, sur l'impact de l'IAG dans l'enseignement, ainsi que le rapport entre le cadre éthique universitaire et professionnel et l'utilisation de l'IAG.
À l'Université de Bucarest, le questionnaire a été distribué auprès de 145 étudiants en Info-Com (10 % du nombre total d'étudiants de la Faculté de Journalisme et des Sciences de la Communication). Ils ont rempli ce questionnaire en ligne (plateforme Google Forms). Les réponses ont été collectées dans la période 26 mars-17 mai 2024.
À l'Université Lumière Lyon 2, nous avons récolté 79 réponses au questionnaire (n = 79). Le questionnaire, comportant les mêmes

questions, a été envoyé en ligne (plateforme LimeSurvey) aux étudiants de l'Institut de la Communication (ICOM). Les systèmes universitaires des deux pays sont presque similaires dans le domaine des Sciences de l'Information et de la Communication. La création des programmes d'études de licence roumains a été fortement influencée par ceux français dans les années 1990, au début de la presse libre et de la démocratie, après le communisme (Bozgan et Murgescu, 2024). Les deux focus groups ont suivi le même guide et ont été enregistrés avec l'accord des participants. Le focus group organisé à l'Université de Bucarest a rassemblé 6 professeurs, dont 5 en Sciences de l'Information et de la Communication (y compris deux enseignants qui ont également un statut de professionnels en communication) et 1 en Sciences de l'éducation. Le focus group a eu lieu le 13 mai 2024. À l'Université Lyon 2, le focus group, organisé le 27 mai 2024, a regroupé 3 enseignants-chercheurs en Sciences de l'Information et de la Communication, un enseignant-chercheur en Sciences de l'éducation, un enseignant-directeur d'agence de communication et un enseignant-journaliste. Dans les deux cas, nous avons utilisé un échantillonnage à dessein, en essayant aussi d'avoir une répartition équilibrée de genre et de différents niveaux d'expérience professionnelle, dans les deux groupes.

4. RÉSULTATS PRÉLIMINAIRES ET DISCUSSION

4.1. L'enquête quantitative : les étudiants comme usagers de l'IAG

Parmi nos répondants, une très large majorité déclare avoir utilisé des outils basés sur l'IAG dans le cadre de leurs études, soit 79,7 % en France et 86,9 % en Roumanie. Parmi ceux-ci, environ 70 % des étudiants des deux pays affirment avoir déjà utilisé ChatGPT. Nous constatons que, dans les deux pays, l'utilisation de l'IAG et de ChatGPT est très répandue parmi les étudiants, sans différences notables entre la Roumanie et la France.

Parmi les activités pour lesquelles ils affirment avoir utilisé ces outils de l'IAG, les trois premières options sont, dans les deux pays, « la documentation pour mieux comprendre les thématiques enseignées », « la réalisation des devoirs » et « la réalisation de présentations/projets graphiques ». Une légère différence est observée au niveau des réponses à cette question entre les deux pays, les étudiants français utilisant prioritairement l'IAG pour la réalisation de devoirs (49,3 %), tandis que les étudiants roumains indiquent en première position la documentation supplémentaire (80,2 %). Les étudiants des deux pays affirment utiliser également les outils de l'IAG pour réaliser des documents de candidature (26,2 %, pour l'échantillon roumain et 32,9 % pour l'échantillon français), mais aussi pour formuler des réponses à l'examen avec l'accord du professeur, ainsi que pour rédiger la communication avec les professeurs et/ou l'administration de la faculté.

La plupart des étudiants utilisent l'IAG pour générer du contenu texte (environ 76 % des étudiants interrogés dans les deux pays), suivi par l'image (autour de 42 % dans les deux pays) et, dans une moindre proportion, pour générer de la vidéo ou du son (moins de

5 % pour les deux pays). La production de contenu textuel (essais, projets, différentes communications) apparaît comme l'activité la plus impactée par l'utilisation de l'IAG, une réalité qui devrait être prise en compte dans les consignes des enseignants, d'une part, et dans les codes d'éthique des universités, d'autre part. L'utilisation très étendue de ChatGPT est accompagnée d'un pourcentage élevé d'étudiants qui ne déclarent pas explicitement cette utilisation dans les projets et les travaux, une réalité qui devrait également être réglementée tant au niveau de l'évaluation, qu'au niveau plus général, dans les universités. Seulement 36,5 % des étudiants roumains et 13,9 % des étudiants français affirment avoir mentionné l'utilisation de l'IAG dans leurs travaux. Le pourcentage d'étudiants qui déclarent l'utilisation de l'IAG dans leurs travaux est plus important en Roumanie, ce qui s'explique par les débats fréquents sur des cas de plagiats de thèses de doctorat qui ont secoué l'espace public roumain au cours des dernières années avec des retombées dans les universités où tout mémoire est maintenant vérifié par un logiciel qui vise l'identification des similitudes et où des cours d'éthique académique ont été introduits à tous les niveaux d'étude. Le fait de ne pas déclarer l'utilisation de l'IAG dans la réalisation des travaux devrait être corroboré avec un taux élevé (presque la moitié) des étudiants qui témoignent avoir ressenti des sentiments de culpabilité lors de l'utilisation de l'IAG pour leurs travaux universitaires. Encore une fois, les chiffres ne montrent pas de différences significatives entre la Roumanie (43,7 %) et la France (35,4 %). Questionnés sur les avantages de l'utilisation de l'IAG, les étudiants choisissent en priorité cet outil pour « gagner du temps » (environ 62 % en moyenne dans les deux pays avec 78,6 % en Roumanie) et pour la « simplification du travail » (54 % en moyenne dans les deux pays, soit 68 % en Roumanie et 44,3 % répondants en France).

Une large majorité des étudiants roumains qui déclarent avoir utilisé ChatGPT dans leurs activités d'apprentissage affirment avoir été satisfaits des résultats (84 %). En France, ils sont 41,7 % à se déclarer satisfaits de cette utilisation. Pourtant, il est à noter que les étudiants ne considèrent pas que les projets réalisés par l'IAG soient meilleurs que ceux réalisés par eux-mêmes (66,2 % en Roumanie et 41,7 % en France). Ces chiffres prouvent que, bien qu'ils utilisent l'IAG pour gagner du temps et simplifier leur travail, ils restent conscients du fait que le résultat proposé par ChatGPT (et autres outils similaires) n'aura jamais le même niveau de qualité que le travail fait par eux-mêmes.

46,8 % des étudiants en Roumanie et 20,2 % des répondants en France affirment que les professeurs leur ont déjà demandé d'utiliser l'IAG pour réaliser des devoirs et des projets. Parmi les outils que les professeurs ont intégrés dans leurs consignes, ChatGPT arrive en première place. D'autres outils de l'IAG mentionnés par les étudiants sont Gemini, MidJourney, Bard, DALL-E et, pour les étudiants français, DeepL. Le pourcentage est plus important en Roumanie qu'en France car, selon la documentation réalisée au préalable à la diffusion du questionnaire, il y a plus d'enseignants à l'Université de Bucarest qu'à l'Université Lyon 2 qui ont intégré différents outils dotés de l'IAG dans les consignes pour la réalisation de différents projets et travaux.

Indépendamment de l'utilisation de l'IAG, nous avons voulu connaître la perception des étudiants par rapport à ces outils. Dans ce cas, nous avons identifié une différence significative entre les étudiants roumains et français. Ainsi, une très large majorité des répondants roumains considère l'utilisation de l'IAG par les étudiants comme positive (55,2 % plutôt positive et 12,4 % tout à fait positive), tandis que seulement 2,5 % des étudiants français la considèrent comme « tout à fait positive » et 32,9 % comme « plutôt positive ». L'esprit critique semble plus développé en France qu'en Roumanie, avec un nombre moins élevé d'étudiants qui considère l'utilisation de l'IAG comme positive, ce qui pourrait s'expliquer par une tradition de l'enseignement français d'être plus orienté vers la formation de l'esprit critique qu'en Roumanie où cette préoccupation reste limitée à la période post-communiste.

4.2. L'éthique et la réglementation de l'utilisation de l'IA : le point de vue des étudiants

Il n'y a pas de différence majeure au niveau des positions exprimées par rapport à l'éthique de l'utilisation de l'IAG dans le travail universitaire. 27,8 % des étudiants français et 35,9 % des ceux roumains considèrent qu'utiliser l'IAG à l'université n'est pas éthique. Questionnés sur les points qui peuvent soulever des problèmes d'éthique, les étudiants ont choisi : « le manque de transparence », « l'impact sur le développement de leur propre pensée critique », « la reprise des idées qui n'ont pas été générées exclusivement par un être humain », « des problèmes liés à la fiabilité des informations fournies », « la reprise des informations qui pourraient être altérées par l'algorithme qui entraîne l'IAG », « l'impact sur l'égalité des chances de l'accès à ces outils » et le manque d'instruments pour identifier les projets réalisés avec l'IAG. Ces réponses (où il n'y a pas eu de différences saisissantes entre la France et la Roumanie) nous montrent que les étudiants sont conscients des problèmes d'éthique soulevés par l'IAG qui devraient être pris en compte par les universités dans la réglementation de la question, d'autant plus qu'une large majorité des étudiants, dans les deux pays (68,4 % en Roumanie et 56,9 % des répondants en France), considère que l'utilisation de l'IAG devrait être réglementée dans leur institution, soit par les codes éthiques de l'université ou l'application d'une législation nationale.

Une très large majorité de nos répondants (plus de 90 % en Roumanie et près de 75 % en France) estime que l'utilisation de l'IAG sera de plus en plus répandue dans le milieu universitaire et plus de 50 % des étudiants (dans les deux pays) pensent que l'utilisation de l'IAG dans leurs futures professions impose l'intégration de l'IA également dans l'enseignement en Sciences de l'Information et de la Communication, ce qui nous révèle encore une fois un positionnement lié avec les réalités des métiers respectifs.

4.3. L'enquête qualitative : les enseignants et leur perception sur l'IAG

Questionnés à propos de leur perception sur l'IAG, les enseignants participants aux deux focus groups ont partagé à l'unanimité l'idée de l'IAG comme une opportunité pour les professeurs d'innover :

« *je dirais que c'est une approche innovatrice, les professeurs qui sont formés pour utiliser la technologie peuvent l'utiliser comme ressource complémentaire et extraire ce qu'il y a d'innovant* » (R1) ; « *pour les professeurs, elle pourrait représenter une opportunité d'aborder d'une manière innovante l'enseignement* » (R4).

Cependant, ils expriment des doutes quant à la qualité de l'information générée par l'IAG par rapport aux exigences académiques : « *elle peut être une ressource de documentation, mais de très bas niveau* » (R3). Comme les étudiants, certains participants considèrent l'IAG comme un gain de temps : « *elle peut nous donner une structure, nous faire la synthèse des documents et des concepts, ce qui nous prendrait beaucoup de temps* » (R6).

Parmi nos répondants, seulement une partie (trois dans les deux focus groups) avait déjà utilisé l'IAG dans leurs activités d'enseignement : « *je l'ai utilisée pour préparer des consignes en vue d'une évaluation et je l'ai également intégré dans un devoir de séminaire (travaux pratiques – n. a.) où les étudiants devaient résoudre un brief de quatre manières différentes dont l'une avec l'IAG* » (R2) ; « *je l'ai utilisé et je crois que, dans l'avenir, on va l'utiliser inévitablement* » (R5) ; « *j'ai proposé aux étudiants d'utiliser Chat GPT pour une définition conceptuelle et d'analyser le contenu généré. Ils ont compris par eux-mêmes les avantages et les limites de l'outil* » (R7). Les autres sont plus réservés sur l'idée d'intégrer l'IAG dans leurs cours ou excluent complètement l'idée : « *le support technologique est généralement critiqué car il peut mener à un déclin cognitif dans l'apprentissage. J'exclus l'utiliser professionnellement* » (R1) ; « *je suis ouverte à l'utiliser à l'avenir. Je suis même curieuse de découvrir s'il peut générer aussi du texte argumentatif, pas seulement du descriptif. Le risque c'est qu'elle offre des conclusions préfabriquées. Toutes les informations offertes substituent la compréhension, tu ne fais plus l'effort de comprendre* » (R3).

4.4. Réaction par rapport à l'utilisation de l'IAG par les étudiants

Cependant, lorsqu'il s'agit de l'emploi de l'IAG par les étudiants, seulement une partie des répondants l'associe avec des mots positifs : « *elle peut leur donner une structure à propos de quelque chose qu'ils ne connaissent pas* » (R5) ; « *cela peut leur apporter de la créativité, les faire sortir de leur propre bulle* » (R6). Pour la plupart des interviewés, l'utilisation de l'IAG par les étudiants est associée avec des risques et des mises en garde : « *les risques sont plus grands quand il s'agit de l'utilisation de l'IAG par les étudiants, mais ces risques peuvent diminuer s'il y a une auto-éducation digitale* » (R1) ; « *cela serait tout simplement des cutting corners parce que je ne crois pas qu'un étudiant puisse être suffisamment conscient lorsqu'il l'utilise pour le travail académique* » (R3) ; « *je l'associerais avec le plagiat* » (R4).

Les enseignants participants ont réagi, en grande partie, d'une manière critique par rapport aux données du questionnaire montrant le taux élevé d'étudiants qui affirment utiliser l'IAG et, pour la plupart, sans le mentionner : « *Ils utilisent tous les shortcuts, ils les voient comme un bénéfice, genre "merci, IAG, cela nous permet de ne plus réfléchir"* [...] *Il faut avoir les bases dans la tête, il ne suffit pas de prompter quelque chose sur l'IAG* » (R6).

Une autre partie des participants montrent plus d'empathie par rapport aux pratiques des étudiants : « *ChatGPT c'est comme un Google amélioré, il faudrait peut-être voir cela comme une continuité de comportement, mais il est vrai qu'il y a un type de superficialité dans l'apprentissage* » (R2) ; « *on ne peut pas arrêter son utilisation, elle continuera certainement à être utilisée* » (R5).

4.5. L'éthique et le besoin de réglementation : le point de vue des enseignants

La plupart des enseignants participants aux focus groups désapprouvent l'utilisation de l'IAG par les étudiants et demandent une réglementation stricte de cette utilisation. Même si certains insistent sur le besoin de son intégration dans l'enseignement compte tenu de son utilisation dans les métiers du journalisme et de la communication, les autres se déclarent en faveur de plus de restrictions : « *on devrait délimiter les domaines et savoir où l'IAG a été utilisée. Comment est-ce qu'on pourrait évaluer un travail réalisé avec l'IAG et un autre où l'IAG n'a pas été utilisée ?* [...] *On devrait peut-être permettre, dans certains contextes, pour certaines disciplines, mais, dans les autres, on leur apprend à penser et réfléchir* » (R6) ; « *moi, je suis pour une réglementation plus stricte vu que, du point de vue éthique, ce contenu n'est pas produit par eux-mêmes* [...] *On pourrait l'utiliser en classe, pour des exercices de séminaire ad hoc, mais pas pour un mémoire de licence* » ; « *moi, je l'exclurais des évaluations qui ont une mise sociale comme les soutenances ou les concours.* [...] *Et je mettrais obligatoire de signaler son utilisation car si tu l'utilises sans signaler, c'est copier* » (R1).

CONCLUSIONS

Notre enquête quantitative montre une très large utilisation de l'IAG parmi les étudiants, en particulier de ChatGPT, pour plusieurs activités d'apprentissage dont notamment la documentation et la réalisation des devoirs et projets (y compris du point de vue graphique), corrélée avec un haut niveau de satisfaction par rapport aux résultats obtenus à la suite de l'utilisation de différents outils de l'IAG. Malgré ce haut niveau de satisfaction, paradoxalement, une très large majorité des étudiants (français et roumains) questionnés ne considère pas que les projets réalisés par l'IA soient meilleurs que ceux réalisés exclusivement par l'intelligence humaine. Si, au niveau de l'utilisation et des activités pour lesquelles l'IAG est utilisée, il n'y a pas de grande différence entre les deux universités analysées, on constate que les étudiants roumains sont plus conscients que ceux français du besoin de mentionner l'utilisation de l'IAG dans la réalisation des travaux, ce que nous avons expliqué par le contexte roumain où, au cours des dernières années, plusieurs débats ont éclaté dans l'espace public à propos du plagiat dans des thèses de doctorat de certains dignitaires roumains.

Si, parmi les étudiants, on constate une large utilisation et un certain enthousiasme en ce qui concerne l'utilisation de l'IAG, les professeurs se montrent plutôt prudents. Même s'ils considèrent l'IAG comme une opportunité d'innover dans leur travail, l'intégration effective de l'IAG dans les outils pédagogiques semble encore limitée. Les enseignants se sont montrés plutôt critiques par rapport au taux élevé d'utilisation de l'IAG parmi les étudiants en réclamant le fait qu'il s'agirait de « cutting corners », du plagiat et que cela mènerait à un manque de réflexion et de développement de l'esprit critique chez les étudiants.

Tant les étudiants que les professeurs sont plutôt favorables à une réglementation de l'utilisation de l'IAG dans les universités. La plupart des enseignants participants demandent une réglementation stricte de cette utilisation en invoquant la difficulté d'identifier correctement les vrais auteurs des travaux évalués ou le fait que cela pourrait nuire les évaluations qui ont une mise sociale (concours, soutenance).

De manière générale, nous observons une importante similitude entre les réponses et les propos recueillis en Roumanie et en France, aussi bien pour les étudiants que pour les enseignants, avec les quelques différences remarquées ci-dessus notamment au niveau des étudiants.

Nous considérons que l'utilisation de l'IAG devrait être analysée dans le cadre de chaque domaine d'étude universitaire et les résultats de cette recherche devraient être intégrés dans les architectures curriculaires. Les étudiants utilisent l'IAG pour développer des projets pratiques spécifiques aux domaines des médias, de la communication et de la publicité. Ils comprennent que leurs futures professions imposent l'intégration de l'IA dans la production médiatique, ce qui nous révèle encore une fois un positionnement très en lien avec les réalités des métiers respectifs.

REMERCIEMENTS

Le projet de recherche « L'impact de l'intelligence artificielle (IA) sur les pratiques professionnelles dans l'enseignement universitaire de communication et médias » (IACOM) bénéficie du soutien financier de l'Agence universitaire de la Francophonie dans le cadre de l'« Appel à projets 2023 – Soutien aux Équipes de recherche en Europe Centrale et Orientale – SER-ECO ».

Bibliographie

- Barett (A.) et Pack (A.), "Not quite eye to AI : student and teacher perspectives on the use of generative artificial intelligence in the writing process", dans *International Journal of Educational Technology in Higher Education*, t. XX, no. 1, p. 59, 2023, https://doi.org/10.1186/s41239-023-00427-0
- Boissière (J.) et Bruillard (É.), *L'école digitale. Une éducation à apprendre et à vivre*, Paris, Armand Colin, 2021.
- Bozgan (O.) et Murgescu (B.), *Universitatea din București 1864-2024*, București, Editura Universității din București, 2024.
- Chan (C. K. Y.), "A comprehensive AI policy education framework for university teaching and learning", dans *International journal of educational technology in higher education*, t. XX, no. 1, p. 38, 2023, https://doi.org/10.1186/s41239-023-00408-3
- Chan (C. K. Y.) et Hu (W.), "Students' voices on generative AI: Perceptions, benefits, and challenges in higher education", dans *International Journal of Educational Technology in Higher Education*, t. XX, no. 1, p. 43, 2023, https://doi.org/10.1186/s41239-023-00411-8
- Cusnir (C.) et Nicola (A.), "Using generative Artificial Intelligence tools in Public Relations : Ethical concerns and the impact on the profession in the Romanian context", dans *Communication & Society*, t. XXXVII, n° 4, 309-323, 2024, https://doi.org/10.15581/003.37.4.309-323
- Dianova (V. G.) et Schultz (M. D.), "Discussing ChatGPT's implications for industry and higher education: The case for transdisciplinarity and digital humanities", dans *Industry and Higher Education*, t. XXXVII, no. 5, pp. 593-600, 2023, https://doi.org/10.1177/09504222231199989
- Faraziuli (A.), Cerrato-Pargman (T.), Bolander-Laksov (K.) et Mcgrath (C.), "Hello GPT ! Goodbye home examination ? An exploratory study of AI chatbots impact on university teachers' assessment practices", dans *Assessment & Evaluation in Higher Education*, t. XLIX, no. 3, pp. 363-375, 2024, https://doi.org/10.1080/02602938.2023.2241676
- Galloway (C.) et Swiatek (L.), "Public relations and artificial intelligence : It's not (just) about robots", dans *Public relations review*, t. XLIV, no. 5, pp. 734-740, 2018, https://doi.org/10.1016/j.pubrev.2018.10.008.
- Laato (S.), Morschheuser (B.), Hamari (J.) et Björne (J.), "AI-assisted learning with ChatGPT and large language models: Implications for higher education", dans *2023 IEEE International Conference on Advanced Learning Technologies (ICALT)*, pp. 226-230, 2023, IEEE, DOI :10.1109/ICALT58122.2023.00072
- Lopezosa (C.), Codina (L.), Pont-Sorribes (C.) et Vállez (M.), "Use of generative artificial intelligence in the training of journalists: challenges, uses and training proposal", dans *Profesional de la información/Information Professional*, t. XXXII, no. 4, 2023, https://doi.org/10.3145/epi.2023.jul.08
- Luo (J.), "A critical review of GenAI policies in higher education assessment: a call to reconsider the "originality" of students' work", dans *Assessment & Evaluation in Higher Education*, pp. 1-14, 2024, https://doi.org/10.1080/02602938.2024.2309963.
- Miller (R. E.), "Pandora's Can of Worms: A Year of Generative AI in Higher Education, dans portal: Libraries and the Academy", t. XXIV, no. 1, pp. 21-34, 2024. DOI : 10.1353/pla.2024.a916988

- Moorhouse (B. L.) et Kohnke (L.), "The effects of generative AI on initial language teacher education: The perceptions of teacher educators", dans *System*, t. CXXII, p. 103290, 2024. https://doi.org/10.1016/j.system.2024.103290
- Pesovski (I.), Santos (R.), Henriques (R.) & Trajkovik (V.), "Generative AI for Customizable Learning Experiences", dans *Sustainability*, t. XVI, no. 7, p. 3034, 2024, https://doi.org/10.3390/su16073034
- Rajabi (P.), Taghipour (P.), Cukierman (D.) et Doleck (T.), "Exploring ChatGPT's impact on post-secondary education: A qualitative study", dans *Proceedings of the 25th Western Canadian Conference on Computing Education*, pp. 1-6, 2023, https://doi.org/10.1145/3593342.3593360
- Smolansky (A.), Cram (A.), Raduescu (C.), Zeivotos (S.), Huber (E.) et Kizilcec (R. F.), "Educator and student perspectives on the impact of generative AI on assessments in higher education", dans *Proceedings of the tenth ACM conference on Learning@ Scale*, pp. 378-382, 2023, https://doi.org/10.1145/3573051.3596191
- Vakrats (D.) et Wang (X.), "Artificial intelligence in advertising creativity", dans *Journal of Advertising*, t. L, no. 1, pp. 39-51, 2020, https://doi.org/10.1080/00913367.2020.1843090
- Walczak (K.) et Cellary (W.), "Challenges for higher education in the era of widespread access to Generative AI", dans *Economics and Business Review*, t. IX, no. 2, pp. 71-100, 2023, DOI : https://doi.org/10.18559/ebr.2023.2.743
- Zawacki-Rischter (O.), Marin (V. I.), Bond (M.) et Gouverneur (F.), "Systematic review of research on artificial intelligence applications in higher education–where are the educators?", dans *International Journal of Educational Technology in Higher Education*, t. XVI, no. 1, pp. 1-27, 2019, https://doi.org/10.1186/s41239-019-0171-0

ACCOMPAGNER LES USAGERS VERS L'IA : DÉFIS ET MOTIVATIONS DES BIBLIOTHÉCAIRES-"EXPLORATEURS" DE L'ENSEIGNEMENT SUPÉRIEUR

Valentine FAVEL-KAPOIAN[1], Susan KOVACS[2]

(1) Maîtresse de conférences, Sciences de l'information et de la communication, Université Lyon 1, Elico UR 4147 ;
(2) Professeur des universités, Sciences de l'information et de la communication, Enssib, Elico UR 4147

Valentine.favel-kapoian@univ-lyon1.fr, Susan.kovacs@enssib.fr

Résumé

Dans le contexte actuel d'émergence des systèmes d'IA générative, nous interrogeons la manière dont les bibliothécaires de l'enseignement supérieur envisagent leur rôle en tant que médiateurs de ces technologies auprès des étudiants. Nous identifions quatre profils de bibliothécaires-explorateurs des IA génératives et nous analysons leurs démarches de veille et de structuration des savoirs sur l'IA. L'engagement individuel et collectif des bibliothécaires en matière d'IA est rendu complexe par la nature polymorphe des technologies et par des questionnements sur le périmètre d'intervention à privilégier dans la sensibilisation et la formation des usagers.

Mots-clés : IA générative, bibliothécaire, enseignement supérieur, veille, formation universitaire, acculturation.

INTRODUCTION

Depuis la présentation par OpenAI de la version 3.5 de ChatGPT en novembre 2022, le grand public a découvert les potentialités des systèmes d'intelligence dites génératives (IAGen). Le personnel de bibliothèques, spécialiste de l'offre informationnelle et témoin des pratiques informationnelles des publics qu'il accompagne et qu'il participe à former, est inévitablement sensible au déploiement de ces nouvelles technologies. Intermédiaire entre l'usager et l'information, il tente de s'adapter, voire d'anticiper les besoins en termes de compétences informationnelles à développer. Parallèlement à cela, les bibliothèques ont traditionnellement joué un rôle central en rendant les technologies émergentes accessibles à leurs communautés (Ridley et Pawlick-Potts, 2021). Par conséquent, accompagner leurs usagers "vers un apprivoisement raisonné" des outils tels que ChatGPT dans le nouveau contexte informationnel produit par l'intelligence artificielle (IA) semble une évidence pour de nombreux bibliothécaires (Bazin, 2023).

Mais, comment se projettent-ils dans cette mission et comment se préparent-ils à l'appréhender ? Comment les professionnels exerçant dans les bibliothèques de l'enseignement supérieur tentent-ils de s'emparer des nouveaux outils d'IA en vue d'accompagner et de former leurs publics ? Notre étude exploratoire menée entre février et mai 2024 souhaite comprendre comment les bibliothécaires envisagent leur rôle dans la sensibilisation, voire l'acculturation des publics à l'IA.

Après une présentation de notre ancrage théorique, des principaux travaux sur lesquels nous prenons appui et de notre méthodologie et corpus, nous présenterons nos résultats. Nous dégagerons notamment quatre profils de "bibliothécaires-explorateurs" de l'IA dans l'enseignement supérieur, dont la nature de l'engagement avec cette technologie innovante renvoie simultanément à des motivations personnelles et à des positionnements professionnels. Puis, nous décrirons la démarche de structuration des savoirs de ces professionnels et ferons un focus sur quelques entraves rencontrées par les bibliothécaires dans le développement de formations sur les IAGen à destination de leurs usagers.

1. FAIRE COMMUNAUTÉ POUR PENSER L'INNOVATION ?

1.1. Ancrages théoriques

Nous prenons appui pour ce travail exploratoire sur les réflexions théoriques dans les domaines de l'innovation technique d'une part et la culture informationnelle d'autre part. Nous considérons l'innovation socio-technique comme un processus complexe par lequel différents acteurs, par leurs interventions, médiations et interactions, font émerger l'objet technique nouveau et les conditions de son appropriation dans des environnements ou des contextes d'usage. Les pratiques individuelles et collectives sont ainsi constitutives de la technique innovante et renvoient à des représentations ou à des imaginaires de la technique (Flichy, 1995; Akrich, 1991).

Dans le cadre de cette étude, nous nous intéressons à la manière dont un réseau informel d'acteurs (des professionnels de l'information de l'enseignement supérieur) se constitue dans le but de se positionner sur des IAGen ayant fait irruption sur la scène mondiale en 2022. Les actions et les échanges qui se mettent en place témoignent de tentatives d'élaboration de langages et d'objectifs communs concernant les IAGen. Ces systèmes sont considérés comme objet à intégrer, potentiellement, au sein de pratiques professionnelles en bibliothèque, y compris les pratiques de formation, et sont constitutifs des processus de construction de l'identité professionnelle des bibliothécaires. Il s'agit de considérer, sans *a priori* sur leurs configurations ou sur d'éventuelles stratégies d'intéressement ou d'enrôlement chez les réseaux d'acteurs impliqués, des formes variées d'appréhension, d'expérimentation et d'évaluation de possibilités offertes par les IAGen pour la profession et ses publics. Ces modes d'appropriation forment une étape pendant laquelle les avis se forgent et s'affrontent au sein d'une communauté de pratiques souvent peu structurée, peu formalisée et parfois peu étendue.

Les initiatives pour développer ou améliorer une "prise" sur l'IA prennent souvent la forme d'activités informationnelles ou d'apprentissage (veille, échanges de pratiques, documentation, autoformation) et sont tributaires de la culture informationnelle des individus et des collectifs. Notre compréhension de la "culture informationnelle" correspond à une vision large renvoyant aussi bien aux compétences normées et validées qu'aux pratiques situées et bricoleuses de l'information (Lloyd, 2010 ; Lloyd, 2023). Ces compétences, normes et pratiques sont orientées par des représentations sociales – y compris par une "pensée de la technique" – ainsi que par des valeurs qui participent à la création du sens (Maury et Serres, 2010). Nous mobilisons cette notion de culture informationnelle pour décrire les routines, les environnements et des dispositifs professionnels qui soutiennent ou qui participent à faire émerger un intérêt collectif pour les IAGen (en tant qu'objet à appréhender et comme support ou objet de formation). Simultanément, un des enjeux de l'étude des processus d'appropriation de l'IA par les professionnels est de tenter de saisir la manière dont ceux-ci appréhendent la manière dont les IAGen s'intègrent déjà plus ou moins à la culture informationnelle des apprenants. En partant de cette conception large de la culture informationnelle, nous cherchons à établir comment la motivation et la volonté de se saisir des IAGen ainsi que la nature même des interrogations s'expriment à travers des pratiques.

1.2. Revue de littérature : une culture de l'IA à construire ?

Que sait-on de l'engagement des bibliothécaires avec les technologies de l'IA de la période d'avant l'arrivée de ChatGPT ? Une étude menée en 2019 sur la perception et les usages de l'IA par les bibliothécaires de l'enseignement supérieur de l'Amérique du Nord montre qu'il manque souvent une culture élémentaire sur ces technologies et que peu de professionnels ont une compréhension de ce que recouvre l'IA ("not enough librarians have an active understanding of what constitutes AI," Hervieux et Wheatley, 2021, p. 7). Par ailleurs, Cox, dans un travail de réflexion fondé sur une analyse des processus de territorialisation des objets par différents métiers, suggère qu'au-delà d'un développement ponctuel de certaines compétences (surtout managériales) chez les bibliothécaires afin d'initier des projets d'intégration de l'IA dans des tâches au quotidien (une posture dite « exploratoire » et « non engageante »), un véritable engagement avec l'IA pour établir un apport spécifique en lien avec ce qui constitue le cœur du métier de bibliothécaire reste un scénario trop coûteux (Cox, 2023). À partir de 2022, d'autres travaux paraissent sur les modes d'appropriation (possibles ou souhaitables) des IAGen en bibliothèque. Certains auteurs plaident pour un programme ambitieux de refonte des compétences ("reskilling") et de mise en œuvre d'une culture d'innovation pour rendre les professionnels aptes à se saisir des opportunités présentées par cet ensemble de technologies (Lo, 2024). D'autres soulignent l'importance de s'appuyer, pour la formation sur l'IA à destination des usagers, sur une vision élargie et critique de la littératie informationnelle. Cette approche permettrait de dépasser un centrage sur les outils qui a pu entraver une appropriation distanciée des ressources telles qu'Internet ou Wikipédia par le passé (Hurley, 2023).

Ces publications, souvent à visée opérationnelle, tendent à suggérer qu'une transformation de la culture professionnelle d'apprentissage et d'innovation serait souhaitable et réalisable.

Cette vision positive est-elle partagée par les professionnels ? Qu'en est-il aujourd'hui chez les bibliothécaires de l'enseignement supérieur, deux ans après l'arrivée des IAGen ? Dans le cadre de cette étude, nous avons souhaité comprendre empiriquement la manière dont les bibliothécaires pensent et pratiquent les outils grand public d'IA au moment de l'émergence de ceux-ci dans la vie sociale. À l'heure où différents univers professionnels et la sphère politique tentent de se positionner sur l'IA pour en réguler les usages et les modes d'appropriation (Chevret-Castellani et Labelle, 2021), quelles approches des nouveaux outils d'IA et quelles démarches de formation à l'information à travers l'IA sont proposées ou envisagées par les bibliothèques ? Comment ces approches se développent-elles en prolongement (ou en rupture) par rapport au rôle de formation au numérique déjà assuré par les bibliothèques ? Quelles cultures informationnelles, quelles cultures de l'innovation émergent ou sont activées de nos jours autour des IAGen ?

1.3. Méthodologie et corpus

Afin de répondre à nos interrogations, nous avons constitué un corpus issu d'une méthodologie mixte composée d'un questionnaire, d'entretiens individuels compréhensifs (Kaufmann, 2016) et de données secondaires comprenant des échanges entre professionnels sur des listes de diffusion et sur un groupe Facebook. Le questionnaire a été envoyé en mars 2024 à des professionnels ayant assisté le mois précédent à une formation dispensée par l'URFIST de Lyon sur les distorsions de l'information en contexte d'IAGen. À la suite de ce questionnaire, quatre bibliothécaires ont accepté de participer à un entretien semi-directif (mai 2024). Parallèlement, nous avons recueilli en les téléchargeant les échanges sur les listes de diffusion de l'ADBU (Association des directeurs et personnels de direction des bibliothèques universitaires et de la documentation) pour la période entre septembre 2022 et avril 2024. Nous avons limité notre analyse à deux listes de diffusion, celle générale (ADBU Forum) et celle consacrée aux « compétences informationnelles ». Enfin, nous avons retenu un groupe Facebook « IA en bibliothèque » créé en janvier 2024 (avec 2,3 K membres fin juin 2024) pour en analyser la nature des discours qui circulent sur l'IA parmi les membres de la profession (tous types de bibliothèques confondues). L'analyse croisée de ces données de corpus permet d'appréhender, sans prétention exhaustive, la culture professionnelle émergente d'apprentissage et d'innovation en matière d'IAGen chez des bibliothécaires français. Notre approche est qualitative et ethnographique (Beaud, 1996) ; nous estimons que les analyses des discours, des parcours, des dynamiques collectives et des démarches individuelles permettent d'éclairer les préoccupations et certaines des valeurs de groupes identitaires, ici celui du personnel de bibliothèque. Ces expériences et ces valeurs sont empreintes des spécificités des sites et des environnements, notamment info-documentaires. Ainsi, pour débuter notre analyse, nous dresserons le profil des quatre bibliothécaires interviewés. Ces profils suggèrent quatre manières de penser la spécificité de l'apport de la bibliothèque au rôle de médiation de l'IA auprès des usagers. Puis, nous croiserons leurs discours et les confronterons aux corpus documentaires issus des échanges sur Internet afin de produire une analyse fine des activités informationnelles et des apprentissages discrets des bibliothécaires face aux IAGen.

2. LES PIONNIERS FACE À UNE TECHNOLOGIE PROTÉIFORME

2.1. Figures de bibliothécaires-explorateurs

Les quatre professionnels qui ont accepté de nous rencontrer ont des profils bien distincts en termes de formation initiale, de fonctions au sein des équipes respectives et en matière d'identification des enjeux des IAGen pour la bibliothèque. Ils partagent en revanche un intérêt certain pour l'IA, ayant tous volontairement pris les devants, en "pionniers", pour suivre des formations sur la question. En ceci on peut dire que ces professionnels ne sont pas représentatifs de l'ensemble des personnels de leurs structures.
Les quatre interviewés exercent dans trois structures différentes : nous avons rencontré une bibliothécaire et une bibliothécaire coordinatreur-rice de formation en SCD (Service commun de documentation) ; un bibliothécaire formateur chargé d'accueil et de médiation en SCD ; une bibliothécaire chargée d'accueil en école d'architecture[1].

1. Pour des raisons de confidentialité nous ne détaillerons pas davantage les profils des interviewés (âge, formation, lieu précis d'exercice etc.) même si ces éléments ont été pris en compte dans notre analyse.

Les échanges avec ces professionnels montrent des niveaux d'engagement différents et nous permettent de dégager quatre types "d'agir" dans l'appropriation des IAGen :

1) un profil d'agir institutionnel : ce professionnel est référent IA autodésigné de sa structure. Il a un usage personnel et professionnel des IAGen et s'implique de façon régulière en réseau pour s'autoformer, faire de la veille documentaire, échanger avec ses pairs et pour envisager des formations et des actions futures à différentes échelles, y compris celle de sa structure et celle de la communauté universitaire élargie. Il participe à des réseaux institutionnels en cours de constitution au sein de son université et dans les instances de sa profession ;

2) un profil d'agir pédagogique : cette ancienne professeure-documentaliste exerce en bibliothèque universitaire depuis plus de 25 ans. Elle se forme activement et fait figurer des éléments de mise en discussion et de sensibilisation aux enjeux techniques et éthiques de l'IA avec des doctorants au sein de formations existantes en Éducation aux médias et à l'information (EMI). Les actions pédagogiques restent modestes et visent essentiellement à éclairer les étudiants sur les enjeux de l'IA dans les processus de recherche bibliographique ; cette bibliothécaire estime que ce n'est pas le rôle du SCD de faire des préconisations sur l'IA ;

3) un profil d'agir informationnel et communicationnel : cette bibliothécaire, diplômée en documentation, a un intérêt pour le rôle de la technique dans la société. Encore peu formée en matière d'IA, elle y reconnaît cependant un potentiel pour valoriser la place du pôle documentaire dans l'école spécialisée où elle exerce et elle participe activement, avec les collègues au sein de sa structure, aux échanges, débats et questionnements provoqués par l'apparition des IAGen, notamment sur le potentiel de ces outils en matière de pédagogie ;

4) Un profil d'observateur critique de l'IA : encore peu formée à l'IA, non-usagère de ChatGPT, cette bibliothécaire évite elle-même les outils de l'IA « puisque cela change trop vite ». Elle reste réservée sur la place spécifique des bibliothèques de l'enseignement supérieur dans la sensibilisation aux IAGen tout en se posant des questions sur un éventuel rôle spécifique de la BU dans la formation des doctorants en matière de fouille des textes. Proposant un accompagnement aux étudiants uniquement en réponse à leur demande (sans faire entrer systématiquement la question dans les formations), cette professionnelle se dit critique vis-à-vis de l'emballement médiatique sur la question.

Ces profils sont poreux entre eux et à bien des égards partagent des éléments de positionnement communs. Leur engagement sur la thématique de l'IA vient non pas d'une commande institutionnelle, mais de leur intérêt pour l'innovation et pour l'identification d'écosystèmes informationnels, numériques et/ou pédagogiques propices à avancer la réflexion. Ces professionnels sont aussi convaincus que cette technologie est en lien direct avec la recherche documentaire et donc qu'elle s'intègre ou peut s'intégrer à leurs missions principales. Par ailleurs, ils souhaitent rester en phase avec les pratiques des étudiants. Enfin, poussés par une inquiétude sur l'avenir de leur profession, ils investissent l'innovation comme réponse possible à la crise d'usage qui traverse leurs services (Di Pietro, 2015).

2.2. Structuration des savoirs et projections vers l'avenir

Dans les équipes que nous avons rencontrées, les formations à destination des usagers intégrant la thématique de l'intelligence artificielle, et plus spécifiquement celle des IAGen, sont en cours de réflexion. Une seule expérimentation a été menée, sous forme d'un quiz introduit dans une formation à destination des doctorants par la bibliothécaire que nous caractérisons par son "agir pédagogique" : « *on aborde un petit point sur chatGPT au moment de parler du plagiat ou de la rédaction des mémoires. Puis comme on ne se sentait pas forcément très à l'aise non plus avec les outils, on y est allé doucement, petit à petit* ». Il s'agit bien d'une phase d'exploration ; on peut se demander en revanche si, comme le suggère Cox (2023), cette posture, en se pérennisant, ne constitue pas l'essentiel de la réponse des bibliothèques.

Cette période des prémices nous semble particulièrement riche d'enseignements sur la façon dont les bibliothécaires se mobilisent et se structurent afin d'adapter l'accompagnement des usagers face à l'innovation technologique. Cette mobilisation se matérialise par une démarche d'acquisition de compétences *via* des formations, des lectures, des échanges et au moyen d'une veille dite active[2] : « *comme on était tous intéressés, on s'était dit "cette année, on est en mode veille active"* ». Ce temps d'acculturation par le biais de la structuration des savoirs est d'autant plus important pour les bibliothécaires que le sujet leur paraît complexe et nécessite un temps de maturation : « *On laisse un peu maturer, on ne regarde pas tout ce qui est écrit tous les jours, on n'a pas le temps* » ; « *on a suivi diverses formations, enfin moi personnellement, le plus possible pour que ça mûrisse* ». Ce travail d'autoformation et de veille se fait à travers un écosystème informationnel traditionnel, sans doute celui mis en œuvre quelle que soit l'innovation à découvrir et à maîtriser.

Les ressources (structures et réseaux de communication) citées dans les réponses au questionnaire, dans les entretiens et dans les données secondaires issues des discussions sur les listes de discussion et sur le groupe Facebook étudié ont été regroupées sur une carte de positionnement (Figure 1) afin d'identifier les « conditions de possibilité du connaître » (Foucault, 1966) des IAGen réunies par ces professionnels.

2. Slouma et Pébayle (2023) définissent la veille active comme une pratique qui vise l'acquisition d'informations précises sur des thématiques et des besoins de recherche bien définis, en opposition à la veille passive qui s'organise autour de pratiques de surveillance de l'environnement informationnel.

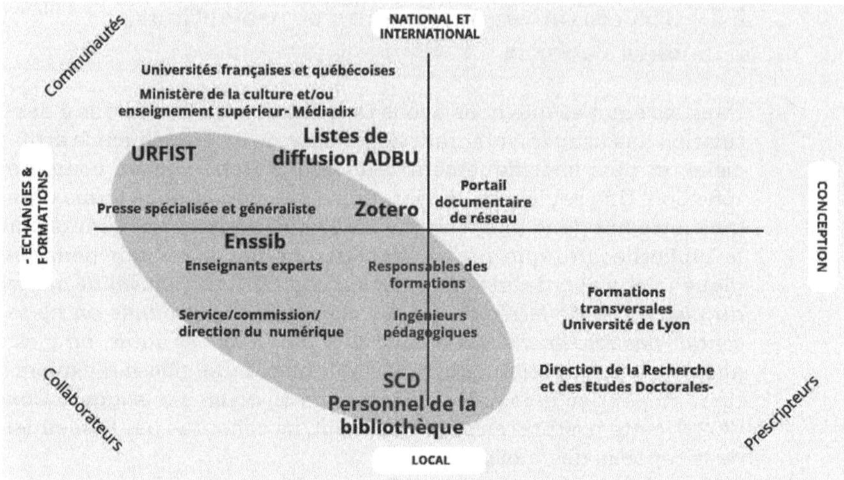

Figure 1 : Émergence d'un espace de structuration des savoirs sur l'IA
Bibliothécaires enseignement supérieur, Lyon, France, Panorama mai 2024.

Cette démarche de structuration et de montée en compétences (échanges de pratiques, autoformation, documentation, veille) se mène de façon collaborative, au sein des équipes et plus généralement de la profession. Les partages d'astuces de formation (partage d'idées d'ateliers à l'attention des usagers, par exemple) et d'informations (sur des offres de formation, des MOOC, des événements) se font aussi dans les posts et commentaires sur la page Facebook « IA en bibliothèque ». Les propos de cette page se caractérisent par un discours positif de découverte par l'expérimentation et l'essai, avec à un bien moindre degré, quelques constats ou analyses de nature critique et distanciée vis-à-vis de l'IA en tant que phénomène à décrypter sur le plan sociétal, économique et politique. Dans ces échanges entre professionnels (listes de diffusion et page Facebook), certaines structures professionnelles ou ressources sont identifiées par tous (Enssib, Urfist, ADBU, Archimag) comme acteurs incontournables de l'autoformation (à travers des webinaires et des manifestations de type séminaire ou colloque) et de la mutualisation (partage de ressources, constitution de groupes de travail). De même, certaines universités sont présentées comme expertes sur le sujet (quelques universités françaises mais surtout celles québécoises telles que l'UQAM et l'Université de Montréal). Ces acteurs clés interviennent dans la phase de réflexion et non, pour l'instant, dans celle de l'élaboration de dispositifs. On peut se demander dans quelle mesure et selon quels objectifs, avec l'introduction des technologies de l'IA dans les formations, le périmètre de structuration des savoirs passera de l'axe de la formation et des interactions à celui de la conception. Les acteurs seront peut-être alors différents, avec une implication des partenaires locaux plus importante.

Au centre de cet écosystème se situent les collections de référence partagées par les professionnels sur Zotero. Ce logiciel de gestion de références bibliographiques est au cœur des pratiques de veille et de mutualisation et donc d'un travail épistémologique pour identifier les contours d'un domaine en l'associant aux préoccupations des membres d'une profession. Associées aux forums professionnels, ces listes structurées de documents constituées à partir du travail de veille et partagées entre pairs matérialisent les tentatives d'élaboration d'un corpus de savoirs professionnels autour de l'IA.

Figure 2A : Extrait d'un Groupe Zotero privé de bibliothécaire partagé avec ses collègues de SCD (mai 2024)[3]

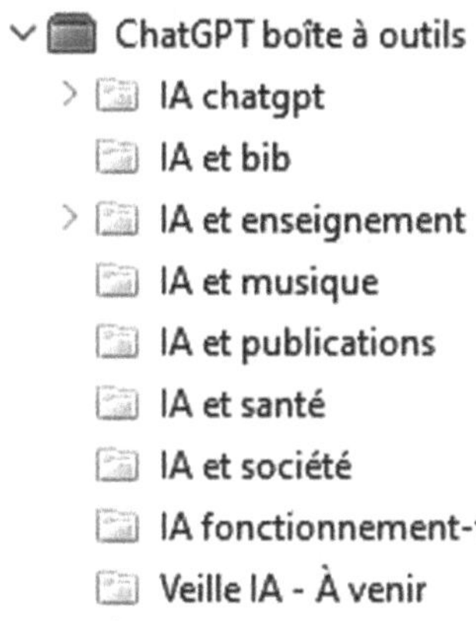

Figure 2B : Groupe Zotero public partagé sur le forum « Compétences informationnelles » de l'ADBU (Association des directeurs et personnels de direction des bibliothèques universitaires) (mai 2024)[4]

Ces deux exemples de systèmes d'organisation documentaire (Figure 2) révèlent la complexité, pour les bibliothécaires, de désigner le système socio-technique et l'innovation qu'ils souhaitent appréhender : parle-t-on d'IA ? De ChatGPT ? Ou d'IAGen sans les nommer ? Cette recherche d'une terminologie adéquate exprime la difficulté des acteurs à délimiter leur veille et le périmètre de la mutualisation : le partage de ressources doit-il concerner la technologie (l'IA) ou son déploiement dans la gestion de l'information ? Ces bibliothèques numériques attestent des hésitations des bibliothécaires à déterminer le champ d'action de leurs interventions dans le déploiement de cette technologie.

Le périmètre se pose d'abord en termes de public : qui former ? Les étudiants de Licence, de Master, les doctorants, les enseignants ? « *On ne sait pas encore quels enseignants connaissent le fonctionnement (de l'IA), s'ils sont déjà allés voir ce que c'était, parce qu'on se dit que c'est peut-être par là qu'il faut commencer pour pouvoir accompagner après les étudiants* ». En dehors de quelques experts, les échanges sont rares avec les enseignants. Ils sont pourtant les prescripteurs de l'intégration de l'accompagnement à la recherche documentaire (et/ou académique) dans les parcours de formation. Cependant, cette question des publics ne semble pas spécifique à la question de l'IA. Elle concerne la question plus globale de l'inter-

3. Depuis mai 2024, les sous-dossiers de cette bibliothèque Zotero ont peu évolué : seul le dossier « IA & informations » a été renommé « IA & (des)informations ». Cette renomination peut-elle être comprise comme une volonté de centrer la veille sur les impacts de l'IA sur l'information ?
4. Depuis mai 2024, les sous-dossiers de ce Zotero se sont multipliés passant de 10 à 15. Cette multiplication des thématiques illustre la difficulté des participants à définir le périmètre de leur veille.

vention des bibliothécaires dans les dispositifs de formation à l'université (quel volume ? sur quel temps universitaire ?). Pour l'instant, le public ciblé est celui des doctorants pour deux raisons majeures. D'abord, parce qu'il existe des parcours de formation à la recherche d'information obligatoires pour les doctorants dans lesquels ils peuvent s'intégrer : « *Peut-être se concentrer sur des outils d'IA qui concerneraient spécifiquement des caractéristiques des BU. Donc effectivement, tout ce qui va être "aide à la fouille de texte" pour faire des biblios, donc plutôt des doctorants, là ça a du sens.* » Ensuite parce qu'il parait cohérent pour les bibliothécaires d'aborder les IAGen lorsqu'ils interviennent sur la question du plagiat.

Le plagiat est en effet l'entrée première des formations actuelles et celles envisagées, en lien avec le développement des compétences info-documentaires des étudiants : lutte contre le plagiat, sensibilisation à la désinformation, vérification de l'information, respect du droit d'auteur, recherche informationnelle avec les IAGen, sont autant de thématiques envisagées. « *On a voulu les sensibiliser sur le fait que toutes les réponses données* (par ChatGPT) *ne sont pas vraies* ». Cette thématique identifiée par tous est parfois élargie, dans les discours et les intentions, à la culture numérique (compréhension des fonctionnements dont les algorithmes, initiation à l'ingénierie de prompting, biais et hallucinations des IAGen), ou mise en lien avec l'EMI (développer l'esprit critique face aux usages, aux enjeux et aux impacts écologiques de l'IA). Cette vision élargie et critique de la littératie informationnelle suggère alors une volonté de dépasser l'approche par la technique (Hurley, 2023).

Les tergiversations sur les contenus et les objectifs des formations à proposer par les bibliothécaires se retrouvent aussi dans les formats des dispositifs envisagés. Si certains projettent des formations plutôt techniques (sous forme d'ateliers de prise en main), pour d'autres, les outils évoluant sans cesse, il serait plus prudent de se concentrer sur les enjeux dans une démarche critique : « *en tant que bibliothécaires, on sera plus sur l'usage, sur comment analyser* ». Ces hésitations et ces positionnements individuels sont révélateurs d'une « pensée de la technique » (Maury et Serres, 2010) qui complexifie l'élaboration d'une culture professionnelle d'apprentissage et d'innovation collective. Celle-ci semble d'autant plus complexe dans le cas de l'élaboration de dispositifs de formation que les outils de l'IA constituent un objet protéiforme et instable.

2.3. Entraves dans le développement des formations

« *On a une collègue en santé, elle a réfléchi sur un atelier intelligence artificielle, donc un atelier d'un petit format court de 2 h sur l'intelligence artificielle, mais c'est à l'état de réflexion. Et finalement, la question qui se pose, est-ce aux BU de s'occuper de ça finalement ?* »

Ce doute quant à la légitimité des bibliothécaires de se saisir de l'IA se manifeste dans de nombreuses affirmations : manque de connaissance technique, non-maîtrise du "bon" vocabulaire (entendu celui informatique), auto-désignation comme non-spécialistes, d'utilisateurs amateurs, etc. Certains en viennent même à se poser la question de leur légitimité face aux étudiants et aux enseignants chercheurs : « *je me pose même la question de savoir est-ce que je suis légitime pour pouvoir présenter une IA générative à des étudiants ?* »

Ces interrogations sont symptomatiques de l'ancrage identitaire fragile des bibliothécaires sans cesse réinterrogé par le développement de nouvelles fonctions et de nouvelles missions (Tassius, 2014) : « *mais c'est toujours pareil et comme on va souvent vous le dire, on a toujours ce complexe de "est-on légitime à faire ça" ? Ça, c'est un classique ! La légitimité, on se la pose tout le temps* ».

Concernant les systèmes d'intelligence artificielle générative utilisés pour la recherche ou la production d'information, les bibliothécaires s'interrogent sur leur légitimité à former les étudiants à des outils qui affectent autant le travail universitaire. Ils craignent d'empiéter sur le rôle de l'enseignant et de donner des conseils et/ou des consignes non académiques. Pour autant, ils redoutent aussi de se laisser dépasser par les pratiques des étudiants et par l'environnement informationnel. Ils sont pris entre d'un côté leur désir d'anticiper les besoins émergents des usagers et de promouvoir l'offre de services (Slouma et Chevry Pébayle, 2023) et de l'autre côté le besoin de disposer de temps pour mieux appréhender une technologie qu'ils peinent à cerner.

L'intelligence artificielle regroupe un large éventail d'outils logiciel en lien avec la gestion de l'information. Évoquant les systèmes d'intelligence artificielle générative de type ChatGPT, les bibliothécaires peinent à définir ce dont il s'agit : un agent conversationnel ou un moteur de recherche ? Un langage ? Une base de données ? Un outil qui fait aussi de la recherche ? (« *C'est ça qui est compliqué je trouve en ce moment. Pour moi c'est pas former à l'IA, c'est former à la recherche documentaire* »). Les interrogations de ces professionnels quant au positionnement à tenir découlent en partie de ces incertitudes sur la nature de la technologie : « *en fait on ne sait pas encore vraiment par quel bout le prendre. C'est encore un objet un peu extraterrestre pour le moment* » ; « *et puis il y a des outils qui te résument, qui te mettent les PDF. Oui, il y a plein de fonctionnalités qui n'existent pas dans un moteur de recherche, mais dans une base de données* ». L'inaccessibilité épistémologique et cognitive du fonctionnement de l'apprentissage automatique pressentie par Romele et Severo (2023) se confirme. Les professionnels peinent à définir cette innovation et plus encore à cerner son impact sur l'information et donc à identifier leur rôle dans l'accompagnement des usagers. Malgré leur démarche de formation, de documentation, d'échange et de veille, l'objet IA semble encore leur échapper. Encore en phase de construction de leur propre culture professionnelle, les bibliothécaires cherchent à définir les compétences informationnelles et numériques qui devront être au cœur des futures formations.

Certains bibliothécaires évoquent la modification dans le processus de recherche, passant du mot-clé à la phrase d'interrogation (le prompt) ou mettent en avant la navigation révisée dans certains outils. Pour certains, l'IA générative n'est pas un outil de recherche d'information et son usage comme tel ne peut apporter que confusion, entre autres par la prolifération de la désinformation : « *je voulais les alerter sur le fait qu'il fallait vérifier l'information. En fait, je trouve que l'IA pose encore plus cette question-là, la fiabilité de l'information.* » Ces difficultés à identifier l'outil et les pratiques qui vont se développer compliquent la détermination des compétences attendues. Alors que les référentiels de compétence actuels peinent à tenir compte du niveau de conscience, de compréhension et de compétence lié à la culture de l'IA (Ridley et Pawlick-Potts, 2021 ; Long et Magerko, 2020), les bibliothécaires sont dans l'expectative quant au rôle qui sera le leur dans le développement de cette technologie : « *l'IA ne remplace pas le moteur de recherche* […]. *Est-ce que c'est d'autres compétences ? Qu'est-ce que ça change ? Est-ce aux bibliothécaires de s'emparer de cela ?* »

CONCLUSION

Notre objectif dans cette étude était de comprendre la façon dont les bibliothécaires envisagent leur réponse comme médiateurs de l'information à l'arrivée des IAGen. Nous souhaitions appréhender leur culture d'innovation et les écosystèmes informationnels qui structurent leurs actions et leurs réflexions. En prenant appui pour ce travail sur un corpus mixte (questionnaire, entretiens, échanges sur des forums et groupes Facebook), nous avons pu identifier quatre profils d'explorateurs qui expriment leur investissement pour une appropriation professionnelle de l'IA. Cet engagement se manifeste à travers des initiatives de mise en réseau, d'expérimentation en matière de formation, de réflexion critique et de participation à des échanges collégiaux. Ces bibliothécaires précurseurs, dont la motivation est personnelle, arrivent à faire rayonner autour d'eux une curiosité et un désir d'avancer collectivement pour appréhender les enjeux des IAGen. En toute modestie, dans l'attente de la définition d'un cadre d'action universitaire véritable, ils s'engagent, non sans interrogation et crainte, dans cette innovation polymorphe et naviguent dans la documentation abondante sur le sujet. Leur engagement sur la thématique de l'IA est motivé par la conviction de leur rôle dans l'acquisition des compétences informationnelles des étudiants, rôle revendiqué comme essence même de leur mission au sein de l'enseignement supérieur. L'innovation devient alors une opportunité pour affirmer ou réaffirmer leurs missions. La poursuite de cette étude nous permettra de savoir si les intentions de ces bibliothécaires-explorateurs se concrétisent en actions de formation à la hauteur de leurs espoirs.

Bibliographie

- Akrich (M.), « L'analyse socio-technique », dans Vinck (D.) (ed.), *La gestion de la recherche*, Bruxelles, De Boeck, 1991, pp. 339-353.
- Bazin (P.) (2023, 24 janv.), « Lorsque ChatGPT défie les bibliothèques ». *Livres Hebdo*. Consulté le 20 juin 2024. https://www.livreshebdo.fr/article/lorsque-chatgpt-defie-les-bibliotheques
- Beaud (S.), « L'usage de l'entretien en sciences sociales. Plaidoyer pour l'entretien ethnographique », dans *Politix, Revue des sciences sociales du politique*, vol. 9, n° 35, 1996, pp. 226-257.
- Chevret-Castellani (C.) et Labelle (S.), « Vers un "modèle français" de régulation de l'intelligence artificielle fondé sur l'innovation sociale ? » dans *Communication, technologies et développement* n° 10, 2021. Consulté le 25 septembre 2024. https://doi.org/10.4000/ctd.6195
- Cox (A.), "How artificial intelligence might change academic library work: applying the competencies literature and the theory of the professions", dans *JASIST*, vol. 74, n° 3, 2023, pp. 367-380.

- Di Pietro (C.), Impulser et piloter l'innovation en bibliothèque : mode d'emploi. Mémoire de fin d'études du diplôme de conservateur des bibliothèques, ENSSIB, Villeurbanne, 2015.
- Flichy (P.), *L'innovation technique : récents développements en sciences sociales, vers une nouvelle théorie de l'innovation*. Paris, La Découverte, 1995.
- Foucault (M.), *Les mots et les choses. Une archéologie des sciences humaines*, Paris, Gallimard, 1966.
- Hervieux (S.) et Wheatley (A.), "Perceptions of artificial intelligence: A survey of academic librarians in Canada and the United States", dans *The Journal of Academic Librarianship*, vol. 47, n° 1, 2021. Consulté le 25 sept. 2024. https://doi.org/10.1016/j.acalib.2020.102270
- Hurley (D. A.), "Using Early Responses to Wikipedia and Google to Consider ChatGPT", dans Kurbanoglu (S.) *et al.* (ed.), *Information Experience and Information Literacy*, 8e colloque ECIL (*European Conference on Information Literacy*) 2023, pp. 15-26. Communications in Computer and Information Science, vol. 2042, Springer, Cham. https://doi.org/10.1007/978-3-031-53001-2_2
- Kaufmann (J.-C.), *L'entretien compréhensif*, 4e édition, Paris, Armand Colin, 2016.
- Lloyd (A.), "Framing information literacy as information practice : site ontology and practice theory", dans *Journal of Documentation*, vol. 66, n° 2, 2010, pp. 245-258.
- Lloyd (A.), "Information Literacy and the Social: Applying a Practice Theory View to Information Literacy", dans HICKS (A.) (*et al.*) (ed.), *Information Literacy Through Theory*, London, Facet Publishing, 2023, pp. 27-38.
- Lo (L. S.), "Transforming academic librarianship through AI reskilling : insights from the GPT-4 exploration program", dans *Journal of Academic Librarianship*, vol. 50, n° 3, mai 2024. Consulté le 20 sept. 2024. https://doi.org/10.1016/j.acalib.2024.102883
- Long (D.) et Magerko (B.), "What is AI Literacy ? Competencies and Design Considerations", dans *CHI'20: Proceedings of the 2020 CHI Conference on Human Factors in Computing Systems, Association for Computing Machinery*, 2020. Consulté le 10 sept. 2024. https://doi.org/10.1145/3313831.3376727
- Maury (Y.) et Serres (A.), « Présentation », dans Chapron (F.) et Delamotte (E.) (éd.), *L'éducation à la culture informationnelle*, Villeurbanne, Presses de l'Enssib, 2010, pp. 26-39.
- Ridley (M.) et Pawlick-Potts (D.), "Algorithmic Literacy and the Role for Libraries". *Information Technology And Libraries*, vol. 40, n° 2, 2021. Consulté le 10 sept. 2024. https://doi.org/10.6017/ital.v40i2.12963
- Romele (A.) et Severo (M.), « Que veulent les images de l'IA : une exploration de la communication scientifique visuelle de l'intelligence artificielle », dans *Sociétés & Représentations*, n° 55, 2023, pp. 179-201. Consulté le 10 sept. 2024. https://doi-org.docelec.univ-lyon1.fr/10.3917/sr.055.0179
- Slouma (M.) et Chevry Pébayle (E.), « Étude exploratoire des pratiques de veille des professionnels des bibliothèques universitaires », dans *Études de Communication*, vol. 60, 2023, p. 99-129. Consulté le 10 sept. 2024. https://doi.org/10.4000/edc.15725
- Tassius (D.), *Formation et pratiques documentaires numériques dans les bibliothèques universitaires en France*, Thèse de doctorat en Sciences de l'information et de la documentation, 2014. https://theses.fr/2014AGUY0844

ENVISAGER L'INTELLIGENCE ARTIFICIELLE GÉNÉRATIVE COMME *MÉDIA ÉDUCATIF* À L'UNIVERSITÉ

Ingrid MAYEUR

ULiège, UR DIDACTI*fen*/Traverses

Ingrid.Mayeur@uliege.be

Résumé

Les intelligences artificielles génératives ont transformé en profondeur les pratiques informationnelles. Dans le domaine éducatif, et plus spécifiquement à l'Université, leur usage par les étudiants pose des questions particulières liées au respect de l'intégrité scientifique, à la nécessité d'une évaluation basée sur une production personnelle, ainsi qu'à l'intégration aux cursus académiques d'activités pertinentes destinées à favoriser les apprentissages. Cette contribution souhaite préciser les enjeux associés aux intelligences artificielles génératives dans le domaine éducatif, en particulier, l'enseignement universitaire, en discutant de quelle manière ces IA peuvent être appréhendées en tant que médias éducatifs – si l'on entend par là des dispositifs info-communicationnels servant des situations d'enseignement ou d'apprentissage. Nous qualifions tout d'abord la médiation des savoirs opérée par les IA génératives, pour nous intéresser ensuite à la manière dont les institutions entendent cadrer les usages des étudiants, avec une focale sur la Charte élaborée par l'ULiège. Nous concluons par une réflexion sur la nécessité de considérer la dimension médiale des outils numériques à des fins d'apprentissage.

Mots-clés : intelligence artificielle générative, médias éducatifs, dispositifs info-communicationnels, enseignement universitaire, information, littératie informationnelle, charte université.

INTRODUCTION

L'intelligence artificielle générative a reconfiguré en profondeur les pratiques informationnelles dans nos sociétés. Sur le web, les moteurs de recherche ont longtemps fait (et font encore) figure de passage obligé : une fois la requête formulée et la liste des résultats générée, reste, pour l'usager, à identifier les sources utiles lui permettant d'accéder à, ou de construire, l'information répondant à ses besoins. Dans le domaine éducatif, la possibilité de « googler » et de « copier-coller » des informations avait déjà suscité quelques inquiétudes dans le chef des enseignants, avec un écho particulier à l'Université, où les cours sont nourris par l'exercice de la recherche scientifique. L'activité de recherche implique en effet une préoccupation particulière pour la qualité et le référencement des sources, ainsi que pour l'élaboration originale de savoirs sur la base d'une synthèse problématisée. Comment s'assurer, dans ce contexte, de la validité et du caractère personnel des productions d'étudiants ? Et comment intégrer aux cursus des activités formant à la recherche, à l'évaluation et à l'utilisation des informations trouvées « sur Internet » pour la réalisation des travaux académiques ?

Dans notre contribution, nous voulons préciser en quoi les IA génératives peuvent être considérées, à l'université, comme des *médias éducatifs* – si l'on entend par là des dispositifs info-communicationnels utilisés au service de situations d'enseignement ou d'apprentissage – et de quelle manière les discours institutionnels entendent poser un cadre à une pratique ordinaire prêtée aux étudiants, dans la perspective d'un développement des littératies informationnelles[1]. Ainsi que le soulignait Pierre Mœglin, un média n'est pas *en soi* éducatif :

> *Ce qu'ils ont d'éducatif, ces outils et médias le doivent à l'aptitude qui leur est reconnue de permettre à des élèves d'apprendre et à des maîtres d'enseigner, de s'informer et de communiquer en contexte éducatif. Cela veut dire que, si outils et médias ne sont pas d'emblée éducatifs, quelques-uns le deviennent lorsque se produit leur intégration dans l'appareil de formation et qu'intervient la reconnaissance sociale de leur légitimité éducative. Ils se caractérisent alors par leurs finalités et usages éducatifs.* (Mœglin, [2005] 2013, 11)

Si Mœglin estimait que l'étude des conditions de reconnaissance des outils et médias en tant qu'outils et médias *éducatifs* restait bien souvent un point aveugle de la recherche, sans doute peut-on avancer l'hypothèse que l'usage ordinaire des IA génératives par les élèves et étudiants a fini par imposer leur reconnaissance institutionnelle, et la mise à l'agenda d'une réflexion sur leurs opportunités éducatives (Unesco, Miao, Fengchun et Holmes, Wayne, 2023 ; Higuera et Iyer, [2023] 2024). Certaines organisations ont elles-mêmes développé des *EdGPT*, versions dévolues à un usage spécifiquement éducatif (*ibid.*, 14). Elles assistent l'enseignant dans la création de supports de cours (quiz, slides, *etc.*) et le design d'activités pédagogiques, ou se voient déléguer certaines tâches de l'étudiant (recherche, modélisation de données, *etc.*) – à l'instar de *ChatGPTEdu*[2].

Dans un premier temps, nous identifierons plusieurs traits de la médiation documentaire des savoirs opérée par les IA génératives en tant que dispositifs info-communicationnels, et la manière singulière dont elles éditorialisent l'information. Dans un deuxième

1. On définira ici la littératie informationnelle de façon assez générale, comme la capacité à accéder, sélectionner, utiliser et produire une information pertinente au regard d'une finalité sociale donnée. Dans l'enseignement universitaire, elle participe du processus d'acculturation de l'étudiant qui doit ajuster son répertoire de pratiques à un nouvel environnement impliquant de nouveaux besoins en information (Cordier, 2018).

2. https://openai.com/index/introducing-chatgpt-edu/

temps, nous discuterons de l'intégration des IA génératives dans la formation universitaire, au regard des finalités et usages éducatifs qui leur sont assignés, en particulier concernant le développement des littératies informationnelles. Nous verrons enfin dans quelle mesure cette intégration prend en compte leur qualité de dispositif info-communicationnel.

1. LES IA GÉNÉRATIVES COMME DISPOSITIFS INFO-COMMUNICATIONNELS

En tant que dispositifs info-communicationnels[3], les IA génératives structurent et diffusent de l'information susceptible d'être transformée en connaissance, si l'on entend par là son appropriation par un sujet, le rendant capable d'une action sur son environnement (Couzinet, 2011). Cependant, la médiation des savoirs opérée à partir des ressources informationnelles – c'est-à-dire la façon dont les IA génératives agissent sur la sélection, l'organisation, la transmission de ces ressources en vue de leur donner du sens dans un horizon épistémique (Gardiès et Fabre, 2017) – apparaît particulière à plusieurs égards.

Tout d'abord, ainsi que l'a souligné Divina Frau-Meigs, les IA génératives transforment radicalement le rapport à la donnée et à la source, qui sont habituellement considérées comme le socle des activités d'apprentissage (Frau-Meigs, 2023). Ces IA reposent en effet sur le *machine learning*, l'entraînement non supervisé d'algorithmes sur de vastes ensembles de données, accroissant continuellement leur performance dans la génération de textes (pris ici au sens large). Or, ces données dépendent non seulement de la *masse disponible*, mais également des critères de curation et des paramètres définis par les organisations propriétaires :

> *au lieu d'être sélectionnées sur la base d'un échantillonnage raisonné et représentatif comme établi par les règles du savoir scientifique du XXᵉ siècle, les données actuelles sont moissonnées à l'avenant, récoltées en masse (big data) puis soumises à des algorithmes qui les trient et les organisent pour en tirer de l'information. Celles-ci sont donc contingentes des conditions de moissonnage en entrée (ce qui est disponible) et des contraintes des algorithmes en sortie (ce qui est manipulable, pondérable).* (ibid.)

La donnée est ainsi structurée pour constituer de l'information suivant des logiques *a priori* déconnectées d'un horizon épistémique, par exemple celui d'une discipline scientifique. Quant à la source, il est peu fréquent qu'elle soit citée par une IA générative, sauf

---

3. Telle que nous le comprenons et l'utilisons dans le cadre de cet article, un dispositif info-communicationnel désigne un média en tant qu'il conditionne la mise en forme et la distribution de l'information, et plus spécifiquement en tant qu'il assure un rôle dans le processus de médiation des savoirs. En d'autres termes, le média est saisi dans sa dimension de dispositif de communication de l'information, ici en situation éducative. Couzinet envisage à l'origine le dispositif info-communicationnel comme « ensemble de liens sociaux unissant le producteur d'information, celui qui permet sa circulation grâce à des machines et à des tuyaux, celui qui intervient pour faciliter la diffusion et celui qui s'approprie l'information. » (Couzinet, 2011, 22). Les liens sociaux animant la production et la circulation de l'information se trouvent opacifiés par les IA génératives, ainsi que nous le montrons plus bas avec l'affaissement de l'éditorialisation.

demande explicite formulée dans le prompt – dans ce cas, l'utilisateur n'est pas à l'abri d'une fantaisie créatrice de l'agent conversationnel. La portée des emprunts et leur distance par rapport à l'information de première main ne sont pas non plus clairement spécifiées. Il est donc peu aisé de définir si l'information provient d'une source primaire, secondaire ou tertiaire, ce qui complique considérablement son évaluation (*ibid.*). L'éditorialisation, définie par Broudoux comme le lieu de *mise en forme* de l'autorité informationnelle (Broudoux, 2022, 11), est réduite à la portion congrue, en ce qu'elle semble résulter des seules autorités énonciatives de l'agent conversationnel et de son interlocuteur (du moins si l'on prend l'exemple de ChatGPT) : la scénographie dialogique néglige en effet d'*in-former* (*ibid.*) les (res)sources, les catégorisations ou les institutions. Pour le dire autrement, l'ordre documentaire est évacué au profit de la figuration d'une génération textuelle spontanée : « l'ensemble des liens sociaux » mettant en contact les différentes parties prenantes de la production et de la diffusion de l'information, constitutif du dispositif info-communicationnel (Couzinet, 2011, 22), se voit effacé par l'architexte du logiciel.

En réalité, si l'on suit Broudoux, les IA génératives sont à considérer non pas comme des *acteurs*, mais bien des *actants* :

> *Je qualifierai l'IA, une entité algorithmique, d'« actante » afin de la différencier de l'« acteur », une nomination que nous réserverons aux entités humaines individuelles (ex. les auteurs) et organisées (ex. les institutions). L'analyse sémiotique issue de la linguistique distingue l'actant de l'acteur (Greimas, Courtès, 1993) : l'actant participe du processus, il accomplit ou subit l'acte, il est sujet de l'énonciation et se différencie de l'acteur de l'énonciation qui en porte la responsabilité.* (Broudoux, 2022, 171-72)

L'autorité principale n'étant dès lors pas attribuable à l'actant, reste la question de sa responsabilité à l'égard de l'information produite – et Broudoux met en garde contre le risque de dilution. *In fine*, les productions des IA génératives apparaissent donc n'être ni traçables, ni fiables, ni originales d'ailleurs. La génération du contenu est fondée sur des analyses statistiques et l'identification de configurations récurrentes de mots ou de pixels (Unesco, Miao, Fengchun et Holmes, Wayne, 2023, 8). Les IA génératives sont des machines qui prédisent et qui imitent suivant une approche probabiliste de la pertinence informationnelle. En d'autres termes, un agent conversationnel comme ChatGPT ne crée pas d'information par lui-même, mais parie sur un agencement des données qui permettra à l'utilisateur de les saisir comme informations pertinentes : de la même manière qu'une IA générative ne saisit pas la portée des mots qu'elle utilise, ni n'est capable de les mettre en relation avec des réalités du monde social, les données ne sont pas générées en tant qu'elles produisent du sens socialement, mais en tant qu'elles correspondent à une forme et à une organisation probable, eu égard à la requête formulée en langage naturel par l'utilisateur.

Corrélativement, la définition des critères présidant à la sélection des données sera fonction des paramètres d'entraînement des algorithmes de ces IA pour l'évaluation des sources (réputation, mention des références, itération, *etc.*), non d'une autorité spécifique à un champ du savoir[4]. Les IA génératives comme dispositifs info-communicationnels reposent donc sur la production d'une information probablement pertinente résultant du traitement du *déjà-dit* dans la masse disponible. De ce fait, le savoir validé par une autorité épistémique (soit, le savoir scientifique pour l'université) se trouve mis en concurrence avec un savoir de type *narratif*, ce qu'avait souligné Soumagnac à la suite de Peraya :

> *Avec l'introduction d'Internet dans l'activité des individus, de nouveaux types de savoirs circulent à l'école et dans l'ensemble des sphères professionnelles. D. Peraya les nomme les « savoirs narratifs » en opposition aux « savoirs scientifiques » issus des institutions. Les savoirs narratifs sont des savoirs qui « trouv[ent] [leur]* [...] *valeur de vérité dans le fait d'être rapporté[s], répété[s] et réaffirmé[s] au sein d'une communauté sociale qui en constitue l'espace de légitimation »* (Peraya, 2012 : 96). *Ils représentent des espaces de libertés dans la relation à l'autorité inscrite dans le dispositif institutionnel* (Soumagnac, 2023, paragr. 4)

Aussi longtemps que la donnée produite par les IA génératives proviendra de la *masse disponible* (fût-elle expurgée de ses contenus jugés déviants)[5], la synthèse documentaire intègrera des informations émanant d'autorités alternatives aux autorités épistémiques « légitimes » (soit, ce qui pourrait se trouver dans une bibliothèque universitaire). La tendance des IA génératives aux reproductions stéréotypiques est à lire en ce sens. Se reposent alors, dans le domaine éducatif, les questions qui avaient déjà émergé dans un premier temps avec la recherche d'information sur le web rendue possible par les moteurs de recherche : (i) celle de la fiabilité de la source, l'éditorialisation faiblement marquée des autorités informationnelles sur un dispositif comme ChatGPT compliquant davantage encore son évaluation, et (ii) celle de l'identification de l'autorité énonciative, rendue plus complexe par le processus de génération (là où un copier-coller restait plus aisément identifiable). Et c'est bien ce qui rend la médiation des savoirs opérée par une IA générative singulière, au regard de celle opérée par un moteur de recherche : l'usager lui délègue non seulement le geste intellectuel de recherche, de sélection et de hiérarchisation de l'information, mais également celui de synthétisation et de rédaction. Si l'on prend le cas de ChatGPT, l'énonciation éditoriale épurée tend à invisibiliser l'éditorialisation comme processus polyphonique (Souchier *et al.*, 2019, 310-11), ne serait-ce que par l'absence, dans les textes générés, de liens hypertextes, pourtant au fondement de la relationalité du web. De ce fait, la capacité de l'usager à apprendre les gestes informationnels de recherche (sélection, organisation, rédaction, *etc.*), pourtant essentiels au travail universitaire, pourrait s'en trouver affaiblie.

4. Ainsi, là où l'IA générative sélectionne et génère des données suivant un modèle probabiliste, un documentaliste sélectionne et organise de l'information, porteuse d'un sens social suivant le domaine d'activité dans lequel il exerce. Le critère de pertinence de l'IA générative est de l'ordre du probable, alors que celui d'un documentaliste sera la transformation projetée de l'information en une connaissance qui pourra servir au lecteur dans un champ du social. Ou, pour le dire plus brutalement, dans la perspective d'une IA générative, il n'y a tout simplement pas d'information.

5. On pourrait en effet imaginer qu'à terme, un outil comme *GPTEdu* effectue une curation des sources mobilisées pour la génération des informations. Il existe par ailleurs un Scholar GPT, qui se décrit comme mobilisant plus spécifiquement des données académiques.

2. LES IA GÉNÉRATIVES À L'UNIVERSITÉ

Au regard de ces enjeux, comment les IA génératives acquièrent-elles le statut d'*outils* ou de *médias éducatifs*, c'est-à-dire, pour reprendre les propos de Mœglin, comment s'intègrent-elles à un *appareil de formation* (ici, l'enseignement universitaire) qui leur assigne un rôle suivant des *finalités* et *usages* ? En quoi permettent-elles aux étudiants de mieux apprendre, et aux enseignants de mieux enseigner ? Et comment le développement des littératies informationnelles des étudiants est-il envisagé dans ce cadre ? Nous apporterons quelques éléments de réponse aux questions liminaires de cette section en appuyant notre réflexion sur plusieurs documents produits par notre université destinés à mieux connaître les pratiques enseignantes et étudiantes, ainsi qu'une charte d'utilisation à l'attention de la communauté estudiantine.

Avant que d'assigner un rôle éducatif aux IA génératives, les universités se sont tout d'abord adaptées face au constat d'un usage supposément répandu de celles-ci dans la production de travaux académiques. Les règlements des études parent au plus pressé : les critères mobilisés de manière récurrente sont ceux (i) de l'intégrité scientifique et (ii) de la nécessité d'une récolte, par l'enseignant, d'une information fiable en vue d'une évaluation de l'étudiant[6]. Ceci va de pair avec l'injonction à signaler dûment tout emprunt aux productions d'une IA générative, voire tout usage, étant entendu que l'aide à la rédaction reste généralement permise dans les limites des compétences attendues dans la formation concernée. Pour autant, ces réglementations anticipent-elles les pratiques effectives des étudiants ? Ce que nous apprend l'enquête menée par Sphynx et Compilatio (2023)[7], c'est que les IA génératives semblent surtout utilisées par eux comme assistants à la rédaction : seuls 2 % les utiliseraient en tant que première source pour la recherche documentaire, tandis que 77 % affirment continuer à utiliser tout d'abord les moteurs de recherche pour rassembler des informations. Il y aurait donc, *a priori*, un hiatus entre l'anticipation des pratiques dans le chef de l'institution et les usages effectifs : les IA génératives seraient davantage utilisées comme outil destiné à renforcer la maîtrise langagière dans un travail académique que comme outil de recherche documentaire. Toutefois, elles participent bien des pratiques informationnelles puisque 51 % des étudiants font état d'une consultation exploratoire des IA génératives en vue de mieux appréhender un sujet. L'enquête de Compilatio (2023) indique en effet que, si 55 % des étudiants disent utiliser l'IA au moins occasionnellement, 9 enseignants sur 10 le tiennent pour acquis.

Une enquête interne réalisée en février 2024 sur la population étudiante de l'Institut des Langues Vivantes de l'ULiège (Doppagne, 2024) montre elle aussi le maintien du moteur de recherche comme outil privilégié pour la recherche d'information (utilisée par 1 390 répondants sur un total de 1 491, contre 390 pour les IA génératives). Parmi les usages pertinents réels ou anticipés, les tâches

6. Nous nous appuyons ici sur une exploration des règlements des études dans les principales universités belges francophones (UMons, ULiège, UNamur, UCLouvain et ULB).

7. Il va de soi que ces données sont déjà probablement dépassées… Nous les envisageons ici comme base de réflexion, en tant qu'elles sont contemporaines des réglementations dont il est fait état ensuite et en permettent l'étude dans une démarche synchronique.

rédactionnelles (en langue étrangère ou maternelle), la production de supports ainsi que l'autotesting sont privilégiés. On notera enfin, sans exploiter l'ensemble des dimensions de l'étude, qu'un petit tiers d'étudiants sont tout à fait d'accord (21) ou « plutôt d'accord » (426) avec l'assertion « Les informations fournies par les GenAI sont toujours fiables », les autres n'étant plutôt pas d'accord (622) ou pas du tout d'accord (372).

À l'ULiège, le règlement des études se complète d'une *Charte ULiège d'utilisation des intelligences artificielles génératives dans les travaux universitaires* (ULiège, 2023) qui présente ceci d'intéressant qu'on y trouve, non pas une simple édiction de règles des « bons usages » des IA génératives, mais une discussion de celles-ci à la lumière des enjeux éducatifs propres à l'enseignement universitaire. La charte s'adresse directement aux étudiants, par l'emploi de la deuxième personne, mais également la perspective explicitée dans le sous-titre « Comment bien tirer parti d'un bouleversement technologique pour apprendre et en faire la preuve ! ». Elle entend non seulement les guider « en fixant un cadre précis à l'utilisation de ces IA dans le contexte académique (cours, travaux, examens, rapports, et autres apprentissages) » (*ibid.*), mais aussi, en discutant la pertinence de ce cadre, les accompagner dans leur acculturation académique, en ce compris informationnelle (Cordier, 2018).

La charte se subdivise en quatre parties : (i) « un usage réfléchi et responsable de l'IA », balisant ce qui est permis et proscrit ; (ii) « un usage critique de l'IA », rappelant la nécessité d'en évaluer les productions avec les outils de la critique universitaire ; (iii) « un usage transparent de l'IA », requérant son référencement et (iv) « un usage de surpassement de l'IA », rappelant qu'il est attendu des étudiants qu'ils fassent mieux qu'elle (en termes de rigueur, de créativité, *etc.*).

Lexicalement, outre le terme « IA (génératives) », la désignation se fait à trois reprises par le terme d'*outil*, celui de *média* n'étant jamais employé. La décomposition de l'ordre documentaire opérée par les IA génératives, soulignée dans la première partie de l'article, efface en effet dans les représentations courantes leur dimension médiale. Elles seraient donc considérées à l'université, en première analyse, comme des instruments, des artefacts mis au service de situations d'apprentissage en vue de favoriser l'atteinte des objectifs définis ; et pas (spécifiquement) en tant que média[8]. Au demeurant, tant les usages discutés dans la charte que les pratiques enseignantes relèvent cette fonctionnalité de structuration et de communication des savoirs qui fait le propre du média (ce qu'un « simple » outil comme le compas n'a pas vocation à prendre en charge).

Afin de *mieux faire apprendre*, il ressort d'une enquête menée auprès des encadrants de l'ULiège (Verpoorten *et al.*, 2024) qu'une série d'entre eux investissent d'ores et déjà les potentialités de l'IA

8. À noter que Mœglin, cité en ouverture d'article, semble distinguer entre outil et média par l'aptitude du dernier à enregistrer l'information pour la communiquer de manière asynchrone, soit à nécessiter un support documentaire au sens des SIC (ainsi, le tableau noir serait un outil, tandis que l'ordinateur serait un média éducatif, pour citer deux exemples repris dans sa conclusion). Si notre interprétation est juste, il faut préciser que, pour notre part, nous considérons « outil » dans son sens didactique, soit ce qui peut être « défini dans les situations d'enseignement et d'apprentissage comme un dispositif matériel ou un artefact servant ces situations » (Reuter *et al.*, 2013, 151 sqq.). En ce sens, rien n'empêche qu'un média soit un outil, mais le considérer uniquement comme cela limite son potentiel éducatif : nous y revenons en conclusion.

en situation d'apprentissage. Élaboré à partir des sept rôles pédagogiques de l'IA identifiés par Mollick et Mollick (2023) – MENTOR (donne un feedback) ; TUTOR (donne des instructions) ; COACH (entraîne les capacités métacognitives) ; TEAMMATE (accroît l'intelligence collaborative) ; STUDENT (reçoit des explications) ; SIMULATOR (créée des scénarios en vue d'une prise de décision) et TOOL (exécute des tâches) –, le questionnaire soumis aux encadrants permet d'attester d'au moins une utilisation de chacune de ces fonctions dans les pratiques d'enseignement[9]. Si les littératies informationnelles peuvent y être impliquées, que ce soit par l'apport d'informations à traiter ou l'incitation à en rechercher de nouvelles, ces activités ne semblent pas nécessairement exercer le questionnement critique sur les conditions matérielles de sa production et de sa mise en forme. Cependant, plusieurs encadrants signalent avoir organisé dans leur cours une analyse critique des réponses de l'IA, activité directement liée à la pratique informationnelle[10]. Ce geste intellectuel est d'ailleurs recommandé dans la deuxième section de la charte, qui plaide pour une critique des sources et l'interrogation des médiations de l'information qu'opèrent les IA génératives.

Destinée à favoriser chez les étudiants le *mieux apprendre*, la charte propose un cadre à leurs usages en contexte universitaire. La recherche d'information est autorisée sans mention spécifique dès lors qu'elle s'assimile à l'utilisation des moteurs de recherche. La reproduction de la synthèse documentaire générée est en revanche prohibée pour une triple raison : (i) le non-signalement des sources, (ii) l'entrave aux apprentissages et (iii) l'entrave au recueil de données pertinentes pour l'évaluation en raison de la falsification de la source énonciative (assimilable au plagiat). Si la première et la troisième s'alignent sur le règlement des études, la deuxième se concentre sur ce qui est le propre des outils et médias éducatifs : le rôle d'adjuvant à l'apprentissage dans un environnement de formation. La charte prévient l'étudiant qui présenterait la production d'une IA comme la sienne propre en ces termes : « vous développez une forme de paresse intellectuelle puisque vous déléguez à la machine un travail qui vous incombe et qui fait partie d'un parcours de formation. Cela revient à vous priver vous-mêmes d'une occasion d'apprentissage. » (ULiège, 2023) La charte identifie ainsi la synthèse documentaire résultant d'une recherche des sources pertinentes comme un geste intellectuel propre à la formation académique, nécessitant des littératies informationnelles spécifiques non délégables à une machine (la dernière section rappelle d'ailleurs la nécessité de *surpasser* l'IA). Le problème des IA génératives ne réside cependant pas tant dans la production d'un délivrable déjà construit, mais bien dans l'effacement du processus de construction lui-même par l'énonciation de l'actant machinique.

Tout acte de production intellectuelle suppose préalablement une activité d'observation. Ainsi que l'ont montré les recherches en psychologie ou en sciences de l'éducation, l'imitation joue un rôle déterminant dans les apprentissages. Plus spécifiquement, la revue de littérature proposée dans le huitième chapitre (au titre volontai-

9. Nous tenons à remercier ici notre collègue Dominique Verpoorten pour les informations et publications communiquées.

10. Ces considérations se font évidemment dans les limites du résultat de l'enquête exploratoire sur des pratiques enseignantes elles-mêmes encore au stade exploratoire, dont l'article de Verporten *et al.* propose un premier cadastre.

rement polémique) « À l'école, on n'apprend pas en imitant » (Le Paven *et al.*, 2020) de l'ouvrage *Enseigner, ça s'apprend* (Sensevy, 2020) met en évidence le rôle essentiel de l'observation et de l'imitation de modèles dans les apprentissages. En effet, l'imitation rendrait possible le développement de capacités d'abstraction, l'intériorisation de conduites pour l'action et la génération de connaissances (*ibid.*, 142). L'éditorialisation quasi inexistante des autorités informationnelles telle que l'on peut la constater dans l'IA générative d'usage le plus courant, ChatGPT, ne laisse aucune latitude à l'observation des gestes, fussent-ils machiniques, de sélection, hiérarchisation, organisation, citation et synthétisation des sources informationnelles. À l'inverse, le potentiel d'apprentissage des documents et supports pédagogiques (affiche, polycopié, *etc.*) en situation d'enseignement avait déjà été souligné dans la littérature scientifique, en ce qu'ils permettent d'observer le caractère construit de leur composition, la polyphonie énonciative et les pratiques citationnelles (Kovacs, 2011). Constituer les IA génératives en objet d'enseignement, mobiliser leurs spécificités en tant que dispositif info-communicationnel (rapport à la donnée et à la source, effacement de l'éditorialisation, dilution de la responsabilité auctoriale, relations complexes qu'entretiennent savoirs narratifs et scientifiques, stéréotypie et reproduction du même, etc.) offre des clés de lecture pour développer les littératies informationnelles des étudiants, et, parmi celles-ci, leurs littératies algorithmiques (Le Deuff et Roumanos, 2022). Davantage que d'être instrumentales, ces littératies auraient vocation à être ancrées dans une *culture informationnelle* (Cordier, 2023) destinées à favoriser l'acculturation universitaire et, au-delà, l'acculturation professionnelle future, dès lors que les métiers auxquels mènent les formations universitaires se trouvent eux-mêmes transformés en profondeur par la présence des IA génératives (ex. traducteurs, journalistes, *etc.*).

CONCLUSION

Relativement à leur intégration dans l'appareil de formation universitaire, dans les limites de notre enquête, il apparaît que les IA génératives sont davantage considérées comme *outil* que comme *média éducatif*, bien qu'une prise en compte de leur dimension médiale se signale par la recommandation et la mise en place d'activités reposant sur la critique des textes générés. Il s'agit là d'une manière de les interroger comme dispositif info-communicationnel, ouvrant la possibilité de développer les littératies informationnelles. Ce sillon pourrait sans doute être creusé, par exemple dans une approche comparative des dispositifs info-communicationnels utilisés (ceux-ci devenant alors objet d'enseignement et non seulement support d'apprentissage).

On conclura par une brève réflexion sur « le numérique » et son intégration en situation éducative. Dans leur excellent ouvrage *Apprendre avec le numérique*, André Tricot et Franck Amadieu rappellent le rôle central de l'enseignant dans le choix des outils numériques pour l'enseignement. Ils en concluent que

> *les apprentissages scolaires sont d'abord fondés sur des savoirs scolaires, qui préparent le futur de nos enfants, et également sur*

> *des enseignants, qui conçoivent des scénarios pédagogiques et mettent en œuvre de façon professionnelle des relations de travail et de confiance au sein de leur classe. Les outils ne sont que des outils. Quand on leur assigne cette place, alors les outils numériques ont un potentiel formidable, que nous sommes en train de découvrir.* [...] *La question est bien de savoir quelle tâche soutenant quel apprentissage peut être réalisée avec l'outil.* (Amadieu et Tricot, [2014] 2020, 141)

Tout en rappelant si besoin était les qualités indéniables de l'opuscule (et son caractère indispensable en formation d'enseignant), on voudrait, pour terminer, tenter de compliquer un peu les choses. Certes, « le numérique » ne possède pas de valeur intrinsèque, ce que l'ouvrage étaye solidement, et le choix des outils incombe à l'enseignant, qui possède la maîtrise du savoir scolaire. Ce rappel est salutaire. Cependant, les outils et technologies numériques, ce ne sont pas *que* des outils ; ce sont aussi et surtout, pour une large part d'entre eux, des médias, des dispositifs éditoriaux possédant la particularité de configurer en amont de toute activité des possibilités d'écriture, d'accès aux textes et de manipulation, d'imposer des formes et des gabarits pour la communication. L'éditorialisation des informations matérialise ainsi des rapports de pouvoir qui sont rarement en faveur de l'usager, en dépit des promesses véhiculées par les discours d'escorte (Jeanneret, [2000] 2017 ; Souchier *et al.*, 2019). Tout comme Yves Jeanneret avait, en son temps, questionné la pertinence de la catégorie des *technologies de l'information* en rappelant qu'il s'agissait en réalité de médias à saisir et questionner critiquement comme tels (Jeanneret, [2000] 2017), pareille observation nous semblerait gagner à s'appliquer aux outils étiquetés comme TICE (Technologie de l'Information et de la Communication pour l'Enseignement).

Par exemple, l'outil « plateforme éducative » entérine des représentations (institutionnelles, managériales, *etc.*) des matières scolaires, en termes de visées, de progression ou d'autorités, qui configurent des manières d'enseigner susceptibles d'amenuiser la part d'autonomie de l'enseignant (Carton et Tréhondart, 2020). On aurait donc avantage à l'envisager non seulement dans sa dimension instrumentale d'outil (soit, dans son potentiel de support efficient d'une tâche d'apprentissage donnée), mais aussi dans sa dimension médiale (en interrogeant les modalités de hiérarchisation et de structuration de l'information qui s'y jouent, par exemple). Il en va de même pour les IA génératives : les considérer comme dispositifs info-communicationnels, comme médias communiquant des informations, permet de comprendre, au-delà des problèmes soulignés de non-pertinence ou de non-fiabilité des informations générées, que les médiations documentaires opérées tendent à décontextualiser l'information d'un environnement social, l'extraire des *liens sociaux* qui président à sa production et sa mise en circulation ; ce qui pose des questions importantes dans un usage académique. Des outils d'un genre particulier donc, qui constitueraient d'excellents objets d'enseignement pour traiter ces questions centrales en développant les littératies des étudiants.

Bibliographie

- Amadieu (F.), Tricot (A.). (2014) 2020. *Apprendre avec le numérique*. s.l. : Retz.
- Broudoux (E.). 2022. *Éditorialisation et autorité : Dispositifs info-communicationnels numériques*. De Boeck Supérieur.
- Carton (T.), Tréhondart (N.). 2020. « La plateformisation de l'éducation aux médias et à la citoyenneté ». *Spirale – Revue de recherches en éducation*, n° 66 (3): 77-94.
- Cordier (A.). 2018. « On ne naît pas étudiant·e, on le devient ». *Revue française des sciences de l'information et de la communication*, n° 15 (décembre). https://doi.org/10.4000/rfsic.5130.
- Cordier (A.). 2023. *Grandir informés : Les pratiques informationnelles des enfants, adolescents et jeunes adultes*. C&F Éditions.
- Couzinet (V.). 2011. *Dispositifs info-communicationnels. Questions de médiations documentaires*. Paris : Hermès.
- De La Higuera (C.), Iyer (J.). (2023) 2024. *IA pour les enseignants : un manuel ouvert*. https://pressbooks.pub/iapourlesenseignants/.
- Doppagne (V.). 2024. *IA et apprentissage. La perspective des étudiants* [document interne, support d'une enquête présentée lors de la journée d'étude annuelle du Réseau des Centres de Langues des Universités de Belgique francophone (CLUB) ainsi qu'au groupe de travail « IA » de l'ULiège].
- Gardiès (C.), Fabre (I.). 2017. « 2. Définition et enjeux de la médiation numérique documentaire ». In *Développer la médiation documentaire numérique*, édité par Xavier Galaup, 45-58. La Boîte à outils. Villeurbanne : Presses de l'enssib. http://books.openedition.org/pressesenssib/691.
- Jeanneret (Y.) (2000) 2017. *Y a-t-il (vraiment) des technologies de l'information ?*. Nouvelle édition. Savoirs Mieux. Villeneuve-d'Ascq : Presses universitaires du Septentrion. http://books.openedition.org/septentrion/13894.
- Kovacs (S.). 2011. « Transformation des documents : pratique pédagogique, savoir social ». In *Le cahier et l'écran : Culture informationnelle et premiers apprentissages documentaires*, par Annette Béguin-Verbrugge, Kovacs (S.), 95-112. Paris : Lavoisier.
- Le Deuff (O.), Roumanos (R.). 2022. « Enjeux définitionnels et scientifiques de la littératie algorithmique : entre mécanologie et rétro-ingénierie documentaire ». *tic&société*, Vol. 15, n° 2-3 | 2e semestre 2021-1er semestre 2022 (juin), 325-60. https://doi.org/10.4000/ticetsociete.7105.
- Le Paven (M.), Messina (V.), Batézat-Batellier (P.), *et al.*, 2020. « À l'école, on n'apprend pas en imitant ». In *Enseigner, ça s'apprend*, édité par Gérard Sensevy, Teacher's édition, 135-52. Paris : Retz.
- Mœglin (P.) (2005) 2013. *Outils et médias éducatifs : Une approche communicationnelle*. Grenoble : Presses Universitaires de Grenoble. https://www-cairn-info.kbr.idm.oclc.org/outils-et-medias-educatifs--9782706109867.htm.
- Mollick (Ethan R.), Mollick (L.). 2023. "*Assigning AI: Seven Approaches for Students, with Prompts*". SSRN Scholarly Paper. Rochester, NY. https://doi.org/10.2139/ssrn.4475995.
- Reuter (Y.), Cohen-Azria (C.), Daunay (B.), Delcambre (I.), Lahanier-Reuter (D.). 2013. *Dictionnaire des concepts fondamentaux des didactiques*. De Boeck Supérieur. https://doi.org/10.3917/dbu.reute.2013.01.

- Sensevy (G.) éd. 2020. *Enseigner, ça s'apprend*. Teacher's édition. Paris : Retz.
- Souchier (E.), Gomez-Mejia (G.), Jeanne-Perrier (V.), Candel (E.), éd. 2019. *Le numérique comme écriture. Théories et méthode d'analyse*. Paris : Armand Colin.
- Soumagnac (K.). 2023. « Approches dispositives de l'activité dans le domaine éducatif : retour sur le positionnement de deux projets de recherche en info-communication ». *Approches Théoriques en Information-Communication (ATIC)* 7 (2): 11-24. https://doi.org/10.3917/atic.007.0011.
- ULiège. 2023. « *Charte ULiège d'utilisation des intelligences artificielles génératives dans les travaux universitaires* ». 2023. https://www.student.uliege.be/cms/c_19230399/fr/faq-student-charte-uliege-d-utilisation-des-intelligences-artificielles-generatives-dans-les-travaux-universitaires.
- Unesco, Miao, Fengchun et Holmes, Wayne. 2023. "*Guidance for Generative AI in Education and Research*". Paris : Unesco. https://unesdoc.unesco.org/ark:/48223/pf0000386693.
- Verpoorten (D.), Delfosse (C.), Detroz (P.), Leduc (L.), Quertemont (E.), Schoenaers (F.), Doppagne (V.). 2024. « Intelligence artificielle à l'université – Une enquête par questionnaire sur les outils, pratiques et postures d'enseignants ». *RITPU*.

Achevé d'imprimer en février 2025 par

ISIPRINT
L'IMPRESSION DANS TOUTE SA DIMENSION

139 rue Rateau - Parc des Damiers
93120 La Courneuve

N° d'éditeur : DBSSI20240278 - N° d'impression : 202502.0014
Dépôt légal : mars 2025
Imprimé en France

IMPRIM'VERT
Votre imprimeur agit pour l'environnement

Certifié PEFC
Ce produit est issu de forêts gérées durablement et de sources contrôlées
PEFC
PEFC/10-31-2581
www.pefc-france.org

FABRIQUÉ EN FRANCE